◎ 本书编委会　编

绽放

立足名师工作室　引领教师专业成长

山西出版传媒集团　山西教育出版社

前　言

随着时代的进步和社会的发展，综合实践、劳动以及道德与法治学科，作为学生全面成长的必要组成部分，不仅承担着传递知识、培养技能的职责，更是塑造学生世界观、人生观和价值观的关键环节，其重要性日益凸显。

在这样的背景下，我们精心汇编了《绽放》这一优秀课例及论文集锦，通过呈现一系列优秀的课例与深入的思考，激发教育工作者的创新精神，进而促进学生的全面发展。

本书所收录的课例，汇聚了众多一线教师的智慧与努力，展现了教育的多元性与交融性。有的课例聚焦于学生动手能力的培养，通过实践操作助力学生亲身体验参与的快乐与价值；有的强调团队合作精神的培育，促使学生在共同完成任务的过程中学会沟通与协作；还有的注重创新思维的培养，鼓励学生在实践中发现问题并寻求解决方案……不仅实用、易操作，更体现了新时代教育的核心理念与发展趋势。

教育是一个持续不断的探索与实践的过程。《绽放》一书汇集了丰富多样的教学案例和教育思考，我们期望通过深入反思和总结这些优秀教学案例，能够洞察其中的成功经验及待提升之处，从而为未来的教育实践提供宝贵的参考与启示。同时，我们也需保持开放的心态，积极吸纳新的教育理念和方法，共同推动教育教学方式的创新与进步。

《绽放》不仅是一本书，更是一种信念，一种追求。

　　我们深信，每个孩子均拥有与生俱来的独特才能与巨大潜力。教育，作为塑造未来的关键，需要我们教育工作者投入心思，用心灵去探寻孩子的内在需求与热切期望，精心研磨贴合他们特质的教育教学策略，用陪伴与关爱助力他们茁壮成长。唯有如此，方能让每一个孩子在教育的阳光普照下，充分展现自己的才华，尽情绽放自己的光彩！

杏花岭区教育工委书记、教育局局长

目　录

理论篇

实践篇

（思政教育类）

实践篇

（价值观教育类）

实践篇

（劳动教育类）

思考篇

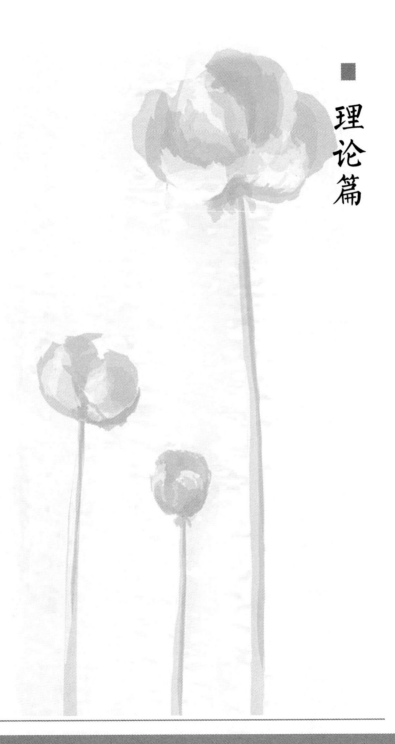

理论篇

构建"三全"育人新格局
推进思政建设创新发展

杏花岭区教育局

刘志宏

思政教育是落实立德树人根本任务的重要途径。近几年来，杏花岭区教育局始终牢牢把握思政教育的"方向盘"，以主题思政课为研究基础，学科思政课为研究重点，以集体备课为研究抓手，将德育与智育紧密结合，开展了一系列思政课建设工作，逐步形成了全方位育人、全员育人、全程育人的思政教育新格局。

一、加强顶层设计，实现了管理机制全方位发力

思政教育是一项系统工程，需要教育局和政府其他有关部门及学校、家庭、社会协同发力，统筹联动，才能使思政教育达到"铸魂育人、启智润心"的目的。近几年来，杏花岭区教育局进一步完善了思政建设工作的管理、推进机制，形成了"政府—教育局—学校"三级纵向管理机制和"教育局—领航校—推进校"三级纵向推进机制，各级部门都责任到人，一级领一级，一级抓一级，持续深耕思政教育"责任田"，充分保障了思政工作的有力落地。与此同时，教育局制定了实施性强、激励作用明显的评价机制，将思政教育纳入学校、教师评价体系，把教师参与思政课建设情况作为教师考核评价、评优奖励的重要依据；将学校开展思政课建设工作与年终重点目标考核挂钩，有力地促进了思政建设工作的长效发展。

二、建立师资研训机制，实现了教师队伍全员参与

习近平总书记在学校思想政治理论课教师座谈会上的讲话中指出，"办好思想政治理论课关键在教师，关键在发挥教师的积极性、主动性、创造性"。为了更充分地发挥教师在思政课建设工作中的重要作用，杏花岭区教育局始终将教师队伍建设作为一项基础性工作来抓，努力建设一支"可信、可敬、可靠，乐为、敢为、有为的思政课教师队伍"，并在实践中建立了一套行之有效的思政课研究推进机制。例如，继第一阶段的教研员示范、领航校引领之后，各校主题思政课的开展使每位教师对"思政课"有了更深刻的认识；第二阶段我们重点开展了"学科思政课"的研究，全体教师能以学科教学内容为基础，以课堂教学为主渠道，深入挖掘教材中的思政教育资源，坚持"学科知识"与"铸魂育人"相结合，在日常学科教学中渗透思政教育，在"整合"与"融通"上下功夫，实现了教师队伍全员育人，为促进教师的积极参与、主动参与、创造性参与起到了有效的激励作用，并以此组建了专兼职结合、素质优良的思政课骨干教师队伍。与此同时，区教科研中心组织教研员定期与不定期深入课堂，把脉问诊、研究指导，使教师队伍的思政教育意识、资源开发能力、育人实践能力都得到了不同程度的提高。

三、加强课程建设，实现了思想政治教育全面落实

思想政治教育并不是一座孤岛，而是要将思想政治教育资源拓展到所有课程，使"思政课程"与"课程思政"有机融合，渗透到各个学段、各个学科，贯穿到教学的全过程。因此，教育局围绕立德树人的根本任务，把思政课建设作为深化教学改革的重要内容，使思政教育实现了多渠道联动。

杏花岭区以党史学习教育为重点，形成了"一核五维"的育人平台。"一核"指的是以"铸魂育人"为核心；"五维"是指五个维度的育人平台，即"思政课程育人平台""学科思政育人平台""实践活动育人平台""线上思政育人平台""家校联动育人平台"。"一核五维"协同联动，形成了"教室里的思政课""行走中的思政课"和"舞台上的思政课"三种思政课实践形式，取得了良好的实践效果，推进了杏花岭区思政建设的创新发展。

1. "思政课程育人平台"，引领思政教育的"红色方向"

杏花岭区教育局将党史教育作为思政课程中的重要一课贯穿全年，在全区中小学道德与法治学科教师中开展了"党史专题课程设计"活动，并积极参加了太原市教育局组织开展的思政课教师优秀"党史微课"评选活动，倡导思政课教师把党的奋斗历程和伟大成就、光荣传统和优良作风、实践创造和历史经验作为生动教材，创新教学模式，多角度、全方位讲述中国共产党百年党史，引导青少年知党、爱党、敬党、忠党，引领思政建设的"红色方向"。

2. "学科思政育人平台"，渗透思政教育的"红色基因"

借力太原市"时代新人"思政课集体备课优秀教学设计征集评选工作平台，杏花岭区教育局在学科教师中开展了"学科思政课集体备课优秀教学设计"大赛，引领学科教师以学科教学内容为基础，深入挖掘教材中的思政教育资源（重点突出党史教育），以课堂教学为主渠道，坚持"学科知识"与"铸魂育人"相结合，在日常学科教学中渗透思政教育，引导广大青少年学生把个人理想融入时代主题、汇入复兴伟业，坚定不移听党话、跟党走，勇做担当民族复兴大任的时代新人，渗透思政建设的"红色基因"。此外，为了更好地引领教师关注"红色文化"，各学科的期末试题命制也均涉及了相关题目，充分发挥了命题评价的导向功能。

3. "实践活动育人平台"，传承思政教育的"红色精神"

在广大师生中开展以"辩明立身之本，论清奋斗方向，打好中国底色，弘扬核心价值"为主题的辩论赛。辩论赛共分为培训学习、初赛磨砺、复赛选拔和决赛展示四个阶段。辩题以社会热点、身边小事、生活观点为切入点，引领广大师生直面生活问题，在思辨中明理，在思辨中增信，在思辨中崇德，在思辨中力行。

在广大师生中开展"七个一"活动。①师心向党——讲好一节"党史思政课（教师）"。各校教师在人人学党史的基础上，一是利用班队会开展了关于党史的主题思政课，二是对学科教材中蕴含的党史资源进行了深入挖掘，并在学科教学中进行了有机渗透。②童心向党——开展一次"小小杏花心向党"演讲比赛（学生）。③初心向党——开展一次"先进（专家、模范、老党员）讲党史思政"专题讲座、报告活动。④忠心献党——组织师生写一篇党史学习体会征文比赛。⑤艺心向党——共创一个"思政艺术作品"。丰富多彩的活动产生了许多思政艺术作品，"舞台上的思政课"让思政教育更加生动活泼。⑥丹心向党——组织一次"思政研学"大课堂。"行走的思政课"让学生有了更深刻的体验和感受。⑦同心向党——选树"一百个优秀思政典型"。

4."线上思政育人平台"，追寻思政教育的"红色足迹"

随着互联网的功能日益强大，"线上"学习已成为万千学子不可或缺的学习方式。充分利用网络资源对学生进行爱国主义教育、生命教育、规则教育、责任担当教育、致敬英雄教育……一个个不同学科、不同主题的生动案例应运而生。

线上育人平台不受时间和空间以及人数的限制，最大限度地实现了优质资源的共享，拓宽了党史教育活动的学习渠道，增强了学习效果。

5."家校联动育人平台"，践行思政教育的"红色传统"

为了使家庭教育与学校教育形成合力，区教育局倡导学校丰富家校共育的形式，联通家校共育的渠道，通过多种形式向家长宣传思政教育的重要意义，使家庭教育与学校教育同向同行，促进了思政教育的深入推进。

家长参与学校思政课建设的过程也是家长自育的过程，老师们欣喜地看到了家长的思想意识、道德标准、行为习惯等正悄然发生着变化，革命传统教育也随着家长的参与而走入万千家庭，成为家庭教育理念中重要的组成部分。

四、因校制宜，彰显特色，促进了思政建设百花齐放

在深入推进思政课建设的过程中，杏花岭区教育局始终倡导统筹联动与自主发展相结合，鼓励全区各校因校制宜，彰显特色，好的经验和做法也会在全区推广。一系列的教育活动使学生在"红色文化"中浸润，得到了精神的洗礼。

总而言之，思政课程建设工作是一项长期、长效的工作，在深入推进的过程中，我们需要进一步在思政教育的思想性、时代性，教师队伍的实践力、

创新力上加大研究力度，做好新时代学校思想政治教育工作，为培养担当民族复兴大任的时代新人打好坚实的基础。

作者简介：

刘志宏，杏花岭区教育工委委员、副局长。曾荣获"杏花岭区优秀干部""杏花岭区劳模""杏花岭区担当作为干部""杏花岭区委党校优秀学员""太原市教学能手""太原市高水平骨干教师""太原市优秀教师""太原市百优教师""太原市五一劳动奖章""山西省优秀班主任"等称号。

德法共融　思政育人

——小学道德与法治学科法治教育专册教学心得

杏花岭区小返中心校

苏秀荣

　　少年儿童是祖国的未来、民族的希望，教给他们正确的思想，帮助其树立正确的人生观、世界观和价值观至关重要。思政课作为对学生进行思想品德教育的主要渠道发挥着不可替代的作用。道德与法治课是小学思政课教学的主要阵地，是落实立德树人根本任务的关键课程。从2019年9月统编小学道德与法治教材在全国范围推行使用，法治内容所占比重大大增加，它极大地挑战了小学生的认知能力和教师的专业能力。尤其是六年级上册，这一册法治知识内容集中呈现被称为法治教育专册，由于法治教育专册的特殊性，许多教师在执教时感到力不从心，难以驾驭。现结合对法治教育专册的教学实践，谈一谈我的一些做法和感悟。

一、结合生活，培养辨析能力

　　道德与法治教材总主编鲁洁倡导的"生活德育论"对德育课程的发展起重要推动作用。《道德与法治课程标准（2022年版）》就明确提出："以社会发展和学生生活为基础，构建综合性课程。"道德与法治教材依据与儿童生活联系的紧密程度，按照自我——家庭——学校——社区——国家——世界的顺序，由近及远地设计了我的健康生活、我的家庭生活、我们的学校生活、我们的社区生活、我们的国家、我们共同的世界等六大领域。

　　由于法治教育专册整册都是讲法治教育，所以教起来有一定的难度，一定要寻找教材与生活的结合点，尤其是贴近学生生活的契合点。通过比较分析引导学生自己去认识、辨析。我在教学《公民意味着什么》第三部分"我是中国公民"时，结合嫦娥五号发射成功的报道，进行了如下设计：

师：（出示图片）请同学们观察一张图片，这张图片上呈现的是什么呢？

一块小指尖大小的月球岩石样品，我们也可以叫它月壤，样品铸在一个类似于凸透镜的有机玻璃盒内，看着像大拇指一样大，上面是一个放大镜，实际上只有黄豆那么大小，只有1克的重量。这是20世纪70年代美国在成功登陆月球以后赠送给我国的月壤，就是从这仅仅1克重的月壤开始，中国开启了向太阳系内星辰大海的挺进。

观看视频《震撼人心！回顾嫦娥五号从发射到回家，圆满成功》。

师：嫦娥五号顺利完成此次神奇之旅，并带回来1731克月球土壤。1克——1731克，通过这组数据的对比，你感受到了什么？

生：我国科技发展速度很快，我感到非常骄傲。

生：只有我国科技发展了，才会拥有更多，探索更宽广的领域。

在执教本课时，嫦娥五号刚刚发射不久，学生从新闻中看到这一消息后，心情都很振奋，所以我选择把这一事件引入课堂。但是只是单纯地播放视频，对孩子们的影响有限，因为他们都从电视上知道了这一消息。所以我抓了其中的一个点，就是"月壤"的采集。通过对两组数据做对比，认识到我们国家的发展，为身为中国公民感到自豪。

道德与法治教材由于篇幅有限，有些主题可能只有一幅图、几行字，我们在教学中为了让学生能真正领会，有必要围绕这一主题，进行适当拓展，这就要从生活中寻找素材，可以是国家大事，也可以是生活小事，最关键的是能引起孩子们的共鸣。在讲《宪法是根本法》一课时，我就邀请学校选送参加区"我与宪法"演讲比赛获一等奖的同学来到课堂上现场演讲。在演讲中她讲到，她所居住的村庄有个年迈的老人由于三个子女都不管他，不得已他把自己的子女告上了法庭，最终法院宣判三个子女必须履行赡养义务，因为《中华人民共和国宪法》（以下简称《宪法》）第四十九条规定成年子女有赡养扶助父母的义务。

由于六年级学生刚刚接触法治知识，因此只有真正发生在生活中的素材才是最打动人心的，也才能内化成为学习的动力和源泉。正像习近平总书记2019年3月18日主持召开学校思想政治理论课教师座谈会上强调的，要把"思政小课堂"同"社会大课堂"结合起来。

二、模拟情景，在体验中认知

《道德与法治课程标准（2022年版）》指出："要积极探索议题式、体验式、项目式等多种教学方法，引导学生参与体验，促进感悟与建构。要采取热点分析、角色扮演、情境体验、模拟活动等方式，引导学生开展自主探究与合作探究，让学生认识社会。"在法治教育专册的教学中，我们尝试用不同的教学活动，来进一步加深学生的理解，促进课堂效率的提高。法治教育专册中的内容对学生而言相对生疏，我通过在课堂上创设情境，邀请孩子们去扮演角色，收到了不一样的教学效果。

在执教第六课《人大代表为人民》一课时，我起初的设计是围绕课文主人公"刘力"展开，感觉学生总是游离于教材之外，没有融入教学之中，成了课堂的"看客"。法治教育专册中类似于这样的主题还有很多，对于小学生而言，可能都相对抽象。怎么能化陌生为亲切，化抽象为具体，我对教学进行了重新设计。经过前期调查，我了解到孩子们都见过家长参加乡镇人大代表或村委会班子换届选举（笔者任教的学校位于乡村），于是我在教学中设计了把课堂模拟成推选乡人大代表的现场。

教学片段：

师： 同学们，你们留意过家长参加选举的过程吗？

生： 我见到过，村里会为村民每人发放一张选票，到了选举的时候，家长凭选票参选，要在选票上画钩或圈，谁的票数多，谁就当选了。

师： 看来，对于人大代表选举，大家都有所了解。现在我们就来实地模拟一下推选乡人大代表的过程。我们班的成员前期都进行了选民登记（出示选民登记表），现在假设大家都满18周岁，并且都参加了工作，同学们可以从选民表中看到自己的年龄和职业，现在在座的所有人都具有选举资格了。那么，请工作人员为大家发放选民证。（选2位同学为工作人员开始发选

民证）

根据要求，我们全班48位同学要选出两位乡人大代表，按照差额选举的要求，请大家先来推选3位候选人。（推选候选人，并进行公示）

师： 现在请推选的候选人，与选民见面并发言。

生1： 感谢大家推选我为乡人大代表候选人，我是一位乡镇企业家，在我们这儿开办了"采薇庄园"，主要经营滑雪项目和餐饮服务。现在村里有100余位村民在我们单位就业，种植的苹果、葡萄在家门口就能全部销售，最重要的是带动了人们滑雪的热情。

生2： 我是一位教师，参加工作10年，我认为乡村发展的出路在教育，所以我认真地上课，公平对待每一个人。如果我被推选为乡人大代表，我会努力发挥人大代表的作用，帮助村里建设"文化书屋"，精心设计每一节课，让更多地孩子通过学习走入更广阔的天地，为乡村振兴出力。

生3： （略）

师： 现在请工作人员下发选票，宣读填写选票要求。

师： 投票开始。

（在音乐声中，孩子们一个个走到前面，向投票箱中投下了神圣的一票）

经过这样的设计，我发现孩子们参与的热情很高，不管是"候选人"还是普通选民，他们的态度都很认真。在提前设定的角色中，孩子们创造性地发挥，不仅厘清了人大代表选举的整个流程，而且认识到了"人大代表"就要为人民服务。此时此刻，人大代表已不仅仅停留在教材中，而是走到了孩子们身边。

同样，在教学《公民意味着什么》第一部分时，孩子们对"活动园"中讲述的雅典时期哪些人具有公民资格，哪些人不具有公民资格不好区分。于是，我在课堂上设计了"雅典公民大会现场"，给学生发放了标志自己身份的纸条，分别有：拥有财产的自由民、没有财产的自由民、妇女、奴隶、儿童……请同学们轮流担任门卫去辨别入城的这些人有没有资格参加公民大会。在扮演各种角色的过程中，孩子们既感到有趣，又为当时社会的不公平感到愤恨，也真正理解了"公民"一词的起源。

三、链接法律，培养法治思维

党的十八届四中全会强调："把法治教育纳入国民教育体系，从青少年抓起，在中小学设立法治知识课程。"正是在这样的背景下，原品德与生活、品德与社会教材更名为道德与法治。这就要求我们在教学中要做到道德教育与法治教育相结合，把道德教育的感化力量与法律的约束力量、底线意识相结合，以良法善治传导正确的价值导向，注重以法治精神和法律规范弘扬社会主义核心价值观。

六年级法治教育专册中涉及的法律知识较多，而六年级学生对这方面知识知之甚少。《感受生活中的法律》《公民的基本权利和义务》《知法守法依法维权》……几乎教材中的每一课都与法律相关。起初对涉及的相关法律或法律条文，我总会安排学生课前去搜集。后来发现每节课都与法律有关，学生查阅起来也有困难，就把经常要用到的诸如《宪法》和《中华人民共和国民法典》（以下简称《民法典》）等读本人手一册买回来放在教室里，供大家随时查阅。

在教学《公民意味着什么》第一部分"公民身份从何而来"时，我没有直接告诉学生什么是公民，而是设计了这样一个片段：

师：同学们，在家里，我们是孩子；在学校，我们是学生；在商场，我们是顾客。我们的身份在不同的场合会发生变化，但是，有一个身份是共同的，那就是中国公民。那什么样的人是中国公民呢？请大家来辨认一下吧（出示不同肤色、不同语言、不同着装的人，请学生辨别）。大家说的对不对呢？让我们去宪法中寻找答案吧！（学生拿出《宪法》读本查阅）

生：老师，我找到了《宪法》第三十三条。

师：那么，请大家来齐读一下好不好？

生（齐读）：凡具有中华人民共和国国籍的人都是中华人民共和国公民。中华人民共和国公民在法律面前一律平等。国家尊重和保障人权。任何公民享有宪法和法律规定的权利，同时必须履行宪法和法律规定的义务。

师：大家说一说，公民意味着什么呢？

生：公民意味着我们都具有中国国籍，依法享有权利并履行义务。

法治教育专册就一定要让学生接触到法律，能够近距离查阅相关法律条文，学会从法律的眼光认识社会，理解问题。在学习《公民的基本义务》一课时，我让孩子们观看我在太原双塔公园旅游时拍到的游客在双塔的砖墙上乱刻乱画的照片，并做了这样的引导：

师： 同学们，太原永祚寺距今已有400余年的历史，是太原的地标建筑。但是老师爬到双塔上以后，看到了这样的情景。（出示游客在古塔上刻字的图片）对此，大家怎么看？

生： 我觉得这样的行为是极不文明的，不仅破坏了我们的古建筑，而且损坏了我们中国游客的形象。

师： 仅仅是不文明吗？请大家从《宪法》中找一找。

生： 这些游客还没有履行《宪法》中规定的公民的基本义务。《宪法》规定了遵守宪法和法律，保守国家秘密，爱护公共财产，遵守劳动纪律，遵守公共秩序，尊重社会公德，这些是公民的义务。

对于生活中类似于这样的现象，以前的思品课堂更多的是从道德层面去批评，而法治教育专册就有必要引导学生从法律的角度去分析。习近平总书记指出，必须坚持依法治国和以德治国相结合，使法治和德治在国家治理中相互补充、相互促进、相得益彰，推进国家治理体系和治理能力现代化。小学道德与法治课并不是要让学生去死记硬背教材中出现的法律条文，而是旨在培养学生基本的法律素养，并逐步培养用法律的思维去解决生活中遇到的问题的能力。这既是教学的要求，也是新时代对国民素质的要求。

四、关注变化，体悟国家发展

道德与法治课是小学思政课，讲好思政课，最根本的是要全面贯彻党的教育方针，解决好培养什么人、怎样培养人、为谁培养人这个根本问题。我认为，当前道德与法治课重要的职责和使命之一就是要讲好中国故事，引导学生增强中国特色社会主义道路自信、理论自信、制度自信、文化自信。所以在教学中，要深挖教材，关注变化，体悟国家发展。

在执教《公民意味着什么》第三部分"我是中国公民"一课时，备课中我发现我拿的教材第28页的插图是"蛟龙号"载人潜水器，而学生教材中第28页的插图是"奋斗者号"载人潜水器。经过比较，我知道了我手中的教材是从图书室领到的旧教材，印刷于2020年7月，而学生手中的教材是开学时刚刚领到的，印刷于2021年7月，仅仅用了一年，教材就发生了变化。对此，在教学时我把这一发现融入教学中进行了这样的引导：

师：同学们，我手里拿着的这本教材上显示的图和大家看到的图不太一样，同学们请看。

（出示幻灯片："蛟龙号"和"奋斗者号"载人潜水器的图片和性能参数的对比）

师：这是为什么呢？

生：老师，我知道了，因为"蛟龙号"下潜纪录是7062米，而"奋斗者号"下潜突破1万米达到10058米，刷新中国载人深潜的新纪录。

师：大家想想，我这本教材里为什么没有直接写"奋斗者号"呢？

生：我想"奋斗者号"载人潜水器一定是刚刚下水不久，它创造的下潜纪录也是刚刚完成的。

师：是的，同学们很聪明，我要告诉大家的是"奋斗者号"的下潜纪录完成于2020年10月27日，而老师手中的这本书印刷于2020年7月。2020年7月印刷的教材，仅仅在一年后就发生了变化，推动教材更新变化的原因是什么呢？

生：我国科技的迅速发展。

类似于这样的变化在教材中、生活中还有很多。例如，美丽乡村建设后农村人居环境的变化——家门口的道路由土路变成了水泥路，小街小巷墙壁都是统一的白墙蓝瓦，厕所都由旱厕改造成了水冲的……这样的变化就发生在孩子们身边，并且改变着他们的生活。关注这样的一些"变化"，引导学生去追问，就会感受到乡村的振兴，国家的发展。所以，教师在设计教学的时候，要善于以小见大，学生才会感兴趣，才会真正成为课堂的主人。

"问渠那得清如许，为有源头活水来。"对法治教育专册教学的点滴心得，源于每一节课的设计与反思，源于在课堂上与孩子们思维碰撞闪现的火花。

正如鲁洁先生所言："发生在课堂上的变革可能只会是一种静悄悄的革命。它可能就发生在教材中的某一课、课堂中的某个活动、教师所采用的某种方法。不会轰轰烈烈，不会惊天动地，但是，它们需要我们细心了解、深度琢磨、专心研究、坚持实践。"我沉浸其中，分享着学生的快乐，享受着教学的变革。

作者简介：

苏秀荣，1995年参加工作，中小学高级教师，36岁被评为山西省特级教师，2014年被评为全国模范教师，2018年被评为山西省三晋英才拔尖骨干人才，杏花岭区小学道德与法治学科苏秀荣名师工作室主持人、太原市青年讲师团讲师。还曾获山西省中小学教学名师、山西省创新型校长、国家级课题优秀主持人等称号。近年来先后主持并承担了《小学特色学校建设》《基于学生核心素养构成之基础——学生阅读能力培养与提升》《农村小学绿色课程开发的实践研究》等国家和省级课题5项，在省级刊物发表科研论文30余篇，应邀在省市做专题讲座60余场。

滋养家国情怀，培育新时代迎春少年

杏花岭区迎春街小学校

李晋春

为进一步培育和践行社会主义核心价值观，传承中华民族优秀传统文化，落实杏花岭区教育局"双减"和"五育并举"各项措施，营造校园浓郁的红色教育氛围，进一步滋养全体师生家国情怀的品质，凸显学校办学特色，太原市迎春街小学完善了学校育人目标——做阳光向上、乐学善思、有家国情怀的新时代迎春少年，确立了挖掘东部教育资源，以根植家国情怀为着力点，以传统文化教育为重点，提升学校办学品位，探索内涵发展途径，逐步打造杏花岭区东部家国情怀实验学校。

习近平总书记强调我们要在全社会大力弘扬家国情怀，培育和践行社会主义核心价值观，弘扬爱国主义、集体主义、社会主义精神，提倡爱家爱国相统一，让每个人、每个家庭都为中华民族大家庭作出贡献。习近平总书记的重要讲话情真意切、温暖人心，必将激发起全国人民向着中华民族伟大复兴奋进的豪情壮志。总书记的讲话精神为学校确立的厚植家国情怀育人目标奠定了理论基础。教育是国之大计、党之大计，教育工作是培根铸魂、启智润心的工作。

中国传统文化是由中华文明演化而汇集成的一种反映民族特质和风貌的民族文化，是民族历史上各种思想文化、观念形态的总体表现。中国传统文化中自强不息、厚德载物、忧国忧民、以德化人、和谐持中等思想，对当前的素质教育有借鉴意义。家国情怀早已沉淀为中华儿女的内在品格，成为中华优秀传统文化的宝贵财富。它是千百年来中华民族之所以能够历经磨难而不衰的内在品质。实现民族复兴之所以成为中华民族最伟大的梦想，根植于民族文化血脉深处的家国情怀。

一、家国情怀教育的现实意义

"为谁培养人，培养什么样的人，怎样培养人"是习近平总书记在北京大学师生座谈会上提出的教育命题。《孟子》有言："天下之本在国，国之本在家，家之本在身。"家是国的基础，国是家的延伸。

家是最小的国，国是千万家，每个人的生命体验都与家国紧密相连。"家庭是人生的第一所学校。"家国情怀是中国优秀传统文化的基本内涵之一。"家国情怀"在增强民族凝聚力，建设幸福家庭，提高公民意识等方面都有重要的时代价值。作为学校教育，有必要培养学生的"家国情怀"思想。古人有"修身齐家治国平天下"的人文理想，有"先天下之忧而忧，后天下之乐而乐"的大任担当。今天，我国面临的外部环境有许多不稳定性因素，我国在经济、军事、科技等方面也面临许多挑战，时代召唤英雄、召唤人才，这个时候，加强爱国主义教育，加强中国优秀传统文化教育，尤其是"家国情怀"思想教育显得尤为重要。

当年，邓小平同志一句"我是中国人民的儿子，我深情地爱着我的祖国和人民"，赤子情怀溢于言表。"县委书记的榜样"焦裕禄，下乡看望一位生病的老大娘，虽素昧平生，却满含热泪地呼之为"娘"。视人民利益高于一切，常怀感恩之心，常怀惦念之情。这样的热爱，就是联系国家、民族与人民之间的血脉纽带。

"要有信仰、有情怀、有担当，树立高远理想追求和深远的家国情怀……"习近平总书记在多种场合多次提到"家国情怀"。将家国情怀确定为学校的办学思想，就是通过强化家国同构、共同体意识和仁爱之情，增强少年儿童民族认同感与凝聚力，使其在中国传统文化影响下，对国家、民族、人类命运共同体持有高度认同感，并促使朝着积极、正面、良性的方向发展。

将"家国情怀、世界担当"的人文精神与教育思想，作为学校文化的核心要素，统领学校的办学思想，成为学校的精神气质与行为准则，成为新时代学校长期发展的价值体系。

二、在学校教育实践中滋养家国情怀的路径

1. 开展"读经典文句、与圣贤为友"活动

以社会主义核心价值观、《成语故事》、《唐诗三百首》等为主要内容，利用每天诵读、每周上传统文化课的时间，广泛开展经典诵读活动，并通过读书会、心得体会交流会和读书荐书主题班会等活动，引导广大青少年爱书、读书，自觉接受传统美德。

2. 营造传统文化氛围

利用学校的墙壁宣传传统文化，设立班级"国学经典"专栏。此外，利用走廊、教室、橱窗、黑板报等阵地，布置有关中华传统美德的图画、警句、诗词歌赋等，营造浓厚的传统文化氛围。

3. 开展"演诗文人物、品人生哲理"活动

通过诵读经典、演经典中的小故事等方式，促进儿童对传统优美诗文的学习、理解和感悟。

4. 积极开展社团活动

为丰富孩子们的托管生活，结合学校特色为学生开设"自选超市"托管服务，依据托管教师专长，结合学生的年龄特点和学段特征来满足更多学生个性化发展的需求。学校统筹开设"迎春社团"特色活动，分别涵盖了"传统文化""健体""科技""思政""美育"五大项17个项目的特色活动，根据托管教师的特长及学生的爱好，采用"自主选课走班"的方式，设立了诵读、诗歌诵读、诗歌创作、足球、地掷球、陆地冰壶、创意画、剪纸、书法、科普活动、研学、劳动实践等，让学生在自信中活动，在活动中发展，在发展中提高。为使各社团活动更加高效，学校还积极外聘了书法、科技、街舞等专业教师充实到托管教师队伍中，确保给孩子们提供最优质的服务。目前，学校参与社团活动的人数达98%。各社团活动独具特色，异彩纷呈。课后托管不是简单的"看孩子""上自习""靠时间"，而是孩子们放飞自我、展示自我、提升自我的别样空间。"在自主中发展，在发展中成长"已成为我校课后托管的一道亮丽的风景线。

5. 大力开展"三讲"教育实践，提高教师教育自觉性

教师是"双减"的排头兵、生力军，教师的专业素质和技能水平直接决

定着"双减"工作的成败与否。规范教育行为、固化教学实践、强化育人实效、提升教学质量是教师队伍建设的出发点和落脚点，更是办好一所学校的关键所在。如何规范教师的"教规"，真正承担起培根铸魂的新时代历史使命，我认为，以下"三讲"应成为教师日常教育教学的一种"教规"。

一讲党的教育方针。立德执教。将党的教育方针融入自己的教育行为中。进一步培育和践行社会主义核心价值观，传承中华民族优秀传统文化，真正落实"双减"政策以及"五育并举"等各项措施。

二讲学校的育人目标。循标践行。将学校育人目标融入个人的教学实践中。教师是学校发展最大的资源和动力源。教师个人专业发展的指向应紧密结合学校的育人目标，以实现两者的完美统一，进而推进学校高质量的发展。以回归的教育目标为导向，以转变的课堂育人目标为动力，学生面向未来的素养要在课堂内落地生根。情景教学、项目化学习、大单元教学设计、跨学科主题学习、线上线下课程教学融合及户外学习，让课堂不止于接受知识、习得技能，更重要的是获得综合素养的提升。

三讲我们的教育教学故事。课比天大。将自己的教学思想融入孩子们每天点滴的进步中。教育即影响，教师的影响力是超越时空的。为人师表，行为世范。教师非一般职业，教师及其从业的个体都是"课程"。我们校长的工作就是要努力让每一位教师自身都成为优质课程的传播者，朱永新曾感慨道："一个合格的语文教师首先应该是一个文学读者，是一个懂得欣赏文学、能够不断影响学生的学习者。"让教师的教育教学故事成为教师自觉的行为与语言，逐步让教师成为心中有愿景，眼中有学生，手中有课堂的专家学者。这样，我们的教育才更有力。

6. 大力开展"好家风家训伴我行"主题活动

召开传承好家风家训线上主题班会，定期组织"迎春家书"互动主题活动。通过收集、讲述名人家教小故事，学习优秀家风、家训，弘扬中华美德，培育和践行社会主义核心价值观。制作好家风伴我行手抄报。摘抄好家风家训名句格言，书写找寻好家风家训的感受体会，以插图、绘画诠释对优良家风家训的理解。和家长携手共同制作手抄报，让孩子感知家风、家训，收获成长的力量。

争当传承好家风家训的"小主人"。培养学生热爱劳动的意识，教育学生自己的事情自己做，每天做好叠被子、擦桌子、拖地、洗碗、整理房间等日常小事。为长辈制作感恩卡，让孝善文化深入学生内心。组织开展新时代好少年评选活动，选树一批有爱心、讲诚信、尚节俭、能吃苦等优秀品质的学生成为先进典型，推动学生争做新时代好少年的潮流。

7. 组织开展家长大课堂活动

挖掘家长资源，增强家校联系，实现教育互补，丰富教育形式，开拓孩子们的视野与见识，我校诚邀热心教育事业的家长朋友们走进课堂，发挥自身持有的职业优势资源，组织开展"家长大讲堂"活动。

守教育本真，内化生命品性。尊重每个生命，在微笑教育文化中，努力让学校的办学理念和育人目标植根在学校教育教学的每个环节中，厚植家国情怀，让每朵迎春花开得绚丽，促进我校教育教学质量的稳步提高，逐步提升学校办学水平。

作者简介：

李晋春，中共党员。太原市中小学一级教师，太原市高水平学科带头人。杏花岭区迎春街小学书记兼校长。

积极创建"经典诵读启智润心，体校融合强身健体"来体现"传统+现代"的办学特色。中华经典晨诵、社团建设、家国情怀课程、迎春家书、名师工作室、陆地冰壶和地掷球特色课程等初见成效。尤其在强化学校文化建设、提升学校办学水平、加强学校课程建设、创建家国情怀特色学校以及提高学校教育教学质量

等方面，做了许多大胆、有益的探索，促进了学校的发展。个人所承担的实验课题多次在国家、省、市、区获奖。

围绕社会主义核心价值观开发校本课程的有效途径

杏花岭区迎春街小学校

郭　新

《新时代爱国主义教育实施纲要》指出：充分发挥课堂教学的主渠道作用。培养社会主义建设者和接班人，首先要培养学生的爱国情怀。要把青少年作为爱国主义教育的重中之重，将爱国主义精神贯穿于学校教育全过程，推动爱国主义教育进课堂、进教材、进头脑。在普通中小学、中职学校，将爱国主义教育内容融入语文、道德与法治、历史等学科教材编写和教育教学中，在普通高校将爱国主义教育与哲学社会科学相关专业课程有机结合，加大爱国主义教育内容的比重。要依托爱国主义红色教育课程，全面讲好党的故事、革命的故事、根据地的故事、英雄和烈士的故事，加强革命传统教育、爱国主义教育、青少年思想道德教育，通过学而知、学而懂、学而信、学而行，引领少年儿童把红色基因传承好，培育践行社会主义核心价值观。

在教育改革不断深化的新时期，让小学生在国家课程外更全面深入地了解革命历史，传承不可忘的"红色精神"，成为体现学校办学特色、完善构建三级课程体系的一条脉络。开发红色教育资源，创建新时代小学生爱国主义"红色教育"校本课程，有以下途径：

一是，针对学校现有的学科教师优势，结合学生年龄、年级特点，增加学生体验，开展爱国主义"红色教育"主题活动课程。

在低年级开展"识党旗、认党徽"教育，主要开展"革命英雄在我心中""我心目中的抗日小英雄"故事比赛等，让每一位学生在自己的心目中，确立起至少一位崇拜的英雄人物，帮助学生找到自己的榜样，树立正确的人生观；在中年级开展"明党史、知党情"教育，主要开展"革命歌曲"歌咏比赛、"我喜欢的红色格言"征集等活动，让每位学生通过传唱革命歌曲，确立人生格言，激励他们时常诫勉自己，养成良好的道德情操，激发学生的爱国热情；在高年级开展"感党恩、跟党走"教育，侧重于开展针对性强、形式活泼、具有特色的"红色教育"主题班队会，参观爱国主义教育基地，听革命传统报告，参加扶贫助残等丰富直观的教育形式，"感党恩、跟党走"，把自己的成长自觉地同爱党、爱国、爱社会主义结合起来。

二是，围绕核心素养，以大课程观指导学校的课程体系建设，体现家国情怀、现代意识、地方特点和校本特色，创建特色鲜明的爱国主义"红色教育"校园文化课程。

为促使"红色教育"主题活动更加高效，在组织活动的同时，学校可依据校园布局逐步建设"校园红色文化长廊""红色书屋""红领巾影院"等活动室、活动点；通过活动准备、活动开展、活动成果整理搜集的全过程，逐渐形成"红歌曲库""三晋家乡美""革命英雄谱"等"红色教育"活动的拓展课程，形成具有学校自身特色的红色教育校园文化课程体系。

三是，依托重大节假日开展主题纪念活动，了解党的历史，缅怀先烈精神，创建爱国主义"红色教育"节假日校本课程。

在校内加大重大节日宣传教育力度，重点在国家公祭日、国庆、八一、清明等节日期间深入开展宣传教育，组织师生开展主题读书、演讲、文艺会演、书画展、英雄烈士纪念等主题教育活动，在了解历史，追思先烈，忆苦思甜的同时，感受今天幸福生活的来之不易。唱响主旋律，壮大正能量，注重深入挖掘节日思想内涵，注重揭示每个节日与党的历史的内在关联，引导学生在身临其境的节日活动中，深刻领悟党的初心使命、性质宗旨、理想信念。

在学校层面可通过大队部组织开展诸如"10·13"建队日的少先队宣誓仪式、在家乡解放纪念日等组织聆听"解放战争史"讲座，并开展以这些纪念日为主题的演讲比赛、作文比赛等多种形式，促进革命精神薪火传承。

四是，走出校外，在校内开展丰富多彩的主题教育活动的同时，依托人文优势，联手创建爱国主义"红色教育"校外基地。

充分发挥红色教育基地的重要作用，建好用好爱国主义教育基地、革命传统教育基地、国防教育基地等，开展红色主题研学和实践教育活动，强化仪式教育，让青少年接受革命文化熏陶，激发爱国热情，凝聚青春力量，培育民族精神。挖掘校外红色教育基地、文化产业园、烈士陵园等，带领学生进行研学活动，通过红色之旅，让学生真切体会浓浓军民鱼水情，进一步深化关心国防、热爱国防、建设国防、保卫国防的思想，进一步了解红色文化。激发学生向先辈学习，传承弘扬红色革命精神，学习先辈们爱党拥军、舍己为国、无私奉献的优良品质。

五是，在课程开发实践过程中，根据课程内容的不同，探究活动形式、活动地点、活动途径，结合思政课的有效渗透，将爱国主义"红色教育"思想课程化。

在组织主题活动、创建校园文化的基础上，各学科可结合课堂教学中的主题思政课和学科思政课，让孩子们在寓教于乐的课程学习中渗透红色教育，树立正确的人生观，加强对社会主义核心价值观的进一步解读，让学生真正感受到党的温暖。让党的精神"内化于心，外化于行"，不断锤炼青少年的"精""气""神"，传递好实现中华民族伟大复兴的"接力棒"。

通过以上途径，把社会主义核心价值观融入学校校本课程建设中，引导学生将价值观"内化于心，外化于行"。发挥爱国主义"红色教育"先天的"红色基因"和优势条件，引导学生坚定理想信念，帮助学生打造精神支柱的"天然载体"和重要平台，是培育小学生思想道德的最好的"切入点"与突破口。

作者简介：

郭新，中共党员，中小学一级教师。太原市德育渗透教学能手，太原市高水平骨干教师。现任太原市杏花岭区迎春街小学副校长。走上教学管理岗位二十年来，立足于课堂教学改革，多篇教育教学论文获国家、省、市一等奖；大胆实践，积极承担多项国家、省、市级课题研究；倾心于青年教师的培养，辅导多名教师参加各级各类教学大赛获全国一等奖和市、区级教学能手称号。

扣好人生第一粒扣子

——在小学道德与法治教学中培育和践行社会主义核心价值观

杏花岭区教育局

李　程

　　党的十八大以来，我们确立了富强、民主、文明、和谐，自由、平等、公正、法治，爱国、敬业、诚信、友善的社会主义核心价值观。这12个词将涉及国家、社会、公民的价值要求融汇为一体，把社会主义本质要求、中华优秀传统文化、世界文明有益成果凝练为一体，成为当代中国精神的集中体现。习近平同志强调："在推进依法治国过程中，必须大力弘扬社会主义核心价值观，弘扬中华传统美德，培育社会公德、职业道德、家庭美德、个人品德，提高全民族思想道德水平，为依法治国创造良好人文环境。"党的十八大以来，以习近平同志为核心的党中央出台了一系列重要举措，培育和践行社会主义核心价值观。把社会主义核心价值观融入法治建设是其中一项重要决策部署，具有重大而深远的意义。

　　价值观的形成是一个复杂、系统的过程，既包括外部因素，也包括内部因素。内部因素主要是心理机能的发展，将价值从最初的模糊认识提升到价值观念直至价值观，是一个由认识到理解直至内化于心的过程。在这个过程中，运行着个体价值观形成发展的心理机制，即价值理解—价值认同—价值选择—价值整合。其中，价值理解是价值观形成的基础，价值认同是价值观形成的核心，价值选择是价值观形成的关键，价值整合则是价值观形成和稳定的重要过程。

　　中小学时期是个体发展的重要时期，在生理和心理上都产生了巨大的变化，这一时期主要有小学、初中和高中三个阶段。这三个阶段个体的自我意识、认知发展、思维发展经历了由简单到复杂、由萌芽到成熟的过程。在思维上，由具体形象思维逐步向抽象逻辑思维过渡；在认知上，从无意记忆、机械记忆，逐步向有意记忆、理解记忆、抽象记忆发展；在自我意识上，从模糊认识到强烈的自我存在感直至自我独立需求。可见，中小学生认知和心理发展有其客观规律，是一个循序渐进、不断发展的过程，这一时期是价值观形成的基础阶段，也是接受教育最好的时期。

我们认为统编小学道德与法治教材能依据课程性质和任务，从小学生特点出发，落实立德树人根本任务，尤其是将社会主义核心价值观落细落小，体现了中央关于加强和改进未成年人思想道德教育的要求。小学道德与法治教材的特色主要体现在以下几个方面：

一是，坚持以儿童生活为基础，关注儿童的经验，激发学习兴趣，贴近儿童的学习特点和发展需求，改进教材的呈现方式，低年级教材还适当采用儿童绘本的形式，引导儿童主动地、生动活泼地学习。

二是，重视社会主义核心价值观和中华优秀传统文化教育，合理布局，整体安排，在开发教育资源、丰富德育内涵、改进道德与法治教学融入方式等方面做了有益探索。所采用的"内隐"与"外显"相结合的融入方式，真实自然。

三是，研究并遵循儿童道德自主发展的规律和特点，通过设计，给儿童留下自主思考的学习空间，较好地处理了道德认知必要合理的传授与道德能力自主建构之间的关系，促进儿童在自主学习中提高道德水平、增强法治意识。

四是，针对儿童探究精神不足的现实，在全面体现课程核心理念和目标的同时，突出了"乐于探究"的要求，创造性地设计了一些较有特色的活动，引导儿童学思结合、知行统一，努力培养儿童的探究精神和实践能力。

中央办公厅《关于培育和践行社会主义核心价值观的意见》提出，培育和践行社会主义核心价值观要适应青少年身心特点和成长规律，要进教材、进课堂、进学生头脑。对中小学校来说，社会主义核心价值观教育应该针对中小学生的心理发展特点，结合价值观形成的心理机制，由浅入深，从感性到理性，循序渐进，构建中小学生的价值理解、价值认同到价值选择的系统机制，最终实现入脑、入心、外显于行的效果。

一、加强中华优秀传统文化教育，强化价值认同

价值观形成的核心是价值认同。所谓价值认同，就是个体对某一种价值的自觉接受、认可甚至遵从。只有在心理上得到认同的价值，个体才会自觉地去选择、遵从和践行。价值认同与历史传承、时代特点以及大众需要密切相关，越具有历史传承性、越体现时代特点、越契合大众需要的价值，越容易得到价值认同。历史传承与价值认同有着密切的正相关性。中华民族有着悠久的历史，中华优秀传统文化是中华民族语言习惯、文化传统、思想观念、情感认同的集中体现，凝聚着中华民族普遍认同和广泛接受的道德规范、思想品格和价值取向，具有极为丰富的思想内涵，也是社会主义核心价值观的源头。因此，中华优秀传统文化教育在核心价值观教育中具有重要的引领作用，能够激发小学生的民族自豪感、历史使命感，从而增强对社会主义核心价值观的认同。

1. 历史文化教育

中国的历史文化博大精深、内涵丰富。学校在开展历史文化教育时，要根据不同学段学生的特点，由浅入深，由易到难，由简到繁，开展汉字、古代诗文、传统节日、礼仪习俗等教育。对小学生要侧重于亲切感、感受力的培养，引导学生孝敬父母、尊敬师长、友爱同学，养成勤俭节约、言行一致的生活习惯和行为规范，培育热爱祖国河山、热爱生活、亲近自然的情感，学会理解他人，懂得感恩，逐步提高辨别是非、善恶、美丑的能力。在历史文化教育中，学校不仅要注重知识的灌输，更应特别注重情感教育。列宁说过，"没有人的情感，就从来没有也不可能有人对于真理的追求"。让学生在情感上产生共鸣，就会达到事半功倍的效果。

2. 榜样教育

模仿是人类的天性，小学生更是如此，榜样在其成长过程中的作用尤其重要。中国青少年研究中心的调查报告显示：68.8%的小学生有学习榜样，91.7%的少年儿童表示"常用榜样来激励自己"。可见，榜样教育在小学教育

中显得尤其重要，也是中华优秀传统文化教育的一个重要组成部分，因为榜样身上凝结的是中华民族的优秀品德，通过榜样教育能够更好地推动优秀传统文化教育。习近平总书记提出，"少年儿童培育价值观要心有榜样，就是要学习英雄人物、先进人物、美好事物，在学习中养成好的思想品德追求"。美国学生价值观教育要求学生学习那些在美国发展史上发挥过重要作用的个人和社会组织，鼓励学生借鉴具有普遍性的故事及人物事迹，重点引导学生对这些人物或组织的道德行为及其价值观的模仿。因此，在榜样教育中，一是要宣传历史中的英雄人物；二是要宣传现实社会中的先进代表；三是要打破"高大全"的榜样形象，多挖掘直观、真实、具体的榜样，尤其是要把生活在小学生身边的普通人作为榜样，找到老师、家长、同学、邻居等人身上的闪光点，通过榜样教育引导、启发和鼓舞小学生向榜样看齐。

二、创新课堂教学方式，推进课程改革

课程和课堂是教学的主要内容和渠道，因此，小学校必须牢牢把握住这一主阵地，通过系统的教学不断加深学生对社会主义核心价值观的理解，为价值观的形成奠定基础。目前，小学核心价值观教育的方式仍然以传统的说教式、灌输式为主，老师照本宣科、缺乏激情，学生死记硬背、不求甚解，使价值观教育犹如空中楼阁，收效甚微。因此，学校必须针对不同学段的学生，有针对性地创新课堂教学方式。一方面，在课堂教学方法上，要充分运用情景教学、启发式教学、分享式教学等方法和多媒体教学手段，注重课堂教学的实效性，将抽象的价值观内容立体化、感知化；另一方面，在课堂教学内容上，要将小学生日常生活中的行为引导细化、融入进来，要针对学生日常生活设计教学内容，能够使学生学以致用、现学现用，在学习和生活实践的互动中加深理解。

三、加强实践教学，坚定价值选择

价值选择是价值观形成的关键。价值选择是指个体在对社会价值规范理解、认同的基础上，按照一定的目的，根据自己的内在尺度，自觉地对客体

的属性、功能及其对主体可能产生的效应，进行多方面分析、比较、权衡、取舍的行为过程，以求用最小的代价取得对主体最大的价值。

社会主义核心价值观教育只有采用理论教学与实践教学相结合，使知与行相统一，方能发挥最大的效用。《关于培育和践行社会主义核心价值观的意见》提出，要"注重发挥社会实践的养成作用，完善实践教育教学体系，开发实践课程和活动课程"。可见，实践教学是小学核心价值观教育不可或缺的重要环节，能够帮助学生加深价值理解、增强价值认同、坚定价值选择。

1. 融入生活细节

俗话说"天下难事必作于易，天下大事必作于细"。习近平总书记提出，"少年儿童培育价值观要从小做起，就是要从自己做起、从身边做起、从小事做起，一点一滴积累，养成好思想、好品德"。国外的学校尤其注重细节教育。例如在英国，针对不同年龄孩子的特点提出了具体要求：6岁以下要学习爱父母，每天向父母问好；7岁要学会爱朋友，爱小动物；8岁要有同情心；9岁要学会帮助他人，向困难的人伸出援手；10岁要懂得爱他人，要了解消防员、救护员、医生都是在做着爱他人的工作，要学会尊敬这些人；11岁要学习爱家乡；12岁要开始懂得爱国家，学习维护国家主权。学校可以借鉴这些经验，根据不同年龄的特点，从学生力所能及的小事、细节入手。通过一件件身边的小事，加深中小学生对核心价值观的直观感受和理解，在潜移默化中养成好的品德和习惯。

2. 丰富实践活动

实践活动既包括校内实践，也包括社会实践。校内实践包括主题班会、知识竞赛、文体活动、科研发明和创新创造活动等。校外实践包括志愿服务、公益活动、勤工俭学、参观学习等。学校还应将实践活动作为必修课，纳入综合素质评价中，国外很多国家都采取这种形式。以美国为例，1990年颁布的《国家和社区服务法案》、1993年颁布的《全美服务信任法案》都要求全美推行服务性学习，即用课题研究的形式，让中小学生到社区服务，在服务中学习和思考，最后进行总结和反思。除了服务性学习，美国还特别强调志愿服务，要求学生从小学开始就要到社区去为他人服务。一些高中还规定，只有完成一定数量的社区服务才能拿到毕业证。学校要将校内实践与校外实践有机结合，不断地加深理解、增强认同，最终做出正确的价值选择。

　　小学核心价值观教育的受力者是学生，施力者是教师。教师不仅要教会学生社会主义核心价值观的内容，还要帮助他们记忆、理解，引导他们去认同，甚至做出价值选择，并最终实现价值整合。可以说，在学校教育阶段，教师主导着学生核心价值观的形成。因此，在引导教师成为社会主义核心价值观的垂范者的同时，也要为教师提供进修培训机会，营造浓厚的学术研究氛围，提供良好的教学方法、教学经验交流平台，不断提高教师的理论素养、创新思维和教学水平，进而提升社会主义核心价值观教育的效果。2014年六一儿童节前夕，习近平总书记视察海淀区民族小学并就少年儿童培育和践行社会主义核心价值观发表重要讲话。为深入学习贯彻总书记重要讲话和学校思想政治理论课教师座谈会精神，推进学校德育一体化建设，让我们从小积极培育和践行社会主义核心价值观，为学生扣好人生第一粒扣子努力。

作者简介：

　　李程，山西省太原市杏花岭区教育局教研科研中心小学道德与法治学科教研员，多年以来从事小学道德与法治学科的教学研究工作，曾获山西省优秀教师、山西省教学能手、山西省骨干教师，山西省中小学优秀德育课教师，山西省学科建设专家组成员，山西省中小学教材审批专家等荣誉称号。

小学道德与法治"爱国爱党教育和革命传统教育"主题教学策略

杏花岭区坝陵桥小学校

周思颖

爱国主义是中华民族的民族心、民族魂，是中华民族最重要的精神财富，是中国人民和中华民族维护民族独立和民族尊严的强大精神动力。爱国主义精神深深植根于中华儿女心中，维系着中华大地上各个民族的团结统一，激励着一代又一代中华儿女为祖国发展繁荣而自强不息、不懈奋斗。中国共产党是爱国主义精神最坚定的弘扬者和实践者，近100年来，中国共产党团结带领全国各族人民进行的革命、建设、改革实践是爱国主义的伟大实践，写下了中华民族爱国主义精神的辉煌篇章。当前，中国特色社会主义进入新时代，中华民族伟大复兴正处于关键时期。新时代加强爱国主义教育，对于振奋民族精神、凝聚全民族力量，决胜全面建成小康社会，夺取新时代中国特色社会主义伟大胜利，实现中华民族伟大复兴的中国梦，具有重大而深远的意义。

实现中华民族伟大复兴，是中华民族近代以来最伟大的梦想，也是一项光荣而艰巨的事业，需要一代又一代中国人的共同努力。爱国爱党教育离不开中国的革命历史教育。中国的近代史，是一段中华民族遭受深重苦难的屈辱史，也是一段中国人民不甘屈服、前赴后继、奋起抗争的历史。最终，在中国共产党的领导下，迎来了民族独立和人民解放，中国人民掌握了自己的命运。新中国成立后，尤其是改革开放以来，中国共产党带领人民不断进行艰辛探索，找到了实现中华民族伟大复兴的正确道路，取得了举世瞩目的成果。中华民族伟大复兴的中国梦就是每一个中国人共同的梦，中国梦是历史的、现实的，也是未来的。中国梦凝结着无数仁人志士的不懈努力，承载着全体中华儿女的共同向往，昭示着国家富强、民族振兴、人民幸福的美好前景。

青少年是祖国的未来和希望，是党保持蓬勃生机的重要保证。要高度重视学校思想政治教育，牢牢把握党对意识形态工作的主导权，特别是要旗帜鲜明地加强爱国主义教育和中国特色社会主义教育，弘扬主流价值观。要注重课本与实际相结合、历史与时代相结合，帮助学生深刻把握爱党、爱国、爱社会主义的一致性；引导学生学党史、知党情、颂党恩、跟党走，不断增强对中国特色社会主义的理论认同、政治认同和情感认同。

一、教材编写

低年级的爱国爱党教育重点在于"国庆节"和国家标识。

《欢欢喜喜庆国庆》是人教版二年级上册第一单元的第三课。教材围绕国旗、国徽、国歌的内容开展活动。重点部分内容为对国旗的认识与理解，对国徽、国歌的认识与理解较为简略。这是本单元"我们的节假日"中一篇以爱国主义启蒙教育为主旨的主题教育。这一课旨在培养儿童的国家意识、爱国情感，为学生树立正确的世界观、人生观、价值观打下基础。儿童的家国情怀是需要培养的，生活在今天的儿童，要了解新中国的来之不易，珍惜今天和平而幸福的生活，怀念为新中国的建立而流血牺牲的先辈；要珍爱国旗、国徽，会唱国歌，在生活中从小事和细节处着眼，逐渐做到心中有国家。

革命传统教育集中在五年级下册教材。（见下表）编写依据是《义务教育品德与社会课程标准（2011年版）》中主题五"我们的国家"第10条"知道近代我国遭受过列强的侵略以及中华民族的抗争史。敬仰民族英雄和革命先辈，树立奋发图强的爱国志向"；第11条"知道中国共产党的成立，知道新中国成立和改革开放以来取得的成就，加深对社会主义祖国和中国共产党的热爱之情"。本单元根据课程标准的要求，结合五年级学生的年龄特点、生活实际和成长需求以及时代的发展和社会的进步，设置了教学内容。

课名	话题	相关事件
7. 不甘屈辱　奋勇抗争	虎门销烟	鸦片战争
	圆明园的述说	第二次鸦片战争
	甲午风云	中日甲午战争
8. 推翻帝制　民族觉醒	革命先驱孙中山	
	辛亥革命推翻帝制	辛亥革命
	民主共和渐入人心	
9. 中国有了共产党	开天辟地的大事	中国共产党成立
	星星之火可以燎原	井冈山革命根据地
	红军不怕远征难	红军长征
10. 夺取抗日战争和人民解放战争的胜利	勿忘国耻	日本侵华
	众志成城	抗日战争
	中流砥柱	
	走向胜利	解放战争
11. 屹立在世界的东方	中国人民站起来了	中华人民共和国成立
	保家卫国　独立自主	抗美援朝　独立外交
	自力更生　扬眉吐气	社会主义革命和建设
12. 富起来到强起来	改革创新谋发展	改革开放
	精神文明新风尚	
	走进新时代	中国特色社会主义新时代
	做新时代好少年	

本单元共六节课，以时间为脉络，以精神为核心，呈现了近代以来中国人民为实现民族复兴走过的历史进程，歌颂了仁人志士的革命情怀与爱国精

神。《不甘屈辱　奋勇抗争》引导学生知道从鸦片战争到甲午中日战争我国遭受的列强侵略，懂得落后就要挨打的道理；了解中国人民面对外来侵略曾经进行了不屈不挠的斗争，从中体会中华民族顽强的抗争精神。《推翻帝制　民族觉醒》引导学生了解革命先驱孙中山和其他革命党人为了推翻清朝反动统治，寻求救国救民道路所进行的奋勇抗争，体会仁人志士英勇无畏的革命精神，懂得辛亥革命在推动近代中国社会变革上的重要意义。《中国有了共产党》引导学生了解马克思主义在中国的传播、五四运动、中国共产党的诞生、井冈山道路的开辟、红军长征等重要史实，懂得中国共产党的诞生是历史的必然选择，感悟先烈们的革命精神。《夺取抗日战争和人民解放战争的胜利》引导学生了解抗日战争时期国家悲痛的记忆以及中华民族奋勇抗争的事迹，领悟抗日战争和人民解放战争中体现的革命精神，认识抗战精神是民族复兴的强大精神动力，树立奋发图强的爱国志向。《屹立在世界的东方》让学生了解中华人民共和国成立以来，在中国共产党的领导下，全国人民自力更生、齐心协力、艰苦奋斗、奋发图强，在一穷二白的基础上，建设伟大祖国的历史；了解社会主义建设突飞猛进，取得了世界瞩目的成就；感受新中国建设者奋力拼搏、不畏艰难、为国献身的爱国热情和爱国精神。《富起来到强起来》引导学生了解改革开放以来我国各个领域取得的卓越成就，懂得实现中华民族伟大复兴是中华民族近代以来最伟大的梦想；初步理解只有社会主义才能发展中国，只有坚持共产党的正确领导，才能实现国家富强、民族复兴和人民幸福。

　　中国革命的历史是一部丰富的教科书，革命先烈的高尚品德与英勇献身精神是中华民族的精神财富。要真正运用好这些宝贵的精神财富，对小学生这些祖国未来的掌控者进行爱国主义和革命传统教育，激发他们的爱国热情，引导他们树立正确的理想、信念、人生观。

　　学习革命历史，就是要传承革命精神，让红色的革命精神深植学生心中，凝聚力量，引领未来。红船精神、井冈山精神、长征精神、抗战精神、西柏坡精神，教材将这些革命精神编写在各课中。透过历史的年轮，我们不仅了解到历史的故事，更会深刻体会出中国人民的灵魂、气质及精神！因为我们是中国人，我们爱自己的祖国，所以我们必须为中国的和平而努力奋斗，为维护祖国的领土完整而和侵略者斗争到一兵一卒，决不允许中国土地沦陷敌手。引导学生缅怀过去，传承未来，理解为了维护祖国的和平，大批仁者志士前赴后继，他们用信念和热血为历史写下了不朽的一页。

课名	话题	精神谱系
7．不甘屈辱　奋勇抗争	虎门销烟	
	圆明园的述说	
	甲午风云	
8．推翻帝制　民族觉醒	革命先驱孙中山	
	辛亥革命推翻帝制	
	民主共和渐入人心	
9．中国有了共产党	开天辟地的大事	红船精神
	星星之火可以燎原	井冈山精神
	红军不怕远征难	长征精神
10．夺取抗日战争和人民解放战争的胜利	勿忘国耻	
	众志成城	抗战精神
	中流砥柱	延安精神
	走向胜利	西柏坡精神、沂蒙精神等
11．屹立在世界的东方	中国人民站起来了	
	保家卫国　独立自主	抗美援朝精神
	自力更生　扬眉吐气	大庆精神、两弹一星精神、焦裕禄精神、雷锋精神
12．富起来到强起来	改革创新谋发展	深圳精神
	精神文明新风尚	
	走进新时代	
	做新时代好少年	

二、渗透案例

（一）丰富儿童体验，拓展儿童认知

（二年级上册《欢欢喜喜过国庆》）

片段1：

（1）**师**：你们在什么时候什么地方见到过升国旗？（播放课件：天安门广场升旗仪式、奥运冠军颁奖仪式）

（2）**师**：请你仔细看，当奥运会上每一次五星红旗升起的时候，这些奥运冠军的心情是怎样的？和大家说说自己的想法和感受。（播放视频资料《祖国的荣誉》）

（3）**师**：（课件播放视频）老师还给大家带来了一个短片，请你们仔细找一找我们的国旗还出现在哪里。

生1：月球背面。

生2：1984年奥运会。

生3：香港、澳门回归时。

生4：太空。

师小结：同学们，就是这面五星红旗，在中国的每一寸土地上，在每个见证荣耀的重要场合，在每个值得记忆的历史瞬间，我们都会看到它冉冉升起，因为五星红旗是中华人民共和国的象征啊！

【评析】此案例中教师引领学生通过感受不同时刻国旗升起的场景，激发学生对国旗的尊敬和热爱。以多媒体课件资源创设情境，加强情感体验，努力向儿童的现实生活靠拢。

（二）讲好中国故事，理解革命精神

（五年级上册《中国共产党》教学片段）

从这些数字中，你感受到了什么？阅读文本64页。

①在长征途中，红军将士同敌人进行了（　　）余次战斗，穿越了被称为"死亡陷阱"的茫茫草地。

②跨越近（　　）条江河。

③攀越（　　）余座高山险峰。

④其中海拔（　　）米以上的雪山就有（　　）余座，穿越了被称为"（　　）"的茫茫草地，用顽强意志征服了人类生存极限。

生1：从数字当中感受到了长征的艰难，红军战士们不怕艰难、勇敢坚强的精神。

小组交流、学生展示。讲述数字背后的长征故事。

你知道这些数字背后的故事吗？谁来说一说？

学生代表1讲述故事《飞夺泸定桥》。

学生代表2讲述故事《七根火柴》。

学生代表3讲述故事《草地上的小红军》。

……

阅读《回忆伟大征程》中红军老战士回忆长征时的情景，在那么艰难的情况下，至今没有一丝后悔和后怕，反而激动得像一个年轻的战士，这种宝贵的革命乐观主义精神多么值得我们学习。

师：这些故事、这些回忆仅是二万五千里长征中的一个缩影，通过这些故事我们来说一说这场长征这么"难"，红军又为什么不怕。

【评析】从具体的数字当中感受到长征不仅仅是距离的长，还有困难的多、环境的险恶、形势的危急。可见长征中遇到的困难重重，只有不畏艰难才能取得最后的成功，这也是长征精神所在。从故事当中，感受红军经受的重重困难及付出的巨大牺牲。学习他们从小立志、严于律己、不怕困难、不断追求等优良品质。

（三）紧扣时代发展，了解革命精神薪火相传

（五年级上册《中国共产党》教学片段）

师：同学们，学到这里，你觉得什么是长征精神？我们应该怎样学习长征精神呢？

生1：我们在平时的学习中遇到困难，就应该像红军一样勇往直前，克服一切困难。

生2：我们在平时的田径队的训练中，也不喊哭喊累，咬紧牙关刻苦练。

生3：今后生活要艰苦朴素，向红军学习。

生4：不论在生活还是学习中不能一遇到难题就退缩。

师：对了，长征精神，就是不怕苦、不怕累。我们的祖国之所以有今天的辉煌成就，就是因为我们国家有太多像红军一样有着长征精神的奋斗者，想想我们身边有这样的例子吗？

（学生讨论交流）

生1：我国载人航天的工作者们，他们攻克一道道难关，使我国的航天事业发展迅猛。

生2：这次疫情，千千万万的人民子弟兵、医护人员冲在最前线，把生的希望留给病人，把死的危险留给自己，他们不怕病魔，毅然挑起大旗，向着前方坚定地迈进。

生3：在一次火灾现场，一个个年轻的身影穿梭在火海，其中有一个消防员战士又一次进入火海，却没有出来……

生4：长征精神就是百折不挠、浴血奋战、勇往直前。

师：是的，今天我们也要继承和发扬长征精神，为社会主义现代化建设做贡献。在中华民族伟大复兴的道路上创造新的奇迹。

1970年我国第一颗人造地球卫星"东方红一号"成功发射，当时推动它发射的火箭叫长征。如今我国的航天技术已取得长足进步，迄今为止，每次执行发射任务的火箭都以"长征"命名。长征，代表着火箭飞过的长长的踪迹，也代表着中国航天事业艰苦而又光荣的路程，更代表着新一代的长征精神。

【评析】教师引导学生结合自己身边的事、人，感悟内化长征精神，引领学生精神的成长。

片段2：

师："疫情就是命令，防控就是责任。"在抗击疫情的各条战线上，处处都能看到党员们努力奋战的身影，他们作为先锋队、突击手，充分发挥党员的先锋模范作用，他们用行动让党旗在抗击疫情的战场上高高飘扬。"我是党员，我先上！"共产党员在抗击疫情中冲在最前面，战胜疫情依靠了共产党员。

（学生观看课件内容。谈感受）

师：我们身边也有共产党员，他或许是你的爸爸妈妈，亲戚朋友，你能讲讲他们的故事吗？

【评析】一场突如其来的新冠疫情，改变了学生们的学习方式。在没有硝烟的战场上，党员冲锋在前，逆行者们不畏生死，担当奉献，这是一种精神的传承。讲述身边的共产党员故事，更贴近学生生活，学生更容易深切感受中国共产党的伟大力量，产生崇敬热爱中国共产党之情，较好地进行了爱党教育。

（四）了解国家发展现状，树立责任意识

（五年级上册《富起来到强起来》教学片段）

师：下面让我们通过一个小短片更加直观地感受一下改革开放以来我们太原的变化。画面中有你熟悉的画面也可以说出来。

（PPT出示小短片）

师：大家看了这段视频有什么感受吗？

预设：家乡很美，变化真大！

太原的变化其实是我们国家飞速发展的一个缩影。改革开放让我们的国家富了起来，如今中国已经成为一个出口大国、制造大国，越来越多的中国制造已经走出国门，走向世界。可以说世界已经离不开中国。此刻，让我们来看看国民生产总值的变化。

（PPT出示视频）

那么看了这段视频大家又有怎样的感受呢？

生（答）：（略）

师：是的，此时老师的心情和大家是一样的，都特别的骄傲和自豪。老师还搜集到了一则消息我们一起来看一下。

PPT出示第一段：

自己来读读这一段的内容，说说你的感受。

华为技术有限公司是一家生产销售通信设备的民营通信科技公司，总部位于深圳。其下有华为技术、华为投资、华为汇通、华为物业4个子公司，在全球170多个国家有设计公司。2020年华为品牌价值为全球第15名。海思产品覆盖无线网络、固定网络、数字媒体等领域，成功应用在全球100多个国家和地区。

正如大家所说，华为作为我们国家自主创新的企业在国际上的影响力越来越大。然而2019年开始，华为却接连遭到了美国的经济封锁：

PPT出示：（配音）

2019年6月25日，美国参议院外交委员会将华为列为美国和其盟邦的国家安全威胁。禁止美国政府部门购买华为的设备和服务。

2020年5月15日，美国商务部工业与安全局（BIS）官方发布关于华为的消息：严格限制华为使用美国的技术、软件设计和制造的半导体芯片。

2020年8月17日，美国商务部工业和安全局（BIS）发布了对华为的修订版禁令，这次禁令进一步限制华为使用美国技术和软件生产的产品，并在实体列表中增加了38个华为子公司。

师：大家思考一下，世界上这么多国家，这么多做通信的企业，为什么美国单单如此针对中国的华为呢？

生：那是因为我们变强了。

师：是的，那是因为以华为为代表的中国企业变强了，中国变强了！你弱，别人不会把你放在眼里，正是因为你变强了，我们在某些方面甚至超过了他们，动摇了他们的利益，以至于他惧怕你了，他要想办法遏制你的发展，哪怕是使用了不光彩的手段。面对美国的打压，华为该怎么办？

生：一方面我们要自信，这说明我们变强大了，另一方面，我们要努力，要变得更强，而且要在自主创新能力上变得更强。

师：尽管美国一再打压华为，尽管华为受到了冲击，但华为并没有如他们所愿垮掉，依然铆足了劲儿在发展。越来越多的企业都肩负起了自主研发的重任。华为事件更让我们清醒地认识到什么？

生：科技是第一生产力。科技创新是国家发展的核心动力。正如习近平所说："只有把关键核心技术掌握在自己手中才能从根本上保障国家的经济安全、国防安全和其他安全。"

【评析】国家从站起来到富起来，经历了一代又一代人的努力奋斗。现如今中国发展的现状是一些核心技术仍掌握在发达国家的手中，限制了我们科技的发展，华为缺芯的例子，就是一个典型。课堂上，教师出示案例，引导学生分析背后的原因，唤醒学生的危机意识，树立责任意识。只有独立自主，自力更生，才能突破发展瓶颈，向强国之路迈进。

三、推广意义

爱国主义革命传统教育意义和价值是非常大的、也是难以言表的。革命传统教育很大程度上属于思想洗礼和精神洗涤。革命传统教育关键要人到心到神到，英雄事迹承载的精气神，实现与先烈的英魂进行内心对话，从而达到净化污垢、洗刷灵魂的效果。因此，一旦革命传统教育失去真心、走心，极容易沦为形式。当然，革命传统教育不意味着一板一眼、按部就班的"套路"教育，也是可以实行创新性和创造性开展的。教师要善于挖掘革命传统教育的鲜活力和生命力。革命传统教育是可以实现严肃性和活泼性相统一的。探寻爱国爱党革命传统教育的教学策略就是把红色资源利用好，把红色传统发扬好，把红色基因传承好，让爱国爱党革命传统教育植根于学生心中，树立好坚定的政治思想和正确的价值观。

作者简介：

周思颖，中小学一级教师。她获得山西省教学能手，山西地区教科研先进教师，太原市学科带头人，太原市教学标兵，太原市教学名师，山西省教材教辅审定专家。她主持参与省市课题，获得优秀成果奖，相关成果在全市全省做推广。一直以来将自身所学辐射全市、全省教师，学年年平均支教20余次。

初心相伴　一路芳华

杏花岭区教育局

任凤英

"信念只有在积极地行动之中才能够生存，才能够得到加强和磨炼。"带着这样的一份宣言和承诺、责任和担当，2012年9月经过杏花岭区教育局教研科研中心公开选拔学科教研员的竞聘，我很幸福地成为这个大家族的一员，在教研科研中心担任综合实践活动学科教研员兼安全学科教研员。

回顾做综合学科教研员的九年时间，风雨兼程、初心相伴、一路芳华……我们杏花岭区作为太原市教育大区、强区，如何做到学科间均衡发展，让传统意义上的"小学科"茁壮成长，也成为这几年我学科研究的重点工作之一。教研室以"三级管理制度"为抓手，层级落实课程常态化实施，综合实践活动学科才得以蓬勃发展。几年来，我秉承着教研员的工作职责：研究、指导、服务、管理，站在教师和学生需求的角度来做好学科的服务工作，做好教研科研中心的整体工作。

以行动为主线，回顾与展望九年来的工作，一边学、一边行、一起思、一同悟，并将这些收获和体会，以"交作业"的方式来呈现梳理。

一、加强学习——促进个性化发展需求

学习模式：个人学习、学科培训、名师培训、下乡支教，通过这样的四级培训学习模式促进自己专业综合素养的提升，满足学科个性化发展的需求。

工作中利用碎片时间多读教育教学理论书籍，认真学习与教学相关的文件精神，综合类杂志、网络资料的研修都成为自己学习生活的重要组成部分，业务笔记随手记录、随手批注、随手心得……这样我才能够静下心来为自己

的教研之路找一盏前进的明灯。每年10余次的不同类型的学科培训，提升自己的专业素养。我于2014年赴武汉跟随武昌区教研中心沈旎老师进行了为期两个月的跟岗学习，跟岗学习中在浙江省教科院的综合实践活动中做专题讲座。2015—2019年期间，我作为山西省名师培养对象，在华中师范大学进行了三年的连续性学习，参加了全国各地的专项培训活动，深度学习的同时更感肩上责任的重大，综合学科的区域推进发展责无旁贷。（全省300名教学名师中只有两名综合学科名师，都在我们区）近几年来，我成了教育部综合实践活动学科专家库成员，在自己成长的同时也带领自己的学科团队多次走进我区的学校做专题讲座，参与国培支教多达7省20多个县市，讲座70多场。我在不断地总结、交流、反思中提升自己，也为全省乃至全国的综合学科发展尽一份绵薄之力。感谢教研室搭建平台提供学习的机会，在这几年中，不同形式的学习，让我拓宽眼界，让我博采众长，知道自己在工作中的不足，明确今后的发展方向，秉承着只有自己变得更加优秀，才能够带领出更优秀的团队的理念，几年中的不断学习，努力提升自己的专业水平，旨在希望遇到更好的自己。

二、团队建设——青年教师梯队化培养

组建专业的学科团队，是近几年我教研工作的特色之一，也是名师工作室辐射引领教师成长的重点工作之一。独行快，众行远。我深知，综合实践活动学科想要做出自己的特色来，就必须先有人再做事。从2012年刚组建团队的3人"婴儿期"，到2016年30人"成长期"，到2021年的159人"成熟期"，可以看得出学科团队的发展壮大，可以看得出综合学科常态化实施区域推进工作取得的成效。其实在最开始我们学科称作"两没三最"：没有专职教师、没有专业领域、学科最杂、流动最快、年龄跨度最大。常常是学校的老弱病残孕来带我的学科。面对这样的现状，是困难还是挑战或是机遇？也许有着更多的可能：让优秀教师来教这门课程，还是在这门课程的教学中，让普通教师成长为优秀的教师？找准目标，开始行动！点燃团队成员学习的热情，形成学习共同体。因为都是兼职教师，所以集体学习的机会特别少。只

要有机会，就创造条件让老师们去蹭课学习；在出差回来的火车上，在外出学习时所住酒店的房间里，在兄弟城区组织的活动中，在楼下的肯德基，在接娃的空档……抓住可以利用的一切时间和老师们一起探讨研究学习，目的就是让老师们了解并热爱我们的学科。很感谢我的导师，教育部综合项目组的顶级专家沈旎，教研室曾经派教研员2014年挂职学习两个月，在这两个月里学到了很多，也结下了深厚的友谊。沈旎老师每年都会来我们区做指导。除了讲座费会由综合学科的课题实验校支出，其余的路费食宿都由我个人承担。因为热爱，所以无怨无悔地付出，只希望小伙伴们可以得到最前沿的资讯，得到最专业的指导。同时每年的综合实践活动学科的年会，也助力了学科团队的师资培训。一线专家的理论引领，优质课例的模仿学习，在几年中，团队教师共有97篇论文获奖，我个人有7篇发表在国家级期刊，在两所学校做现场全国经验交流，一位教师全国现场课展示，10位教师参加了全国说课大赛，8人获一等奖，2人获二等奖。2019年的年会上，我代表杏花岭区团队做综合课程区域推进的经验介绍，并多次参与山西省地方教材《综合实践活动·研究性学习》和教师用书的编写和改编。我于2018年参与编写湖北省的综合实践活动教材；2019年编写了晋祠、傅山园等研学课程；2020年3月，在停课不停学的疫情中，学科核心团队教师为教育部综合实践活动学科平台录制场馆研学课程；2020年参与编写了红色研学课程《走近高君宇》；2020年4月跟教育部基础教育司原司长王文湛老先生在全国的直播平台上一起做了"劳动教育主题"线上公益讲座；2021年参与编写河北省的劳动教育教材；2020—2021年组织我区三所综合实践活动实验校，在全国综合实践活动平台上做了线上的学科特色经验交流分享，得到了全国综合实践学科同行的赞誉；2021年5月，在线上做了"追寻红色足迹 争做时代新人"红色公益课堂的线上讲座，参与人数两天合计达13万人……近几年来学科骨干教师走进我区30多所学校做专题讲座，参与支教国培40余人次，地区遍及山西省的清徐、垣曲、石楼、稷山、侯马、古交、平陆、临汾、盂县、万荣、方山、芮城等十几个地市（县）和新疆、江苏、湖北及甘肃等省份。

　　这些成绩的背后都是我们这支团队拧成一股劲的合力。虽然我们的学科小，但是教研室领导给予了我个人成长的机会，给予了我团队教师成长的空间，给予了我成长为山西省教学名师的平台，为我们综合实践活动学科搭建了宽广的平台。

既然大家加入这个团队，我就要为青年教师成长做出规划，从开始就想到结果。以赛促训，形成成长共同体。做教研员的我们都知道，要想在这些不同级别的教学赛事中拿到最高荣誉，其竞争是异常激烈的，尤其是对于小学科的机会比较少。所以为了鼓励更多的青年教师在小学科的教学中投入精力，每一次比赛，我和选手一起备战，组建团队集体备课并探究研讨，团队成员倾情付出、密切合作，比赛全程跟进，在此模式下涌现出一批优秀的学科教学能手。在2019年太原市职业技能大赛中，马婧老师获"太原市职业能手"称号，全市小学仅五名教师获此殊荣，（语数各两名）马婧老师是唯一一位以小学科获奖的选手，也是我区唯一一位获奖选手，并荣获太原市二等功。九年来学科团队（综合+安全+劳动）形成了阶梯式状态，区级能手、标兵29人；市级能手、标兵15人；省教学能手9人、省名师2人、省学科带头人2人、省骨干教师1人。这样的学科团队保障了综合实践活动学科常态化实施的区域推进。同时，我本人也成长为"山西省教学名师"，在2021年成立了"任凤英名师工作室"。

看着团队教师的成长足迹，真的感慨万千！九年了，一路走来，总有一些画面让人动容，总有一些记忆令人难忘，总有一些成长让人奋进。我们互相成就了彼此，没有完美的个人，只有完美的团队。

三、常规工作——典型引领模式规范化

九年来，每周一次的去学校听课，成为青年教师成长的第一步阶梯，聚焦问题，解决困惑，教学交流，快乐成长，形成综合学科的听课常态工作模式。两周一次的常规学科教研活动，成为老师们尽情分享快乐的美好时光，每次的活动有主题、有特色、有小结、有美篇。我们聘请多领域专家指导教师教育教学活动，拓宽教师的课程视野。定期开展凝心聚力的团建活动，真实的任务引起有意义的探究话题，激发教师的深度教研兴趣，因为综合实践活动学科有自己的学科特点，采取长短线活动的结合。三年前的一个志愿者

活动的课程持续至今，由校内到校外，由学生到老师，由服务到捐赠，在2019年"情暖西部　携手同行"的捐赠活动中，学科教师组织学生捐书捐物，将爱心传递；在2020年疫情中，小小志愿者的行动真正地落实到了家庭、社区、社会，将学科核心素养推向新的高度。因为从零开始，永远不怕失败。这样的长线活动有助于增强学生的价值体认和社会责任感。在课例研讨中，我们也是从不同角度切入，力求让兼职教师在不增加负担的情况下，将这门课程扎实有效地落实下去，最大亮点是，我们跨学科学习，去听科学、道德与法治、美术的优质课展示，请科学教研员来听评课，这样的综合整合式的学习优势互补，可以加速教师专业化、本土化成长。同时也形成了综合实践"四真教学法"学科模式，在"四真教学法"研讨会上，省、市、区的相关教研员和兄弟城区的老师们给予了较高的评价。课题的研究引领也成了推动学科整体发展的有力抓手，2014—2017年，带领全区7所实验校参加了教育部综合实践活动项目组的课题研究；2015年还参加了市级个人课题研究项目；2019年国家级个人课题的研究，也将我区综合学科的课程建设推向了一个新的高度。另外，坚持了四年的微信群线上研讨，让我们的网络教研更加及时高效，感谢我区教研科研中心灵活多样的教研活动机制，给我们足够大的舞台来做好学科工作。常年坚持用心来做好每一件小事，就会形成自己的学科特色，形成自己的教学特色。聚焦学科问题，找准努力方向，让我们的学科成果扩大影响力，服务于更多的一线教师，服务于更多的孩子们。

四、团结协作——铸造杏花教科研品牌

在做好学科工作的同时，还承担着科室的其他工作，虽然头绪较多，但是踏实做事，做领导的助手、做同事的帮手，让我们这个大家庭和谐共进是我们每一个人的工作目标。

在教研科研中心的几年中，我坚持每一件小事都值得怀着神圣的心情去做。即便是最普通的事，也应该全力以赴、尽职尽责地去完成。小任务顺利完成，有利于对大任务的成功把握。一步一个脚印地向上攀登，便不会轻易跌落。通过工作获得真正力量的秘诀就蕴藏在其中。万法唯心造，成功亦使

然。身为一个"家庭成员"，我尽心尽力和其他小伙伴们一起维护好"大家庭"，撰写起草单位的文件；协同组员完成各项验收检查；只要是科室的工作需要，我都会欣然接受，力争做到事事靠谱，让领导放心，使工作舒心。因为我始终牢记身为一名青年党员，尤其要坚定一种信念，敢于吃苦，甘于奉献，默默前行，豁达乐观；于是一种向上、进步的动力就如汨汨不竭的泉源……杏花岭区教研科研中心全体教研员的这一股股泉源汇聚在一起，浸润、滋养、铸造了杏花教研独特的团队品牌。

"信念只有在积极地行动之中才能够生存，才能够得到加强和磨炼。"所有的改变从行动中来，正是有着这样的初心陪伴，九年来一路芳华！

作者简介：

任凤英，大学本科，中共党员，山西省太原市杏花岭区教育体育局教研室主任。曾获得"山西省名师""山西省优秀班主任""山西省教学能手""山西省学科带头人""太原市教学标兵""太原市学科带头人""太原市明星班主任"等称号。参与编写地方教材《综合实践活动·研究性学习》及教师用书的编写修订工作，多次担任综合实践活动国培辅导教师，在综合实践活动和劳动教育课程领域带领团队教师做出了学科特色。

学校劳动教育课程的常态化实施策略

杏花岭区后小河小学校

孟　丽

2020年3月20日，中共中央、国务院印发了《关于全面加强新时代大中小学劳动教育的意见》（简称《意见》），再一次把劳动教育提到关键位置。《意见》强调指出，劳动教育是全面贯彻党的教育方针，坚持立德树人的重要内容，要把劳动教育纳入人才培养的全过程，贯穿在大中小学各学段，贯穿在家庭、学校、社会的各方面，把握育人导向，遵循教育规律创新体制机制，注重教育实践，实现知行合一，促进学生形成正确的世界观、人生观、价值观。2022年版劳动课程标准的颁布，强调劳动课程是实施劳动教育的重要途径，具有鲜明的思想性、突出的社会性和显著的实践性。

后小河小学教育集团有着近40年的开展劳动教育的光荣历史，从20世纪80年代，学校的劳动教育成规模化、层级化、系列化，立足三晋大地，享誉全国，《人民日报》《光明日报》《中国青年报》《中国少年报》等国家、省、市、区媒体争相报道我校劳动教育的经验与成果，时任国家教委副主任柳斌曾为学校题词"跨世纪中国特色教育学校"。经历时代的变迁，如今的劳动教育课程是后小河"盈水"课程体系之"动水课程"的重要内容，也是学校五育并举、全面育人的重要载体。

在"小河盈水，书卷养气，润泽生命"的办学理念指引下，我校从劳动体验课程的自主实践入手，不断完善和健全劳动教育课程体系，设立劳动教育必修课和"劳动实践周"，保证必要的劳动时间，同时强调其他课程也要有机融入劳动教育内容和要求。学校通过有目标、有主题、成体系的劳动教育课，弘扬劳动精神，提供劳动载体，培养劳动意识，锻炼劳动技能，教育引导学生崇尚劳动、尊重劳动、热爱劳动。

《意见》中指出，社会各方面也要发挥协同育人的作用，支持学生走出教室，走向自然，走向社会，动起来、干起来。在我校，劳动课程的常态化实施正有效推进。

第一阶段：认知先行——劳动最光荣

学校开设劳动认知课程，低年级孩子们可以学唱劳动歌曲，拍摄视频，搜集有关劳动的谚语、格言，制作劳动书签。中年级学生可以收集劳动模范的故事，积累记录卡，并给父母、亲朋好友讲述，做一份"劳动最光荣"手抄报；高年级学生则可以寻访身边的"最美劳动者"，并用照片、文字等方式记录下来，以"劳动者最光荣"为主题写"劳动小论文"。

我们通过丰富多样的活动，教育学生懂得劳动创造美好生活，劳动最光荣，在孩子们心中播下了爱劳动的种子，孩子们从中充分感受到勤劳奋斗、热爱劳动是我们中华民族的传统美德，作为中华儿女、作为后小河学子要努力成为知书达礼、崇德明理、热爱劳动的后小河人。

第二阶段：实践贯穿——劳动最快乐

在家务劳动中，培养学生动手、动脑和生活实践能力，树立学生"自己的事情自己做"的自主意识，提高劳动本领，感受劳动的乐趣，体验劳动的价值，进一步倡导学生热爱生活、热爱劳动，培养学生独立生活的能力，学会并掌握生活技能。

一、二年级学生在家务中发挥"劳动想象力"。

孩子们自己洗澡洗漱、洗小件衣物、袜子配对儿、铺床叠被、准备第二天的衣服、系鞋带、擦鞋、扫地、擦踢脚板、摆放碗筷、清理餐桌、清洗碗筷、会收已经洗干净的衣服、擦拭桌椅、清洁窗台、擦洗室内窗户、分类归置食品杂物、更换厕所手纸、擦洗浴室的洗手台面和柜子。

这个阶段，孩子具有丰富的想象力，而且相比玩具，他们对真实的生活用品更感兴趣，可以多鼓励他们尝试新鲜事物，在这个过程中，提升劳动素养。

三、四年级学生在家务中发挥"劳动行动力"。

孩子们会使用简单易操作的洗衣机、脏衣服会按颜色分类清洗、预备饭菜（洗菜、摘菜、简单切菜、切熟食）、清洁刷洗浴盆、擦干浴室地面、收垃圾、擦皮鞋、叠衣物并将洗好的衣物分类摆放或分给家人、包书皮、收拾碗筷并洗碗、洗净并摆放水果、能做简单的饭菜（制作有造型的冷拼盘、煮面、煮饺子等）。

这个阶段，学生在家务中逐渐养成主动劳动的习惯。他们能够掌控的事情越多，安全感、价值感、自我驱动力越强。

五、六年级学生在家务中发挥"劳动创造力"。

孩子们倒垃圾、晾晒衣服、换洗床单被罩、刷洗旅游鞋、清理厨房地面、会使用吸尘器、用拖把擦地、清理洗刷马桶、整理自己的房间、定期清理衣柜和写字台、能确定并拣择出不再使用的物品进行处理、简单的缝纫（缝扣子等）、清洗微波炉、削水果、收拾花草、照顾小动物、会做需要一定技能的正餐（蒸米饭、包饺子、炒鸡蛋等），在劳动实践中培养学生的主动性和创造力。

学校是开展劳动育人的主阵地，在劳动教育课程中，面向一、二年级全体学生，围绕学习生活，开展劳动生活技能赛。

一年级开展"追梦小水滴　生活技能赛"：穿衣、系扣、系鞋带比赛；二年级开展系红领巾比赛。先在班内评比，再从各班中选取学生代表参加学校评比，表彰优胜"劳动小能手"。通过比赛，激发学生劳动兴趣，鼓励学生自己的事情自己做，培育孩子生活自理、自立的能力。

"追梦小水滴——一分钟清洁赛。"

学校班级卫生遵循"人人有岗，岗岗有责"的原则。学生每天清晨来到教室，当铃声响起，做的第一件事情就是一分钟清洁。经过三周，学校开展别具一格的"一分钟清洁班级大比拼"劳动教育。人人动手参与劳动，锻炼自己，从我做起，清洁课桌，美化教室，既培养了学生讲卫生、爱劳动的习惯，又培养了他们热爱集体的责任心。

通过劳动教育的实践活动，营造出浓厚的爱劳动、爱生活、爱集体氛围，推动了学校劳动教育主题系列活动继续创新开展。

三、四年级的孩子利用劳动教育时间开展"追梦小水滴 绿色种植"——小小花农主题系列活动和"爱厨艺 爱生活"——小小厨师主题系列活动，培养了孩子们的劳动创造力。

五、六年级的孩子还开展了陶艺、木刻、设计农作物园、自制水火箭、"奇思妙想"劳动设计赛、"废旧物品小发明赛"等形式多样的劳动实践活动。

随着使用工具、动手操作、解决问题、合作学习等能力的提升，学生的自信心、解决问题的能力都得到很大提高，创新精神得到激发和培养，好奇心和想象力得到呵护与释放，综合素养能力得到提升发展。

第三阶段：深度体悟——劳动最幸福

学校开展"角色互换"劳动体验，一、二年级学生和父母换岗一天，感受家庭劳动的不易；三、四年级学生走进社会，观察不同行业的劳动者如何工作，条件允许时可进行职业初体验（如小记者、红绿灯交通协管员、小图书管理员等）；五、六年级学生参加一次社会志愿者服务，为人民做一件好事。

孩子们走进社区、福利院、孤儿院、光荣院、养老院、军营等进行慰问活动，参加一次劳动服务体验，对学生进行感恩教育和社会责任感教育，培养爱与责任意识。

后小河小学教育集团是PDC国际教育联盟成员校。学校开展以任务驱动和解决问题为主要内容的"PDC项目"中的劳动项目式学习，将水课程、二十四节气课程、小小消防员课程等融入劳动教育之中，孩子们走出学校，走向大自然、走向社会，发现问题、任务驱动、形成方案、解决问题，劳动教育成为全面育人的"鲜活课堂"。

我们将主题课程群进行统整，以PDC项目式学习为主要学习方式，通过合理统筹课内和课外时间与资源，形成"学校—家庭—社会"协同联动模式，探索出一条综合化、整合性的课程实施路径。课上课下时间有效统筹，让课程学习链接真实生活。校内校外空间广泛延展，拓展劳动教育的实践空间。

充分发挥家庭、学校、社会在劳动教育中独特的价值和功能。家校社协同，多维度系统化实施劳动教育课程。整体联动，全方位保障劳动教育开展并取得实效。学生对劳动的兴趣得到极大激发，全身心地参与让深度学习得以真实发生。

为了保障劳动教育的实施效果，我们设计《后小河小学教育集团劳动项目式学习周记录评价表》，形成学生劳动教育成长档案，探索主体多元、方法多样、综合互补、激励为主的"个性化劳动评价"，积极推行"达标和等级""过程和方法""个性和共性"对劳动技能进行量化评价，对劳动习惯进行等级评价，对劳动体验进行描述性评价。这些探索对培育学生的劳动素养、劳动价值观具有重要意义。

劳动教育不可能一蹴而就，学生劳动素养的形成也需要长期不懈的努力。在探索劳动教育的道路上，我们将矢志不渝，笃行不息。

作者简介：

孟丽，生于1980年12月，1999年8月参加工作，中共党员，大学本科学历，小学高级教师，现任太原市杏花岭区后小河小学校党支部书记、校长。曾获得山西省五一劳动奖章、山西省教学能手、山西省"三优"课一等奖、山西省优秀班主任、山西省骨干教师、太原市创城二等功、太原市最美时代新人等荣誉。

新建路小学综合实践活动课
校本化实施的实践与探索
——以"十二个特制节日"为例

杏花岭区新建路小学校

李 琴

长久以来，作为国家课程之一的综合实践活动在学校的推行情况令人担忧：

综合实践活动课表"必须有"、检查"必须有"，但日常教学"可以无"；综合实践活动是个"筐"，什么都可以往里装；综合实践活动在学校没有"国家课程应有的地位"，得不到足够的重视；该学科的专职教师在学校基本没有"存在感"……

然而，早在2001年综合实践活动刚刚作为国家课程出现在课程表上时，就引起了新建路小学教育集团领导团队的足够重视，定位、落实、督促、评价，探索从未止步……

一、引领前瞻 顶层架构

育人之本，在于立德铸魂。2019年6月23日，中共中央、国务院出台了《关于深化教育教学改革全面提高义务教育质量的意见》，其中指出："坚持五育并举"，"深化课程育人、文化育人、活动育人、实践育人、管理育人、协同育人"，"探索基于学科的课程综合化教学，开展研究型、项目化、合作式学习"。

《中小学综合实践活动课程指导纲要》也指出，要坚持教育与生产劳动和社会实践相结合，充分发挥中小学综合实践活动课程在立德树人中的重要作用。

基于以上背景，集团开启了综合实践活动整合式项目课程的探索，尤其在"十二个特制节日"整合式项目课程的开发和实践上，取得了丰富的经验和成果。

每一个迈入小学门槛的孩子，都将在美好的小学生活中经历六年十二个学期的学习生活，每一个孩子又将经历六个"元旦"、六个"六一"。孩子、老师和家长多么希望，每一个在新建路小学度过六年学习生涯的孩子，能够度过十二个不一样的节日，留下属于新建路人独一无二的童年记忆。于是，集团从历届组织过的、学生喜闻乐见的活动中，精选了十二个作为节日课程的主题。就这样，集团开启了"十二个特制节日课程"的初步探索。

"十二个特制节日课程"指向学生核心素养的全面提升，学生在一个月的时间里要经历资料搜集（考察探究或社会服务）、资料整理（设计制作）和成果展示（职业体验或创意物化）三个步骤，包括电影节、科技节、民俗节、游戏节、梦想节、淘宝节、戏剧节等贴近学生生活的特色节目。

二、立项开题　团队先行

当"融合课程""整合课程""项目学习"流行伊始，集团已关注到综合实践活动这门课程自主性、实践性、开放性、整合性和连续性的学科特质，由总校长冯荷霞牵头，申报了山西省十三五规划课题《小学综合实践活动整合式项目课程的开发策略研究》，山西省综合实践活动学科教学名师、省学科带头人李琴老师担任课题组组长，石磊、刘鑫、郭瑞英、司翠环老师共同开展为期两年的研究与探索。集团以综合实践课题引领，促学校内涵发展，主要开展了以下四个方面的探索：

1. 以学科活动为载体，发挥学科育人功能，探索同学科整合式项目课程的开发与实施策略。

2. 以项目学习为载体，发挥合作育人功能，全面提升学生的综合素养，探索跨学科整合式项目课程的开发与实施策略。

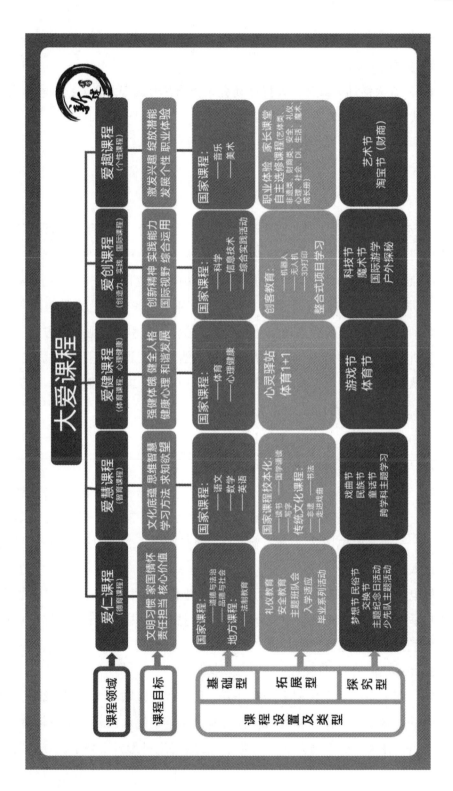

3. 以财商课程为载体，发挥生活育人功能，探索超学科整合式项目课程的开发与实施策略。

4. 以育人活动为载体，发挥活动育人功能，形成育人合力，探索育人活动整合式项目课程的开发与实施策略。

三、整合研发　实践验证

（一）专家引领，指明方向

"活动"和"课程"到底有什么区别？在开发"十二个特制节日课程"的探索中，为了解放思想、拓展思路，集团先后邀请全国综合实践活动专家沈旎、冯京广和陶行知研究会秘书长李元伟、山西省教育厅督学张卓玉等亲临指导并进行专题讲座，同时派遣多名骨干教师奔赴华中师范大学跟岗学习，参与名师访学和综合实践活动年会等活动，依托专家引领指明研究方向。

聆听专家传道解惑，顿觉柳暗花明，豁然开朗。课题组团队成员在集团行政团队的顶层设计下，整合学校现有资源，以"十二个特制节日"为契机，开始了"节日课程"的主题开发与实践研究。

（二）整合开发，团队打磨

1. 电影节——节日课程——个人实践

2015年元旦，第一个特制节日——电影节，首秀上演。在学校方案的基础之上，我进行了二次开发和设计，学生经历了影"见"——我是电影通、影"宴"——我是电影迷、影"节"——我是观影人、影"展"——我是电影小达人四个过程。

好电影总是充满丰富的想象力，蕴含着智慧的人生哲理。本次"电影节"的成功举办，将综合实践与学校育人活动进行整合，提升了学生的综合素养，也激发了我开始课题研究的步伐。

2. 民俗节——节日课程——年级共赢

2016年元旦，首届民俗节隆重开幕。集团四校区联动，我们年级统一的主题是——端午节。作为年级组长，我号召同组其他六位班主任一起参与实践。于是，在大家群策群力下，年级七个主题、七种形式诞生了，分别是：

"袅袅余音唱端午"——唱一唱"端午歌曲";

"思绪万千忆端午"——读一读"端午诗词";

"神来之笔写端午"——写一写"端午文化";

"精彩绝伦演端午"——演一演"端午故事";

"七嘴八舌说端午"——说一说"端午趣闻";

"栩栩如生画端午"——画一画"端午龙舟";

"诗情画意品端午"——品一品"端午滋味"。

"民俗节"活动的实施，由一个班级扩大到一个年级，是传统文化教育融入校园文化的一次成功实践，也更加坚定了我课题研究的自信与决心。

3. 淘宝节——课题引领——集团推广

2018年9月，是集团申报的山西省"十三五"规划课题的开题之年，借助这一契机，课题组对"十二个特制节日课程"开始了更广泛、更深入的研究。课题组以"淘宝节"作为研究对象，指向学生财商素养与劳动教育的全面提升，打破学科壁垒，尝试课程整合，号召全学科教师围绕"变废为宝、利用废旧材料自制商品并进行售卖"为主题开发课程，探索"全学科、全过程、全方位"真正意义上的项目学习。

在课程引领之下，我进行了"淘宝节整合式项目微课程"教材编写。在"财商初体验""理财我践行""职业我扮演""财商小达人"四个环节中，通过参与体悟，探究货币历史，深度走入财经世界，这是课题研究来源于生活又高于生活的具体体现。

4. 戏剧节——集团推广——吐露芬芳

2018年12月，集团迎来了首届戏剧节整合式项目活动。课题组全面参与到活动中去，四校区各学科教师围绕"班级参展一部剧目"为项目任务，统一规划、统一实施、统一评价，"节日课程"逐渐体系化。在逆向评价方式的指引下，提前给出优秀剧本、优秀剧目、优秀演员、优秀道具、优秀背景制作等奖项的评价标准；通过集体备课明确教学内容，精心设计教学微课例；学生围绕项目任务，在班主任老师的有序组织下，自编、自导、自演、自制的剧目华丽"诞生"，经典文化的种子逐步生根发芽直至开花结果。

戏剧节课程的开发与实施，是整合式项目课程走向纵深发展的一个成功案例，也是集团课程串联、链接、统整、组合项目课程开发的又一个成功案例。

四、集结成果　拓展推广

集团在"大爱教育"理念的指引下，经历了七个步骤，倾力打造了"十二个特制节日课程群"，每一个节日的开展都获得了意想不到的轰动效果，《中国教育报》、山西广播电视台等多家媒体进行了报道。《中国教育报》刊登了冯荷霞校长以《"大爱教育"育素养　激发潜能塑未来》为题的集团"大爱教育"践行纪实，其中提及了综合实践活动学科和整合式项目课程在集团五个校区的全面推广经验。团队成员纷纷在省、市、区各级大赛中获奖，发表30余篇论文、案例、教学设计等。

教育部华中师范大学基础教育课程研究中心常务副主任郭元祥教授曾指出："综合实践活动是一门对学校极具挑战性的课程。它考验着校长和教师的教育良知，也检验着学校的课程建设能力。" 新建路小学教育集团用自己实践探索的历程与成果，诠释了新建路人如何迎接挑战、创造机遇、全员参与，努力建构特色综合实践活动课程体系，全方位提升了学校的课程建设能力，实现了国家开设这门课程的初衷。

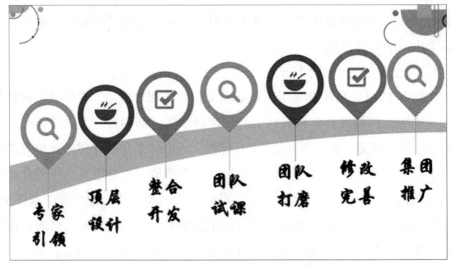

十二个特制节日课程开发运行流程

秋来便有欣然处，新种莼丝已满塘。集团 5900 名学生在课程的滋润下，成长着、收获着、快乐着、幸福着……

作者简介：

李琴，山西省太原市杏花岭区新建路小学教育集团总校区六年级语文教研组组长，中小学一级教师，山西省综合实践活动、劳动学科建设组专家。曾入选 2018 年度山西省首批三晋英才支持计划青年优秀人才，先后荣获山西省教学名师、山西省学科带头人、山西省教学能手、太原市教学标兵、太原市教学能手、太原市高造诣学科带头人、太原市高水平骨干教师、太原市百优班主任、太原市三育人先进个人、太原市信息化十佳教师等荣誉称号。她坚持"让每一个孩子都快乐学习"的教学理念，引导学生"亲历实践、主动探究"，总结出了一套独具特色的教学方法。心守一抹暖阳，静待一树花开。她坚信，每个孩子都是一粒花的种子，只要用心去浇灌，终会成为一道独一无二的风景。

新时代新建校劳动教育课程的设计与实践

杏花岭区新道街小学中车分校

郝新媛

对于一所处于现代化都市中的新学校，如何赋予校园"劳动教育"更多的内涵呢？在"教育回归生活"的理念下，通过课程群+模块+主题的方式，中车分校构建了劳动教育项目式课程体系，开发出以打造活力乐园课程为主的"园"课程。

一、田园课程

"寸功园"是学校利用顶楼空间开辟的一方小田园，成为师生共同开展农业劳动实践的地方，春种、夏耘、秋收、冬藏，四季劳动以一种看得见的形态呈现在孩子们眼前。

"寸功园"劳动种植课程是基于项目式学习的学科综合化教学范式的应用，按照"学习需求—策划项目—设计评价—项目管理"的流程展开相应的学习活动，在真实情境的劳动教育项目中关注完整的过程，促进多学科融合。

比如五年级学生开展"寸功园播种"项目式学习时，在综合实践活动课程中引导学生进行种植课程的前期准备，提炼研究小主题，关注劳动实践课程本身的意义和价值所在，在小课题探究的任务目标指引下，开展有意义的劳动实践活动，注重劳动教育的输入和输出过程，而不是单纯的劳作和流汗；在科学老师的带领下，结合课堂知识展开讨论和劳动实践尝试如何让小种子更好地生长；在"园中数学"活动中，引入接力游戏活动，通过历史上各朝代不同的计量方式，了解长度单位如何规定，又是怎样确定土地大小的，学生在具有趣味性的活动中学习生活中的数学，感受数学文化的传承与发展；音乐中唱一唱劳动号子，美术中画一画植物生长，语文中写一写劳动美景……在这样的整合式劳动教育课程中，教师以学生学习生活为出发点，克服了知识学习与思维实践的割裂状态，帮助学生不仅"知"，而且体验如何"行"，充分挖掘不同学科知识间的联系，支持学生进行真实的探究和自主的学习。在这样长时间连贯、多学科融合的劳动课程中，孩子们感受到劳动是快乐的，学习也是快乐的，劳动教育自然而然就落地了。

二、厨园课程

"随园小食"是孩子们用餐的地方，也是开展厨房劳动实践的基地。学校将厨园课程结合传统节日开展，引导孩子们在学一学、做一做、尝一尝中了解节日文化，感受舌尖上的劳动智慧。如在冬至的时候，分年级开展包饺子和蒸花馍的项目活动，引导学生认识食材，尝试不同的搭配，了解水和面粉的神奇比例，学习使用厨房工具，在制作中加入奇思妙想进行创意物化；每年的端午节，亲子劳动参与，名厨的现场教学，视频花样学习，走进双合成实地操作，多样的学习支架，孩子们感受到了劳动需要智慧与技巧，需要团结与合作，需要传统与现代的结合。孩子们从解决问题的实际出发，在劳动实践过程中寻找答案，提升劳动能力，培养劳动意识，形成劳动品质。

三、庭园课程

"彩虹谷"像一个小小植物园，每棵树上，都有孩子们做的创意名片，上面介绍着相关知识。在校园志愿服务活动中，它们和孩子们一起成长。在园林师傅的带领下，孩子们学习关于植物生长的秘密，拿起工具，运用学到的知识帮助自己的树朋友更好地成长。

收获的时候，也是孩子们盼望的日子。山楂树上结满了红红的果实，高年级的孩子们在老师的带领下开始了采摘劳动，通过分装，送给低年级的孩子们；这一天，每家的厨房都开始了山楂美食大制作，在一系列劳动项目的真实任务完成中，孩子们真实践、真参与、真动手，从而在劳动中得到真实发展。在感叹劳动真是不容易的同时醋享果实的美味，品味收获的喜悦，感受分享的快乐。

四、家园课程

　　小学生的生活劳动课程是劳动教育三大板块之一，我们学校制定了1—6年级学生必做的劳动项目。在入学前的每日课程"自我服务"学习中，安排了简单的整理和归纳项目。孩子们在视频的指导下，跟着高年级的哥哥姐姐们学习整理自己的小书包，初步形成整理和归纳的意识；入校后，在老师的指导下，学习有秩序地将个人物品分类归置到储物柜和小书桌中，课前能够按学科整理好学习用品；通过比赛的形式，孩子们进一步交流学习整理技能，做好自我服务。同时，将校园劳动教育和家庭劳动教育对接，通过学校设计的适合学生年段特点的家务劳动清单，在家庭中做力所能及的劳动，从服务个人逐渐辐射到服务他人、服务家庭、服务社会，体会日常生活中的劳动美，提升学生的自理能力和必备品格，形成正确的价值观。

五、创园课程

　　学校的创园课程，抓住"创意"和"创新"两个关键词。一方面积极为学生打造"益智工坊"，引入KEVA创意搭建课程，探秘鲁班锁结构课程，引导学生玩出名堂来，感受劳动智慧；另一方面，关注信息化时代带来的劳动方式的变革。电子信息技术平台是校园不可或缺的部分，在建校之初，学校就考虑到运用信息化平台来提升劳动的效率。拿电子班牌来说，人脸识别打卡、班级信息发布等功能大大提高了班级管理效率。孩子们在信息化的校园中从了解自己的智能胸卡开始，知道这些功能是高级信息化劳动的产物，树立用科技知识来改变生活的劳动理念。

　　当我们从体力劳动以及一些常规性的脑力劳动中解放出来之后，今天的劳动教育就被赋予了新时代的内涵。它更多地着眼于提高孩子的思考力、创造力和创新力，这些能力正是人工智能时代我们需要具备的核心素养。

六、楼园课程

校园本身，就是一门极有特色的劳动建筑课的展现。这里的教育教学空间，不只是基于物理空间的简单应用，而是实现育人功能的丰富课程资源。

从施工现场搜集的建筑材料成为劳动课程的展示内容。在学校大厅里，型钢、混凝土、涂料、砌块、木地板等边角料，孩子们随时可以看到、摸到、闻到，有趣的建筑材料在孩子们心中埋下了兴趣的种子，也许一个成为建筑设计师的梦想就会因此而萌生。

楼道内随处可见劳动智慧的展现：教室门旋转的"角"度，一米线"距离"，"一升水"等概念，类似这些随时可以迁移到课后的游戏和实际问题的解决中。楼廊里没有"靠右行"的提示，呈现的是全世界靠右行的国家以及靠左靠右行的原因；见不到"禁止浪费水"的标识，看到的只有淡水的占比以及水资源为什么珍贵的科普知识。

所有的文字、图案、标识、布展，都是源自学生生活的，这是给学生建的一所学校，从设施设备到课程设置，都表达了学校充满童趣的育人目标，指向着"劳动教育"更深层次的内涵育人价值。

"以劳育德，以劳增知，以劳陶情，以劳健体，以劳促美"，劳动教育对孩子的成长有着不可替代的作用。为了更好地推进学校劳动课程常态化、活力化开展，我们将继续深耕课程内涵，加大课程开展力度，让劳动教育浸润孩子的成长历程，为他们的人生打好底色。

作者简介：

郝新媛，山西省实验小学教育集团中车分校执行校长，中学高级教师，国家二级心理咨询师。全国阅读教育先进个人，山西省教学能手，山西省科研型校长，太原市优秀副校长，山西省优秀辅导员。全国小学骨干校长高研班成员。执教《每个孩子都有成功的潜能》荣获全国优质教育成果一等奖。参与"圆锥体式"项目化学习育人模式的理论与实践研究获2021年山西省教学成果特等奖。近年来先后在《山西教育》《教育》等杂志发表论文：《谈创新教学的几个原则》《为教师发展构建多样平台》《构建充满孩子味儿的校园文化》《感恩母校项目学习设计与实施策略》《我与汉字交朋友》《传承历史文化　打造活力教育》。

浅谈小学课程整合的研究
对学校的促进作用

杏花岭区化工路小学校

郭燕

　　学校课程建设是学校提升综合办学能力的一项重要工作。学校要树立"无处不课程、无事不课程、无时不课程"的大课程观。它既要反映社会需要、国家意志，又要体现地域特点、学校特色。为了满足我校学生全面而有个性发展的需求，进一步促进教师专业化发展，推进学校课程建设，凸显学校教育理念和办学特色，学校紧跟课程改革的步伐，围绕"以生为本、以学定教""学有兴趣、学有方向、学有效果"的要求，承担了教育部的基础教育课程改革重点课题——"综合实践活动课程研究与实验"项目，在子课题《综合实践活动与小学作文教学的有效整合》的研究中，推动了语文学科与综合实践活动学科的有效整合，为课程建设积累了宝贵的经验。

　　小学习作教学一直是语文教学中的难题，困扰着语文教师，严重制约了小学语文教学的改革，并影响了小学语文教学效率的提高。与此同时，综合实践活动课程，也是一门新兴的学科。纵观综合实践活动与小学习作教学，发现二者有许多共同点：首先，综合实践活动的主要特征是实践性；语文新课标也强调语文教学实践的重要性，指出全面提高学生习作能力的有效途径就是实践，应该让学生在大量的语文实践中掌握运用语文的规律。基于课程理念的更新，我们想从关注学生生命的高度来看待作文教学。根据小学生喜欢活动、喜欢玩的天性，我们想到了活动，提出以"活动"为载体，以"体验"为突破口，尝试改进小学作文教学。

　　研究和实践开拓了综合实践活动与作文教学内容的整合，探索了活动与作文训练的有机结合，构建了活动作文指导的多元模式。学生愿意用自己的笔抒写所见所闻、所思所感，提高学生运用语言的能力。化工路小学综合实践活动实施的主要过程是组织教师明确研究的目标，全面参与实践活动作文的研磨，探索实践活动作文内容的选择、教学流程的设计和实施，组织实践活动作文教学体会交流活动，收集实践活动作文指导的优秀案例。同时，重点研究探讨实践活动作文的优化指导策略。在大家尝试的基础上，每个教研组围绕课题，集中集体智慧，设计活动作文方案，组织课题研讨周活动，让活动的内容不断拓展，方案不断更新，习作指导效率不断提高。

小学习作和综合实践活动的整合总结了综合实践活动与作文整合的基本操作要领。在参与实践活动中，教师要设计学生乐于参加的各类活动。把所有学生引入活动、投身活动，在活动中学习观察，汲取写作的素材和灵感，获得真切的体验，接受活动的馈赠。综合实践活动作文以情感体验为中介，学生在活动中可以获得快乐、愉悦，享受到快慰和满足，使情感得到宣泄。同时学生也会经历紧张、沮丧，尝试失败和苦恼，进而磨炼了学生的意志和毅力。我们要使诸多情感体验成为学生乐于活动、乐于习作的内驱力。作文要以发展运用语言为主要目标，使语言和形象结合起来，把丰富多彩的活动与丰富学生的语言联系起来，引导学生在活动进行中将描述活动的语言训练与发展学生的语言表现能力结合起来，让其抒发真情实感。

小学习作和综合实践活动的整合，拓宽了实践活动中作文的资源和信息来源，有利于设计出符合实践活动作文特点的、学生既喜欢又能真切体验的实践活动。随着实践活动作文研究的开展，各式各样的活动也开展起来，进而也积累了很多的实践活动作文的资源，有助于写出真实且感染力强的文章。大语文的教学观倡导学科间的融合，习作也不例外，劳动、美术课上的有趣又有审美意味的制作经历，游戏玩耍中的体验，学校生活和家庭生活等，都是习作材料的来源。

小学习作和综合实践活动的整合，建立了"动态生成"的综合实践活动作文指导课堂新模式。我们开阔视野，用新课程的理念作先导，从关注学生生命的高度入手，用动态的、生成的观点来看待作文教学。这种综合实践活动跨越时间比较长，不是几分钟就能完成。所以这样的课堂可以让学生在完成活动体验后，课外完成习作，课堂上教师可以组织学生交流活动的过程、趣闻、体验，在点评学生的习作中，指导学生表达自己的独特体验。我们的综合实践活动作文指导课，不再是单一地先让学生尽情活动，然后教师提出习作要求，让学生写下活动情景，因为这样的课，学生往往是开心尽兴地玩耍、无奈地�’着嘴巴，迫于老师的压力才提笔习作。实验开始阶段，我也曾为此困惑。随着实验的深入、研究的加深，我们逐渐地找到了活动和习作的结合点，课堂的习作指导也开始自然而然地融入活动之中。教师必须随着活动的进展，随机地进行生成性的习作指导。任务驱动式的活动作文就是让学生在完成某一任务的要求驱动下完成习作指导训练的形式。在这种习作指导形式中，学生的体验并非在作文，而是为完成某种任务，此时写作已经演化为一种实际需要，而此时学生的写作过程也是认真的、富有使命感的。

小学习作和综合实践活动的整合，丰富了教师习作指导的内涵。多年来的习作指导，使大多数教师们比较关注作文技巧和章法的研究，是从教师的角度去指导遣词造句，而综合实践活动中对作文研究的指导，不仅仅有从学生实际出发对语言表达的指导，更有对学生的情感、兴趣、态度等影响习作因素的指导。综合实践活动中作文习作指导的立足点是：以活动为载体，激发学生的兴趣；强化学生的体验，丰富学生的情感；尊重学生的独特见解，促进学生的个性表达。

小学习作和综合实践活动的整合，使学生作文充满了鲜活的灵性。教师在活动设计理念、活动指导进程、习作评改等诸多过程中，着力点都要围绕这次活动作文的切入点，来关注学生的情感体验。在习作评改中，要珍视学生的独特感受，凡是能表达学生独特体验的段落、句子、词语都是值得肯定的文章的亮点，教师应加以夸奖和渲染，因为这正是文章具有"灵"之气的妙点。学生在这次习作中获得了成功，他就会在下一次的习作中特别关注自己独特体验的表达，进而写出更有灵性的作文，这一点从我们选编的学生活动作文习作选中也可以看出来。

小学习作和综合实践活动的整合，激发了学生的习作兴趣，从而使学生对实践活动有一种期待，对作文实践也有一种期待。实践活动与习作教学的实践研究，使作文教学充满了无穷的生机和活力，真正使综合实践活动与作文教学进行了有益且有效的融合。

　　基于"立德树人"的教育任务和"社会责任感、创新精神、实践能力"的人才基本属性以及学校的"和合"教育特色，通过"和智"课程学习，指引学生形成"和正"的品格、"和融"的学识、"和健"的身心，培养学生适应未来、拥有幸福人生必备的品格、素养和能力，这是本校的教育目标和办学理念。我校将秉承这一办学理念和教育目标，以新时代中国特色社会主义思想为指导，全面贯彻党的教育方针，认真落实"立德树人"的根本任务，努力办好人民满意的教育！

作者简介：

　　郭燕，太原市杏花岭区化工路小学党支部书记、校长。山西省团代会代表、少代会代表和太原市少代会代表，太原市第九、第十届青联委员，兼任山西省少工委副主任、太原市少先队协会副会长、杏花岭区少工委总辅导员、杏花岭区教育局关工委秘书长，国家二级心理咨询师。她曾获得全国优秀少先队辅导员、全国"美好生活 劳动创造"主题活动先进个人、山西省优秀辅导员、太原市优秀教师、教学能手等荣誉称号。在杏花岭区中小学教育实践中，她带领学校不断进行跨越式发展，她以"一年抓规范，两年创特色，三年树品牌"为奋斗目标，不断更新教学观念，在实施素质教育的征程中顽强拼搏，为创建校风正、学风浓、管理有创新、办学有特色的优质学校而不懈奋斗。

实践篇（思政教育类）

《我自豪　我是中国人》教学设计

杏花岭区新道街小学校

郭晶璞

一、教材分析

为深入推动习近平新时代中国特色社会主义思想进教材、进课堂、进学生头脑，增强学习的系统性、实效性，落实"立德树人"根本任务，教育部组织编写了大中小学《习近平新时代中国特色社会主义思想学生读本》。该读本是学生学习习近平新时代中国特色社会主义思想的重要教材，是推动大中小学思政课一体化建设的重要载体。

该读本科学编排了不同学段分册的内容和呈现方式，旨在让学生不断深化对习近平新时代中国特色社会主义思想的系统认识，逐步形成对拥护党的领导和社会主义制度、坚持和发展中国特色社会主义的认同、自信和自觉。

二、学情分析

本课教育对象为三年级学生。这个年龄段的学生自我意识迅速增强，他们有强烈的求知欲、表现欲，期待教师、同伴的赞许和认可。多数学生的学习兴趣浓厚，这为本课的学习奠定了初步基础，本课也采取了学生更喜爱的比较直观的视频资料分析和课上自主探究的学习方式。学生的知识储备还有一些不足，在历史文化方面缺少深入的体会和认知。

三、教学目标

1. 知道中华文明史上所涌现出的诸多杰出人物，了解我国从古至今取得了哪些伟大的文明成就。

2. 能够通过分析资料认识到，我国从古至今所取得的辉煌的文明成就离不开劳动人民的勤劳与智慧。

3. 感受中华民族的勤劳与智慧，增强学生的国家认同感和民族自信心，为自己身为中国人而自豪。

四、教学重难点

1. 教学重点

感受中华民族的勤劳与智慧，增强学生的国家认同感和民族自信心，为自己身为中国人而自豪。

2. 教学难点

能够通过分析资料认识到我国从古至今所取得的辉煌的文明成就，离不开劳动人民的勤劳与智慧。

五、教学方法与手段

用创设情境、观看视频、拓展阅读、讨论交流、小组探究、游戏体验等方式进行教学。

六、教学流程

师：老师知道大家都喜欢做游戏，现在我们一起做一个游戏好吗？我出图片，你们猜，看看谁的眼力和耳力最好。（出示课件）

生：国徽、国旗、国歌。

师：鲜红的红旗、闪亮的国徽、催人奋进的国歌，让我想到了一个伟大的国家，它的名字就是中国。

师：中国，具有五千多年的历史，是世界上历史最悠久的国家之一。中国疆域辽阔、民族众多，先秦时期的华夏族在中原地区繁衍生息，历经多次民族交融和朝代更迭，直至形成多民族国家的大一统局面。在这片土地上，中国各族人民共同创造了光辉灿烂的文化，也使得中国成为世界四大文明古国之一。

师：同学们，你们知道世界四大文明古国是哪几个吗？

生：古中国、古印度、古巴比伦、古埃及。

师：为什么说中国是历史悠久的国家呢？随着时间的流逝、朝代的更迭，古巴比伦已经成为历史，退出了历史的舞台。古印度和古埃及在国家存在的时间上并没有我们国家悠久，最重要的是我们国家存在的时间是有史籍佐证和文物考证的。现在，让我们一起坐上时光机，回到那个荡气回肠的年代吧。

师：欢迎大家来到两千多年前的春秋时期，（录音：三人行必有我师焉……）同学们，你们猜到是谁了吗？

生：孔子。

（学生介绍孔子生平资料）

孔子（公元前551年—公元前479年），子姓，孔氏，名丘，字仲尼，鲁国陬邑（今山东省曲阜市）人，祖籍宋国栗邑（今河南省夏邑县），中国古代伟大的思想家、政治家、教育家，儒家学派的创始人。

孔子开创私人讲学之风，倡导仁义礼智信。有弟子三千，其中贤人七十二。曾带领部分弟子周游列国十四年，晚年修订六经（《诗》《书》《礼》《乐》《易》《春秋》）。去世后，其弟子及再传弟子把孔子及其弟子的言行语录和思想记录下来，整理编成《论语》。该书被奉为儒家经典。

孔子是当时社会上最博学的人之一，在世时就被尊奉为"天纵之圣""天之木铎"，更被后世统治者尊为孔圣人、至圣、至圣先师、大成至圣文宣王先师、万世师表。其思想对中国和世界都有深远的影响，其人被列为"世界十大文化名人"之首。

师：补充三千多弟子和孔子学院内容。（内容略）

师：当时的社会除了孔子这位思想名家之外，还有哪些思想大家呢？课前让同学们搜集了一些资料。

（生汇报有孟子、老子、庄子、韩非子等）

师：由于春秋战国时期是社会大动荡的时期，也是学术思想非常活跃的时期，各种学说蓬勃兴起。刚才同学们提到的诸多思想大家都出现在这个时期，所以在当时就出现了百家争鸣的现象。百家争鸣促进了思想和学术的繁荣，成为中国古代第一次思想文化发展的高峰，为中国文化发展奠定了基础，对后世也有着十分深远的影响。习近平总书记也说他们都是伟大的思想巨匠，我们作为中国人应感到无比的自豪。（出课题——我自豪　我是中国人）

（生齐读课题——我自豪　我是中国人）

师：为什么习近平总书记说他们影响了人类的进程呢？

生：因为有了他们的发明才有了后面的科技成果，我们才有了飞机、火箭、上课的书本，我们航海才能保证不会迷失方向等。

师：这些发明的出现比欧洲又早了多少年呢？我们一起看大屏幕（出示时间），为什么说比欧洲早，而没有说非洲、南美洲呢？因为当时的欧洲是工业技术最发达的，科技也是最先进的，而我们的祖先比他们还要早一千多年，在四大发明中印刷术的内容书上有着详细的记录，打开书第7页，请同学们念一下。张艺谋导演在2008年北京奥运会开幕式上用活字印刷术给世界人民带来了一场视觉盛宴。他用这样独特而充满魅力的方式告诉世界，活字印刷术起源于中国，是中国人民智慧的结晶，且到现在我们的技术依旧领先于世界。同学们，你们说我们的祖先伟大吗？作为一名中国人你自豪吗？（点题——我自豪　我是中国人）

生：自豪、骄傲、幸运……

师：有些人评选出中国新的四大发明，你知道是什么吗？

生：高铁、扫码支付、共享单车和网购。

师：在思想的引领和不断的发明创造中，出现了许多文人墨客，有屈原、李白、杜甫、李清照、关汉卿、蒲松龄、罗贯中等。同学们看过中央电视台的节目《典籍里的中国》《中国诗词大会》吗？举手的同学还真不少。那你们知道这些节目讲的是什么吗？"就是唐诗、宋词！"还有许多都是百花齐

放的文艺经典。每个朝代都有自己主流的文学形式。（出示诗经课件）

师：同学们你们听！好像有人在吟诗。

（学生装扮李白背诵《静夜思》出场）

师：同学们，他是谁啊？

生：李白。

师：李白说：孩子们，你们会背我的诗吗？你们会将我们国家的古诗词继承下去吗？

（生背李白的唐诗，并下决心将中国诗词文化发扬光大）

师（小结）：在中华五千多年的历史长河中，百花齐放的文艺经典给后人留下了最深刻、最宝贵的财富，作为中国人我们骄傲自豪（点题）。

师：下面我们来做一道连线题（出示课件）。

（生答京杭大运河、故宫、都江堰等）

（教师出示课件——故宫，学生汇报故宫资料）

生：北京故宫是中国明清两代的皇家宫殿，旧称紫禁城，位于北京中轴线的中心。北京故宫以三大殿为中心，占地面积约72万平方米，建筑面积约十五万平方米，有大小宫殿七十多座，房屋九千余间。北京故宫是世界上现存规模最大、保存最为完整的木质结构古建筑之一。

师：作为中国人你们觉得……（扣主题——我自豪 我是中国人）

师：我们给本文分了三个阶段，那你喜欢哪个阶段呢？我们分成三个小组进行研究学习。

生：做迷宫游戏。汇报三个不同阶段的不同重大事件及历史意义。

第一阶段：1949—1977年，新中国成立初期。（站起来）

第二阶段：1978—2011年，我国改革开放时期。（富起来）

第三阶段：2012—2021年，中国特色社会主义进入新时代。（强起来）

师：短短70年间，中国航天有了如此巨大的成就，相信其他领域也同样如此。而这所有的成就背后都离不开勤劳的中国人民。所有美好的生活都是由人民的双手去创造的。新时代背景下，中国人民自强不息，我们的祖国也逐渐变得强大，我们为祖国取得的辉煌成就感到骄傲，为自己是一名中国人而感到自豪。我们一起再来读课题。

生：我自豪，我是中国人。

师：那天我在新闻中看到外国人对中国的发展做过这样的评价，他们说：太震撼了！太不可思议了！到底是中国的哪些方面让他们有如此的感受呢？（展示课件）

生：神舟十三号升空、最长的铁路、最长的珠港澳大桥等。

师：同学们，看到现在如此强大繁荣的中国，此刻，你一定感慨万千，心情久久不能平静吧！是啊！我相信，在以习近平同志为核心的党中央的领导下，我们的祖国一定会更加繁荣昌盛。你们对祖国也是充满希望和信心的，你们希望未来的祖国是什么样子的呢？请你写下来。

（生写祝福语，在地图上贴星星）

师：很高兴今天和同学们一起讨论研究学习，老师在你们身上也看到了未来的希望，在不久的将来，每一位同学都会成为国家的栋梁之材，为国效力，你们有信心吗？

生：有！我们会努力学习，为国家贡献自己的力量。

【设计意图】读本（小学低年级）的主要目的在于让小学低年级的学生知道自己作为一名中国人的自豪感。第一部分通过了解历史知道我国著名的历史人物、伟大思想、伟大工程等，感受所有的事物都是中国人民智慧的结晶，体会做一名中国人的自豪。第二部分从新中国成立以来到今天祖国日新月异的发展，在世界很多领域占有重要地位，我国以经济体第二大国屹立于世界，学生收集资料、谈感受、讲体验，再次感受作为一名中国人的自豪。

七、板书设计

我自豪　我是中国人

思想巨匠　　　　　　　　　　　　中国精神
科技成果
历史工程　　伟大、辉煌、灿烂
文化成果　　　　　　　　　　　　中国力量

八、教学反思

本课编写依据是《习近平新时代中国特色社会主义思想学生读本》（小学低年级）第一讲第二课《我自豪　我是中国人》。回顾今天课堂，这次上课调用了学生们已有的知识，收集整理资料，并积极探索讨论。

本节课上用谈话交流、讲故事的方式比较多，这样有利于让全体学生共同参与到教学活动中。本次课堂还针对三年级的学生安排了游戏环节，以提高学习读本的兴趣，为今后讲课做好铺垫。在后续的读本教学中，备课时会更加注重学情分析。可以对一些孩子目前的知识盲区提前做好查阅资料、预习工作。在一阶段的教学结束以后，进行知识的再次收集与整理，讲好读本上的人物或重大事件背后的故事，绘制新中国成立70多年来的时间地图，用多种形式丰富本书的教学内涵。

作者简介：

郭晶璞，中共党员，山西省实验小学道德与法治学科教师，从事教育工作15年，曾获得太原市骨干教师、杏花岭区教学能手、杏花岭区教学标兵等荣誉称号。她曾获2022年山西省中小学思政课教师教学基本功大赛二等奖，山西省中小学思政"三进"教学设计特等奖，太原市小学道德与法治第十二届"精致课堂"大赛一等奖，太原市第三届"时代新人"思政课集体备课优秀课例一等奖。她的教学课例入选2022年度教育部基础教育精品课遴选活动省级精品课栏目。她所撰写的论文分别获得省级、市级一等奖。她的教育理念是用心经营教育，用爱温暖童心，引领孩子沐浴阳光，引导孩子浸润书香。她相信，教育因执着而精彩！

《国家安全是头等大事》教学设计

杏花岭区坝陵桥小学校

张　越

一、教材分析

本讲隶属于道德与法治学科中五年级的《习近平新时代中国特色社会主义思想学生读本》中的第十一课"国家安全"主题，本讲标题"国家安全是头等大事"是 2016 年 4 月 10 日习近平总书记在《总体国家安全观干部读本》（以下简称《读本》）一书中的金句，为什么说国家安全是头等大事呢？因为它是保证人民安居乐业、实现中华民族伟大复兴中国梦的前提，所以说国家安全是头等大事。

本讲首先从看似甜美的进口水果暗藏"地中海实蝇"的案例导入，让学生认识到地中海实蝇对我国生物安全造成的极大危害，从而引出生物安全和国家安全话题。国家安全对学生而言是一个相对大而抽象的概念，学生不易理解，《读本》从学生的实际出发，从学生身边的案例讲起，容易贴近学生的生活且有故事情境，学生更乐于接受，会不知不觉就进入了情境。学生没想到小小的"地中海实蝇"也关系到国家的安全，从而激发了学生的好奇心，进而通过下面的图片，就了解到我们国家关于生物安全出台了《中华人民共和国生物安全法》。生活中的案例上升到了法律的高度，有了法律条文，学生会对生物安全有进一步的认识，这样学生就会和文本有一种互动感。

接下来讲解总体国家安全观关键在"总体"，强调的是做好国家安全工作的系统思维和方法，突出的是"大安全"理念。《读本》罗列了国家安全的16 个领域，因为学生对国家安全的概念较为狭隘，除了常常知晓的军事安全、社会安全、网络安全外，生物安全略有耳闻，《读本》拓展了国家安全的内涵和外延，补充了政治安全、经济安全、文化安全、科技安全，又有一些安全新名词：生态安全、资源安全、核安全、海外利益安全、太空安全、深海安全、极地安全。这些新名词闯进学生的眼帘，一道道冲击波会激发学生们的探究欲，促使他们通过查阅资料、求教、看书等方式，将脑中的问号拉成感叹号。

习近平总书记在2014年就首次提出总体国家安全观，教材中也有具体的阐述：当前我国国家安全的内涵和外延比历史上任何时候都要丰富，时空领域比历史上任何时候都要宽广，内外因素比历史上任何时候都要复杂，必须坚持总体国家安全观，以人民安全为宗旨，以政治安全为根本，以经济安全为基础，以军事、文化、社会安全为保障，以促进国际安全为依托，走出一条中国特色的国家安全道路。安全是国家发展的最重要基石、人民福祉的最根本保障，追求安全是整个人类共同且持之以恒的目标与梦想。党中央把安全当作保证人民安居乐业、实现中国梦的头等大事，进一步提出了总体国家安全观的核心内容。

总体国家安全观的核心内容是"十个重视"，包括：（1）既重视外部安全，又重视内部安全；（2）既重视国土安全，又重视国民安全；（3）既重视传统安全，又重视非传统安全；（4）既重视发展问题，又重视安全问题；（5）既重视自身安全，又重视共同安全。这"十个重视"，具体内涵如下：（1）既重视外部安全，又重视内部安全：对内求发展、求变革、求稳定、建设平安中国，对外求和平、求合作、求共赢、建设和谐世界；（2）既重视国土安全，又重视国民安全：坚持以民为本、以人为本，坚持国家安全一切为了人民、一切依靠人民，真正夯实国家安全的群众基础；（3）既重视传统安全，又重视非传统安全：构建集政治安全、国土安全、军事安全、经济安全、文化安全、社会安全、科技安全、信息安全、生态安全、资源安全、核安全等于一体的国家安全体系；（4）既重视发展问题，又重视安全问题：发展是安全的基础，安全是发展的条件，以发展为根本，以安全保发展，以发展促安全，富国才能强兵，强兵才能卫国；（5）既重视自身安全，又重视共同安全：打造命运共同体，推动各方朝着互利互惠、共同安全的目标相向而行。

本讲通过北京"朝阳群众""西城大妈"屡建奇功的具体事例，告诉我们国家安全与我们每个人的工作、生活息息相关，它关乎每个人的切身利益，因此维护国家安全人人都是主角。在理论上树立安全观，是国家专门设立了国家安全教育日，这些在《读本》中也有呈现。从2015年开始，每年全民国家安全教育日都有一个主题：2016年，强化安全意识，提升安全素养；2017年，提高全民国家安全意识，增强全民国家安全责任；2018年，深入学习宣传宪法，开拓新时代国家安全工作新局面；2019年，坚持总体国家安全观，着力防范化解重大风险，喜迎中华人民共和国成立70周年；2020年，坚持总体国家安全观，统筹传统安全和非传统安全，为决胜全面建成小康社会提供坚强保障；2021年，践行总体国家安全观，统筹发展和安全，统筹传统安全和非传统安全，营造庆祝建党100周年良好氛围。

每年的主题都不一样，目的就是通过这些活动，让学生提高发现问题、判断问题的能力，随着工作的稳步推进，国家的宣传力度不断增强。

教材的编写是有逻辑性的，先从案例入手，引发学生的兴趣，通过理论学习，树立总体国家安全观，最后用具体事例，让学生明白国家安全人人有责，并且能落实到行动中。

二、学情分析

五年级学生有一定的学习和理论分析能力。每年全民国家安全教育日，学校都会举行一系列的活动：国旗下讲话、班队会、民警宣讲等，通过组织开展内容丰富、形式多样的国家安全宣传教育活动，学生对国家安全已有了一定认识。但大多数学生对"国家安全"的重要性以及内容的理解是片面的、不够准确的，很多孩子对国家安全的了解还停留在战争、间谍等层面。

五年级学生已有一定的社会责任感，不少学生萌生出维护国家安全的意识，通过课堂上营造的良好氛围，学生在潜移默化中受到熏陶，利用真实情境、任务驱动，引导学生了解国家安全，进一步加强自己的责任意识，在生活点滴中守护国家安全并养成良好的行为习惯。

三、教学目标

1. 通过事例分析、辨析思考来认识国家安全，了解其核心内容及 16 个领域。

2. 通过整理资料、小组讨论、案例分析等方式，了解总体国家安全观，理解维护国家安全人人都是主角，愿意为国家安全做出自己的贡献。

3. 通过感悟思考，体会公民维护国家安全的责任和义务，初步树立起维护国家安全的意识。

四、教学重难点

1. 教学重点

让学生理解维护国家安全人人都是主角，让学生愿意为国家安全做出自己的贡献。

2. 教学难点

让学生体会公民维护国家安全的责任和义务，并初步树立起维护国家安全的意识。

五、教学方法与手段

运用情景教学法、任务驱动法、案例分析法、小组合作讨论法等方法进行教学。

六、教学流程

（一）角色带入：情境体验、激发爱国情感

1. 今天，老师给大家带来了两个盒子，一个上面写着日子，一个写着标志，你想先打开哪个盒子呢？我们来看看这个盒子里有什么。你知道 4 月 15 日是什么日子吗？今年的 4 月 15 日是我国第六个全民国家安全教育日。再来看看另一个盒子，这个标志你认识吗？这是国家安全机关标志，你看，上面有盾牌、宝剑、长城，这些都表示守护着国家的安全。

【设计意图】初步了解国家安全相关的节日和标志，为后续学习国家安全做准备。

2. 这两个盒子里都有一个共同的词，是什么呢？（国家安全）同学们，说到国家安全，你会想到什么呢？学生回答（略）。大家说得对！在疫情发生期间，涉及了国家安全的方方面面，有医疗卫生、人民健康、生命安全等，全国人民共同抗疫，才有了今天疫情防控的重大战略成果。所以说，国家安全就是危难时刻、救死扶伤的医者仁心；是寒冬凛冽、极限坚守的信念；是雷霆出击、惩恶扬善的正义；是勇往直前、挺身而出的责任担当。

【设计意图】通过联系生活实际，思考在生活中和国家安全有关的画面和事件，初步感知国家安全离我们并不遥远。

3. 其实，国家安全包含很多个领域。我们通过一个短片来了解一下。看完短片，你们了解到了哪些领域呢？大家看，国家安全包括了的16个领域，涉及国家的方方面面，让我们一起来读一读。（贴16个领域）

当前，我国国家安全内涵和外延比历史上任何时候都要丰富，因此，在2014年4月15日，习近平总书记首次提出总体国家安全观，指的就是我们刚才了解到的这16个领域。我们一起来读读习爷爷的话，习爷爷说："实现中华民族伟大复兴的中国梦，人民安居乐业，国家安全是头等大事。"板书"头等大事"。

【设计意图】创设情境，赋予每一位学生"国家安全守护者"的身份，提升了学生对"国家安全"以及16个安全领域的认知。这种认知的提升，有助于学生明晰"国家安全"在我们现实生活中的意义。

（二）案例分析：增强危机意识、防范意识

1. 其实，国家安全离我们并不遥远，它就在我们身边。老师这里有8个案例，让我们来一场国家安全保卫战吧。老师愿意成为一名国家安全守护者，你们愿意吗？好，进入我们的小组活动。我们共分为8个小组，每个小组都有一个密件，密件中有一个案例，还有案例相关的资料。小组活动要求：

（1）想一想。结合相关资料讨论这则案例危及了国家安全的哪个领域。

（2）贴一贴。将案例图片贴在对应的领域中。

（3）说一说。选一位代表简明扼要地介绍这则案例危及国家安全的原因和我们应该怎么做。

案例①：李晓明和妈妈从国外旅游归来，随身携带了4千克桃子——生物安全。

案例②：小燕和家人去月牙湾旅游，海滩上的球石特别美，小燕用袋子捡了很多球石要带回家——生态安全。

案例③：在火车站，一位女士拒不接受安全检查——社会安全。

案例④：李华的哥哥无意中拍下机场军用飞机的视频并发朋友圈——军事安全。

案例⑤：小新的爸爸在上网时点开了不明链接——网络安全。

案例⑥：中国许多传统文化的传承人越来越少，如唢呐、吹糖人、梅花篆字、竹编等——文化安全。

案例⑦：在防控疫情期间，小华的舅舅从中高风险区回到老家，隐瞒了自己的旅居史——社会安全。

案例⑧：大学生刘某为境外间谍情报机关服务，宣扬资本主义言论——政治安全。

【设计意图】故事对儿童的吸引力和感染力是非常巨大的，极易引起学生内心的感触。8个案例都是来自生活中的真实事件，让学生感受到我们的生活中处处都会涉及各类安全问题，而我们每个人时刻都会成为各种安全领域的守护者。

2. 我们8个小组都已成功完成了任务，打赢了这场安全保卫战。恭喜大家升级成为国家安全守护者。各位国家安全守护者们，密件中的一个个案例带给了你怎样的思考呢？国家安全和我们每个人的生活息息相关，我们不经意间的行为就有可能会危及国家安全。因此，我们每个人都应该承担起守护国家安全的责任。我国宪法和法律明确规定了公民应当履行维护国家安全的义务。

【设计意图】通过自主判断和小组合作交流，学生切实体会到生活中处处都有国家安全，国家安全和每个人都息息相关，启发学生为维护国家安全而做贡献。

（三）价值引领：承担个人责任、与国相关

1. 在我们身边就有很多好的榜样，我们一起来看一看。（播放视频：西城大妈）看完视频，你有什么想说的呢？国家安全不仅是军队的事、各行各业的事，还是我们每个人的事。人民越有安全意识，国家安全越有保障，这样才能筑起国家牢不可破的安全长城。（贴长城）学习了这一课，相信同学们对国家安全有了更深的了解，维护国家安全，人人都是主角。国家安全，需要我们共同守护。（板书：共同守护）

【设计意图】引导学生向身边的好榜样学习，树立起总体国家安全观，积极为维护国家安全做贡献。

2. 守护国家安全，我们能做的还有很多。作为国家安全守护者，请你郑重地想一想你可以为国家安全做些什么，想好后把你的名字庄重地写在徽章上。张老师此时在这里给同学们讲课，宣传国家安全的重要性，这就是在守护国家安全，我是国家安全守护者。同学们许下承诺并全体起立，一起大声说出：国家安全是头等大事，国家安全让我们共同守护！

【设计意图】作为国家安全的守护者之一，要使学生幼小心灵里爱党爱国爱社会主义的种子萌芽、生长。

七、板书设计

共同守护

八、教学反思

小学是学生思想启蒙的重要阶段，教师要有高度的政治意识，明确读本教学的重要意义，教学中才能贯彻落实习近平新时代中国特色社会主义思想。但是学生对习近平新时代中国特色社会主义思想不易理解。老师在课堂上要引导学生学懂、弄通、做实，将学到的理论与实践结合，自觉践行，并落实到生活和学习的各个领域，内化于心、外化于行，这是我设计这一课着重思考的。

情境教学是德育课堂常用的教学方式。"通过创设和优化情境，能激起儿童热烈的情绪，把情感活动与认知活动整合在一起。"在本课一开始，我就创设了一种情境——赋予每一位学生"国家安全守护者"的身份。这种角色的带入，就是我们道德与法治课堂上常用的"创设情境"法。我设计了"角色代入法"，提升了学生对"国家安全"以及16个安全领域的认知。这种认知的提升，有助于学生明晰"国家安全"在我们现实生活中的意义。正因为有这样重要的意义，才需要人人成为国家安全的守护者，共同筑起国家安全的钢铁长城。这种角色的带入、情景的体验，会更好地激发学生心中的参与热情，有利于参与下一环节的活动。

《读本》通过8个案例链接到生活真实场景中，让学生真切地感受到国家安全与自己的生活是息息相关的。这些真实的案例会对学生曾经的认知形成冲突，并会引起学生的思考。思想是行动的先导。只有在思想上树立国家安全至上的意识，时刻将国家安全放在最重要的位置，学生才会真正关心国家命运，与国家兴衰共呼吸，并且将爱国在生活实践中真实践行。

从本课的这一现场教学环节中，我们能看到学生思维的火花在闪动，爱国的情绪在涌动。这种情绪的酝酿，就会调动整节课上学生学习的情绪，使得整节课课堂气氛活跃起来。学生也就有感而发，想说也愿意说，不论是倾听的学生还是畅所欲言的学生，此时的内心感受是真实的，会在心底留下一抹深深的印记。

作者简介：

　　张　越，太原市杏花岭区坝陵桥小学教师，太原市杏花岭区思政课教师，太原市杏花岭区优秀辅导员。执教杏花岭区第二届"时代新人"思政课《我的环保小搭档》，执教杏花岭区第四届"成长杯"课堂教学大赛《我们的班规我们订》，执教杏花岭区小学道德与法治学科"大单元、大学区、大教研"教研活动展示课《国家安全是头等大事》。山西广播电视台《鼎鼎有名师》特邀授课嘉宾。撰写教育教学论文《浅谈新课改下小学低年级语文有效教学实施的策略探究》《浅谈基于核心素养小学语文读写结合策略探究》《浅谈统编版小学低段语文有效教学的实施策略》，撰写班会课教学设计《舌尖上的节约》。

《强国必须强军》教学设计

杏花岭区迎春街小学校

赵丽峰

一、教材分析

强大的国家必须有强大的军队。坚固的国防和强大的军队是实现中华民族伟大复兴的有力支撑，只有建设强大的军队，才不会挨打，才能拥有和平。

五年级的《习近平新时代中国特色社会主义思想学生读本》中第12讲《强国必须强军》共有四部分内容，分别为"国防与军队""和平需要保卫""建设世界一流军队""发扬拥军爱民的光荣传统"。其中"国防与军队"引导学生思考战争与和平的辩证关系，为什么强国必须强军；"和平需要保卫"突出强军对保卫和平的重要意义；"建设世界一流军队"强调我国军队建设的目标；"发扬拥军爱民的光荣传统"聚焦拥军传统，帮助学生建立拥军观念，理解人民军队的概念。

二、学情分析

小学高年级学生开始进入少年期，认识和掌握了一定的道理，对社会现象开始关注，开始有独立见解，但他们的见解极易受外界影响而时常变化。他们具备简单的收集资料和分析资料的能力，但将资料与价值理念相联系进行整合的分析能力还不足。这个年龄的孩子们对我国军队、军人有一定的崇敬之情，但是具体将中国梦和强军梦联系起来还比较困难。

三、教学目标

1. 通过历史资料对比知道强国必须强军，了解强军对保卫和平的重要意义。

2. 通过资料收集整理使学生热爱军人，发扬拥军传统，建立拥军观念，做出拥军的行动，长大以后愿意从事祖国国防事业。

四、教学重难点

1. 教学重点

知道强国必须强军，强军对保卫和平的重要意义；了解我国我党为了建设世界一流军队所做的努力及军队建设的目标。

2. 教学难点

感受军民鱼水一家亲的拥军传统，建立拥军观念，做出拥军的行动，长大以后愿意从事祖国的国防事业。

五、教学方法与手段

运用创设情境、观看视频、交流展示等方式进行教学。

六、教学流程

（一）导入

师：同学们，老师想问问大家今年的国庆假期有没有给你们留下比较特别的印象？

预设：下雨，温度直线下降……

师：对，今年的国庆假期雨水比较多，我们来回顾一下国庆假期的天气情况（出示表格）。连绵不断的阴雨天气，对大家有什么影响？

预设：感觉特别冷，不能出去游玩，出行不方便等。

师：除了大家所描述的这些情况，还有更加糟糕的。连续的降雨让我们的家乡遭受了水灾。我们太原的清徐县受灾情况比较严重。（出示受灾图片）

面对这样的情况，有一群人冲在了抢险救灾的第一线，他们是谁？

生：解放军。

师：对，我们的人民子弟兵。看了视频之后，你还能想到哪些相似的场景？（出示）子弟兵出现的场景。（生回答场景及其感受）

师：人民子弟兵为了人民的生命和财产安全冲在第一线，哪里需要他们，他们就出现在哪里。这是一支怎样的军队？

生：这是一支人民需要他在哪里，他就在那里的军队。

师：我军于1927年建立，至今已有90多年的历史。中华人民共和国成立后，我们国家更加注重军队的建设。我们一起看看军队建设的费用支出，谁来给大家解读一下图表？

生（简单解读图表）：1949年28亿元，2002年1500亿元，2017年10443亿元，2035年基本实现国防和军队现代化，军费支出预估30000亿元。我们国家投入了巨大的财力来建设军队。

师：这是一支怎样的军队？

生：这是一支有强大经济支撑和保障的军队。

师：为什么我们国家在军队建设方面投入如此多的经费？

生：提高战斗力，不被打败，有制止战争的能力。

师：正如习爷爷所说，能战方能止战，准备打才可能不必打，越不能打越可能挨打。

生（齐读）：能战方能止战，准备打才可能不必打，越不能打越可能挨打。

师：你们怎样理解这句话？

生（答）：（略）

回望历史，"辛丑"百年对比。生解读图片内容。

历史证明，刺刀下的合约签得再多，也未必能保证和平。没有一支强大的人民军队，话语权和主权就无从谈起，还可能会挨打。只有强大自己，才不会害怕被打，这便是战争与和平的辩证思维。

当前，世界面临百年未有之大变局，我国的发展正处于重要战略机遇期。军队强则国家强，军队弱则国家弱。只有具备遏制战争的能力，才能避免战争的发生；只有具备能打胜仗的能力，才能避免打仗。

（板书课题，生齐读课题两次）

【设计意图】通过子弟兵的图片，激发学生的情感；通过了解、分析军队建设费用的支出，感受党和国家对军队建设的重视；通过对历史资料的对比了解，初步领悟关于战争与和平的辩证关系。继而引出本课的板书课题——强国必须强军。

（二）活动过程

1. 和平需要保卫

和平是我们都希望的，但是当今世界并不太平。习近平总书记在庆祝中国人民解放军建军90周年沙场阅兵时发表了重要讲话。他以强烈的忧患意识告诫全党全军全国人民：天下并不太平，和平需要保卫。（板书）

师：那么和平需要谁来保卫呢？

生：强大的人民军队。

师：我们生活在和平年代，感受不到天下并不太平。接下来通过具体的事例体会。有一部电影叫作《红海行动》，有同学看过吗？你们知道这个电影和哪个事件有关吗？也门撤侨事件，这也是我国第一次使用武装军舰撤侨。这部电影就是根据也门撤侨事件改编拍摄的。我们去感受一下当时也门的战乱和撤侨的过程。（播放视频）

（生说观看视频以后的感受）

师：我们可以看到，在随时可能有战争爆发的情况下，我国公民能快速有序、面带微笑地撤离，而其他国家的公民却在无尽地等待。这是为什么呢？看看他们的眼神，此刻他们心中是什么样的感受？

生：我们有强大的军队保护。

师：撤侨当天就发生了不明武装的袭击。中国海军舰船不仅成功地让数百名中方人员安全撤离，还帮助巴基斯坦、埃塞俄比亚、德国、英国、日本等国的公民离开也门地区。日本、巴基斯坦的获救人员向我方表达了感激之情。（出示图片）

思考：为什么我们还积极帮助他国公民？

和平需要强大的军队来保卫，除了保卫我们自己的国家。我们的军队对世界的和平也有着重大的贡献。说到世界和平，不得不提到联合国维持和平的部队。同学们对维和部队有哪些了解？借助学习单了解一下。（出示学习单）

学生汇报。

教师出示数据分析（30周年、25项行动、4万余人次）。

我们的人民军队是一支怎样的军队？这是一支保卫人民安全、维护世界和平的军队。

正是有了这样的人民军队，我们才能安享和平。和平像阳光一样温暖、像雨露一样滋润。有了阳光雨露，万物才能茁壮成长；有了和平稳定，人类才能更好实现自己的梦想。

【设计意图】通过也门撤侨和维和部队的具体事例，引导学生进一步了解世界局势，认识到我们今天能够生活在和平之中，是因为人民军队的守护，激发学生的感激崇敬之情，加深对战争与和平辩证关系的认识。

2. 建设世界一流军队

我们的军队深知天下并不太平，为了应对出现的战乱或者他国的挑衅，军队在建设和训练方面从未松懈。历经多年，人民军队有了整体性、革命性的变革。让我们一睹海陆空三军的风采。

（播放视频）

师：观看视频之后，想说什么？你想不想成为其中的一员，去用这些先进的武器装备一起保卫祖国？

武器装备在不断升级，除此之外，军队也非常重视纪律和作风的建设。危难来临需要他们时，他们招之即来，来之能战，战之必胜。这是一支怎样的军队？这是一支听党指挥、能打胜仗、作风优良的人民军队。党在新时代的强军目标是把人民军队建设成世界一流军队。（板书）

【设计意图】展示我国军人、军队和武器装备的风采，拉近人民军队和学生的距离，让学生了解党在新时代的强军目标是建设一支听党指挥、能打胜仗、作风优良的人民军队，把人民军队建设成为世界一流军队，激发学生对军队和军人的崇敬之情及从军的意愿。

3. 发扬拥军爱民的光荣传统

人民军队人民爱，作为一名老兵的习爷爷特别关心人民子弟兵，他曾说："让军人成为全社会尊崇的职业"。

你们的身边有现役军人或者退役军人吗？是否了解一些拥军的活动或者政策？

（生结合学习单汇报）

拥军是我们的光荣传统，党、国家和人民从各个方面来拥军。（板书）有如此多的拥军政策，你是否愿意成为一名光荣的军人呢？

【设计意图】联系学生生活实际，引导学生感受军民鱼水一家亲的深刻含义。小学生也应当用实际行动拥军，热爱人民军队，树立为祖国国防事业贡献力量的理想。

师小结：通过这节课的学习，我们知道了我们的军队是一支人民需要他在哪，他就在那的军队，是一支有强大经济支撑的军队，是一支保卫人民安全、维护世界和平的军队，是一支听党指挥、能打胜仗、作风优良的军队，是一支深受人民爱戴的军队，让我们一起唱响《强军战歌》。

作为新时代好少年，大家需要努力学习掌握过硬的本领，加强锻炼拥有强健的体魄，将来才能更好地建设祖国。你们长大后如果成为光荣的军人，就应该承担好军人的职责，做党和人民的忠诚卫士。

七、板书设计

强国必须强军

和平需要保卫

建设世界一流军队

发扬拥军传统

八、教学反思

强国必须强军，军强才能国安。回望百余年来的历史大势，中华民族走出苦难、中国人民实现解放，有赖于一支英雄的人民军队；站在历史的起点上展望，中华民族实现伟大复兴，中国人民实现更加美好的生活，都要求必须加快把人民军队建设成为世界一流军队。现在的学生生长在和平、繁荣的年代，习惯安定美好的生活，不能很好地理解强国必须强军的必要性、重要性。

在教学中创设情境，利用今昔对比让学生明确强国必须强军。接着通过具体的撤侨事件和维和部队的数据让学生体会到当今世界并不太平，和平需要保卫。保卫和平就需要建设强大的军队，观看视频了解我国人民军队的整体性、革命性的变革，激发学生从军的想法。之后从不同角度介绍我国的拥军政策、活动，让学生理解习爷爷曾说的"让军人成为全社会尊崇的职业"，进一步鼓励学生长大去参军。

整堂教学有师生互动、学生思考、学生间的交流等。但学生的参与面不广，需要教师激发对话题的兴趣。教师可以给孩子们更多的思考时间或者展示时间，可能会收到更好的效果。

作者简介：

赵丽峰，中小学二级教师，2013 年毕业于山西师范大学，教育学硕士，2016 年至今任教于太原市杏花岭区迎春街小学校，担任语文教研组组长。从教以来，一直担任班主任，从事语文、道德与法治两科的教学。执教的《多元文化　多样魅力》《强国必须强军》分别荣获太原市小学道德与法治第九届和第十二届"精致课堂"大赛一等奖。

《统一是历史大势》教学设计

杏花岭区北大街小学校

范　瑾

一、教材分析

《统一是历史大势》一课首先从"港珠澳大桥的开通"导入，让学生认识到港珠澳大桥的开通是"一国两制"下祖国内地和香港、澳门密切合作的一次重要见证，是保障香港和澳门长期繁荣稳定、支持他们融入国家发展大局的重要举措。引导学生初步感知"一国两制"的重大作用，从而引出本课主题。正文第一部分，主要讲解"一国两制"是中国的一个伟大创举，"一国两制"是解决历史遗留的香港、澳门问题的最佳方案，也是香港、澳门回归后保持长期繁荣稳定的最佳制度。第二部分，主要讲解"一国"是根本，引导学生正确理解"一国两制"的含义。第三部分，主要讲解实现祖国完全统一，重点让学生认识到台湾是中国的一部分，两岸同属一个中国，解决台湾问题、实现祖国完全统一，是全体中华儿女的共同愿望，是中华民族根本利益所在。统一是历史大势，是正道。"和平统一""一国两制"是实现国家统一的最佳方式。

二、学情分析

"一国两制"提出的历史背景知识离学生生活较远，学生不熟悉。因此，学生可以借助查阅的资料，教师可以结合五年级下册道德与法治教材中的《不甘屈辱　奋勇抗争》《富起来到强起来》来丰富学生的认知，帮助学生熟悉"一国两制"提出的背景，为后续学习做铺垫。课堂上，借助视频、历史资料等，提升热爱宝岛台湾之情，进而更加坚定国家统一的意志。

三、教学目标

1. 初步理解"一国两制"的伟大创举。

2. 借助文字、图片、视频等多种资料，让学生明白"一国两制"是香港、澳门回归以及回归后保持长期繁荣稳定发展的最佳方案，从而进一步理解"一国两制"，激发学生的民族自豪感和强烈的爱国情感。

3. 借助多种形式和各种资料了解台湾，理解"统一是历史大势"，用自己的实际行动，推动祖国完全统一。

四、教学重难点

1. 教学重点

理解"一国两制"的伟大创举。

2. 教学难点

用实际行动，从身边小事做起，推动祖国完全统一。

五、教学方法与手段

运用情景教学法、探究式教学法、案例教学法、谈话法、讨论法等方式来进行教学。

六、教学流程

（一）导入新课

指出学习《习近平新时代中国特色社会主义思想学生读本》的第13讲——《统一是历史大势》。

出示图片，让学生猜一猜图片上所呈现的美轮美奂的是什么桥？

介绍大桥的设计者。

【设计意图】让学生知道孟凡超是港珠澳大桥的总设计师。

（二）介绍港珠澳大桥

师： 在中国南部广阔的伶仃洋上，横亘着一座连通广东省珠海市、香港和澳门的大桥，它全长约55千米，远远望去，犹如一条巨龙飞腾在湛蓝的大海上。在这座桥建成之前，从香港到广东省珠海市需要4个小时，而现在只需要45分钟。这就是港珠澳大桥起到的作用之一。

（播放视频：港珠澳大桥介绍）

师： 2018年10月23日，习近平爷爷出席了港珠澳大桥的开通仪式。他称港珠澳大桥是一座"圆梦桥、同心桥、自信桥、复兴桥"。

（图片出示：习近平出席开通仪式并宣布港珠澳大桥正式开通）

（播放视频：港珠澳大桥开通）

师： 港珠澳大桥是世界上最长的跨海大桥，被英国《卫报》誉为"新世界七大奇迹"，堪称世界桥梁史上的巅峰之作。港珠澳大桥的开通，拉近了香港、澳门与祖国内地的距离。它是"一国两制"下祖国内地和香港、澳门密切合作的一次重要见证，是保障香港和澳门长期繁荣稳定，支持二者融入国家发展大局的重要举措。

【设计意图】让学生了解港珠澳大桥。

（三）"一国"是根本

播放视频音乐《七子之歌——澳门》。

师： 这首歌听过吗？它是闻一多于1925年3月在美国留学时，为当时中国被列强霸占的七块土地所做的一组诗，这是其中的一首。《七子之歌——澳门》被大型电视纪录片《澳门岁月》改编选作主题曲，也因为该纪录片的影响力之大，所以被选作澳门回归的主题曲。

师： 你如何理解"七子"？包括哪七个地方？

（出示图片："六子"离开祖国的时间）

师： 随着祖国的日益强大，"七子"中的六块土地都相继回到了祖国的怀抱。老师也有幸见证了香港、澳门回归这两个伟大的历史时刻，现在回想起来依然心潮澎湃。老师这里有香港回归的珍贵影像资料，让我们马上走进那振奋人心的历史伟大时刻吧！

（播放视频：香港回归）

师：视频中哪个场景最能震撼你的心灵？

生（答）：（略）

【设计意图】感受香港回归的喜悦，激发爱国情感。

师：香港回归是我国实现统一的第一步。短短两年之后，1999年12月20日，被葡萄牙占领的澳门，也回到了祖国的怀抱。

（播放视频：澳门回归）

师：香港、澳门的回归，不仅实现了每个中国人百年来的梦想，更是我们伟大祖国日益强盛的集中体现。迄今为止，香港、澳门已回归二十多年，他们现在的发展如何呢？

（出示课件——回归前后香港和澳门的经济总量、GDP变化图）

师：澳门现在变成了一个大都市，成为全球经济增长最快的地区之一。香港也发展迅速，是一颗耀眼的东方明珠，也是一座引领时尚的国际城市。

【设计意图】了解港澳回归后的发展，初步感知"一国两制"的伟大创举。

引出"一国两制"。

师：香港、澳门回归后能保持长期繁荣、稳定的发展，还依靠着20世纪80年代初，邓小平等老一辈领导人提出的一个推进统一的伟大创举——"一国两制"。

学生读课本，了解"一国两制"。

出示图片："一国"是根，根深才能叶茂。

"一国"是本，本固才能枝荣。

师：实践证明，"一国两制"是完全行得通、办得到、得人心的！

【设计意图】理解"一国两制"的伟大创举。

（四）实现祖国的完全统一

1. 引子

看到香港、澳门这两个离开祖国多年的孩子回到祖国的怀抱，在妈妈的怀抱中茁壮成长，我们每个中国人，每个华夏儿女的内心都充满喜悦。但是，在我国日益繁荣的今天，我们祖国还有一份特别的关怀，那就是对台湾的关怀。

2. 学生活动：介绍台湾

学生1： 小导游，介绍台湾省的地理位置和名胜古迹（台北101大楼、台北故宫博物院、日月潭、阿里山、七星潭……）。

（学生3展示台湾水果）

【设计意图】 让学生了解台湾。

（学生2展示视频资料——郑成功收复台湾）

师： 从同学们查找到的历史资料以及历史事件，我们更深刻地明白，台湾自古就是我们中国的一部分，海峡两岸同根、同源、同文、同种。

（学生4配乐朗诵《乡愁》）

3. 播放视频：台湾人民期待统一

【设计意图】 让学生知道，台湾自古以来就是中国的一部分，台湾同胞也期盼统一，进而明白——统一是历史大势。

4. 出示大陆对台湾的帮助资料

师： 中国地震台网正式测定：2024年4月3日7时58分，在我国台湾省花莲县海域发生7.3级地震，震经深度12千米。当听到这个消息后，你们会怎么做？为什么？

（生答略）

师： 台湾是祖国的孩子，它的成长每时每刻都牵动着祖国的心，在它处于危难之时，我们的祖国会挺身而出，也会义不容辞，因为它是我们中国的孩子。

师： 今天的中国，是一个强大的中国。不论从政治、经济，还是军事实力，我们都有实力和信心实现祖国统一，海峡两岸的人民也都迫切希望早日团聚。因此，我们说——统一是历史大势。

师： 在统一的路上，也有一些小小的"绊脚石"，他们为了自己的私利，不顾台湾广大同胞的意愿，不顾祖国和人民，搞"台独"。他们是在破坏统一，我们决不答应。

5. 出示习近平的话，齐读

我们有坚定的意志、充分的信心、足够的能力挫败任何形式的"台独"

分裂图谋。我们绝不允许任何人、任何组织、任何政党、在任何时候、以任何形式把任何一块中国领土从中国分裂出去！

——习近平

【设计意图】让学生知道，祖国和人民时刻关怀、牵挂着台湾，统一是历史大势。

师：我想此时，我们也想对习爷爷说——请您放心，今日之责任全在我少年……

【设计意图】增强学生的责任感和使命感。

（五）总结

1. 老师相信，今日强大的中国，有你们这群中国少年，统一一定能早日实现。

2. 为了促进统一，我们能做些什么？写行动卡。

3. 学生交流。

七、板书设计

统一是历史大势

"一国两制"

香港　澳门

台湾

八、教学反思

本课教学目标明确，重点突出，在深研学情的基础上较好地设计了教学环节。

在本节课教学中，教师多次运用视频、课件等多媒体教学手段，丰富了学生的认识，加深了对重点内容的理解。"港珠澳大桥"图片、视频的播放，带给学生视觉的冲击，让他们直观感受到了祖国的繁荣强盛。通过播放有关港澳回归的视频资料以及回归后的繁荣发展状况，加深了学生对"一国两制"

这一伟大创举的理解，激发了学生期盼祖国统一的热烈情感。在学生欢庆的喜悦之情中加强爱国主义教育，体会"统一是历史大势"。"台湾同胞盼望统一"视频的播放、大陆对台湾支持和帮助的文字资料以及学生配乐朗诵《乡愁》，又一次使学生深切感受到"统一是历史大势"。

教学过程中充分发挥学生的主体作用，从资料的准备到课堂教学，都体现了以学生为本。引导学生积极思维、主动参与、多角度地探讨问题。其中，学生分组介绍台湾相关知识的环节，有助于学生自主、探究、合作学习能力的培养。

本节课的教学，不仅丰富了学生的内心体验和心灵世界，而且建立了他们正确的价值观、世界观、人生观，树立了他们的责任感和使命感。学生明白了不仅重视个人发展，更强调个人与国家的统一。通过本节课的学习，"爱国""统一"这两颗种子深深扎根于学生心底。

作者简介：

范瑾，中小学一级教师。从事教育工作26年。多年来，她怀揣着教育的梦想，活跃在三尺讲台上，挥洒智慧、演绎精彩。曾参加"全国第五届中小学电子白板教学大赛"，获一等奖。曾荣获"山西省优秀班主任""太原市优秀教师""太原市高水平骨干教师""区教学标兵""区优秀辅导员"等荣誉称号。在北大街小学温暖的怀抱里，她最幸福的是赢得家长的认可，最满足的是受到学生的喜爱，最大的愿望是给予学生最有价值的礼物——慷慨而充满活力的"爱"。她坚信，每个学生在爱的滋养下，一定会绽放出属于自己最绚丽的光彩。

《人类是一个休戚与共的命运共同体》教学设计

杏花岭区实验小学

张　婧

一、教材分析

1. 人类共有一个家园

介绍地球是人类唯一的家园，懂得珍爱地球，知道保护地球是世界各国人民的共同责任。

2. 把我们的星球建成和睦的大家庭

介绍构建人类命运共同体的五个目标要求，即建设持久和平、普遍安全、共同繁荣、开放包容、清洁美丽的世界。

3. 做中国与世界各国人民友谊的小使者

提出构建人类命运共同体的具体实践要求，引导学生通过自己的实际行动成为国家间的友谊小使者，做到知行合一。

二、学情分析

我们正处于互联网时代和全球化的过程之中，小学高年级学生通过网络、书籍、旅游……对命运共同体有了一定的了解，但这些了解是表象的、粗浅的、个别的。国家间的关系有多密切？为什么人类是一个休戚与共的命运共同体？同学们还不甚了解。本课通过对"人类命运共同体"这一核心概念及其内涵的介绍，引导学生树立人类命运共同体意识。

三、教学目标

1. 通过"各国联合抗疫"的故事，知道人类命运共同体的基本概念，理解构建人类命运共同体重要意义。

2. 知道人类命运共同体的核心内涵和具体目标。

3. 树立人类命运共同体意识。

四、教学重难点

1. 教学重点

通过小组合作，知道人类命运共同体的核心内涵和具体目标，增强自身的责任意识。

2. 教学难点

通过身边友好交流的事例，树立人类命运共同体意识，做国家间的友谊小使者，做到知行合一。

五、教学方法与手段

运用合作学习、材料分析、精读原文、参与体验等方式进行教学。

六、教学流程

（一）猜谜导入，激发兴趣

1. 猜谜导入

师：同学们，我们来猜一猜谜语。谜面就藏在你们的桌子上，大家先找一找。找到之后，请每组派一位同学读一读谜面。

生：上一半，下一半，中间有线看不见，两头寒中间热，一天一夜转一圈。（谜底是：地球）

师：谜语背后是一个拼图，请你们上来试一试吧！（拼成的图案是地球）

师：地球是我们人类共同的家园，但是由于人类的不断索取和破坏，地球正在用自己的方式进行反击，新冠疫情的暴发就是最好的证明。

2. 事件推进

师：同学们，请大家跟随镜头，再次回到2020年的那个令人难忘的冬天。

2020年，一场突如其来的新冠疫情席卷全球，曾经车水马龙的街道变得空无一人，工厂停工，学校停课。同学们，你们来想一想，当时我们遇到了哪些困难？国内医疗物资紧缺，医护人员一天只能穿一套防护服，口罩、酒精更是被售卖一空。社区提示非必要不外出。我们每个家庭每周指派一位家庭成员出去采购食物。在中国疫情危急的时候，2月21日，塞尔维亚政府主办声援中国抗击疫情音乐会，一个月后，3月21日塞尔维亚新冠疫情暴发。中国第一时间去帮助塞尔维亚，派出医疗专家组，携带大量防护服、医疗器械等医疗物资前往援助。

师：辩一辩：部分网友认为，我们应该把国内的疫情控制住，再去帮助他人，你支持这一观点吗？为什么？

生1：支持。因为我们国内的疫情还没有控制住，医疗物资紧缺，医护人员不足。

（举例：如果你的妈妈是一位医生，你愿不愿意让她远离故土，冒着生命危险去帮助塞尔维亚）

生2：不支持。因为塞尔维亚曾经也帮助过我们，我们是铁杆兄弟，是好朋友，好朋友就应该相互帮助。因为我们是大国，要有大国的责任和担当。

正是因为有这样的困难，更能体现出我们帮助塞尔维亚的不容易。因为人类是一个休戚与共的命运共同体，我们只有守望相助，才能共克时艰。

当满载医疗物资的飞机抵达塞尔维亚时，塞尔维亚总统亲自到机场迎接，与医疗专家队成员一一碰肘表示欢迎，他在五星红旗上深情一吻，并将两国国旗系在一起。在自身疫情防控仍然面临巨大压力的情况下，中国还去帮助塞尔维亚，这就是中国实力，这就是大国担当。

3. 扩充讲解

师：请同学们来看一幅地图，疫情期间援助过我们的有46个国家，疫情期间中国援助过的国家有83个。我国不仅援助了大量的医疗防护物资，还先后派出7组专家组前往5个国家进行支援，给疫情暴发的国家提供及时的帮助。

4. 点睛升华

师：那么，中国为什么要这么做呢？各国之间为什么要互相帮助呢？

（同学们回答）

师：让我们一起来听一听习爷爷是怎么说的。

生（齐读）：因为病毒没有国界，疫情不分种族，人类是休戚与共的命运共同体，唯有团结协作，携手应对国际社会才能战胜疫情，而各国之间的团结战"疫"、守望相助，正是对人类命运共同体的最好诠释。

【设计意图】本环节通过各国联合抗击疫情的事例，引导学生初步认识人类命运共同体的概念，引出本课的主题。

（二）小组合作，体会内涵

1. 人类命运共同体的定义

那么，什么是人类命运共同体呢？请你在书中第87页找一找。

人类命运共同体，顾名思义，就是每个民族、每个国家的前途命运都紧紧联系在一起，应该风雨同舟，荣辱与共，努力把生于斯、长于斯的这个星球建成一个和睦的大家庭，把世界各国人民对美好生活的向往变成现实。构建人类命运共同体，就是要建设持久和平、普遍安全、共同繁荣、开放包容、清洁美丽的世界。

说说你是怎么理解这句话的。

联合国、奥运会、全球共同抗疫、金砖国家等都是对人类命运共同体的诠释。

面对疫情，面对全球变暖、难民危机、霸权主义等问题，面对全球的各种危机，面对当今世界的百年未有之大变局，中国给出了自己的中国方案，就是"构建人类命运共同体"。构建人类命运共同体，这一倡议被多次写入联合国文件，正从理念转化为行动。

2. 那么，我们要把人类命运共同体打造成什么样的呢

构建人类命运共同体，就是要建设一个持久和平、普遍安全、共同繁荣、开放包容、清洁美丽的世界。

3. 为了构建人类命运共同体，中国做了很多的努力，下面请同学们进行小组活动

每个小组的桌子上都摆着一个台签，这个台签就代表着你要讨论的话题。现在请你选择你感兴趣或者愿意做贡献的话题，去坐在你代表那个话题的桌子旁边。好！现在听口令：全体起立。开始选择。

人员固定后，请大家阅读资源包，从五个不同的方面，说一说中国为构建人类命运共同体都做了哪些事。

（1）持久和平

师：同学们，请大家看一看这张照片，说一说你的感受和体会。

生1：战乱中的孩子失去了父母，我们要反对战争，呼唤和平。

师：为了让我们的世界更美好，我们中国向来热爱和平，请研究持久和平的小组给我们支支招，出出方案，我们中国该怎么做才能让地球持久和平呢？

生（答）：①和平共处五项原则。

②维和人员。中国本土无战争，而中国军人有牺牲，他们把自己年轻的生命献给了世界和平事业。

③永远不称霸，永远不搞扩张。中国的崛起让世界各国不安，于是国际上就有了"中国威胁论"。因此中国政府做出了承诺。

师：你就是和平的小使者，请你代表同学们贴上这只鸽子，为世界和平添上浓墨重彩的一笔。

100多年前，中国共产党在中国社会剧烈的动荡中诞生，成立之初的任务之一就是结束中国境内的动荡和战争，从1921年到1949年，为实现中国的和平稳定，中国共产党带领中国人民进行了长达28年的武装斗争，我们付出了巨大的牺牲。因此，我们深知和平的可贵、和平的来之不易，并具有维护世界和平的决心，中国将高举和平、发展合作共赢的旗帜，坚持走和平发展的道路，积极推进全球伙伴关系建设，主动参与国际热点难点问题的政治解决进程。

（2）普遍安全

师：同学们，你们知道安全包括哪些方面呢？我们通过一个视频来了解

一下。

（视频播放略）

视频内容：总体国家安全观，涵盖了政治安全、国土安全、军事安全、经济安全、文化安全、社会安全、科技安全、网络安全、生态安全、资源安全、核安全、海外利益安全、生物安全、太空安全、深海安全、极地安全等。

师：中国在普遍安全方面做了哪些努力呢？

生：①通过相关法律法规。

②中国强烈谴责日本福岛核电站排放核废水事件。

师：世界上没有绝对的世外桃源，一国的安全不能建立在别国的不安之上，别国面临的威胁也可能成为本国的挑战，因此，我们要坚持以对话解决争端，以协商化解分歧，统筹应对传统和非传统安全威胁，反对一切形式的恐怖主义。

（3）共同繁荣

师：请共同繁荣小组来汇报，中国在共同安全方面做了哪些努力？

生1：支持发展中国家。

生2：一带一路。

生3：中非合作，上海经合组织，金砖国家。

师：让我们通过一段视频来了解一下什么是"一带一路"。

视频内容：为了促进沿线一带的沟通和交流，我们开通了中欧班列。中欧班列是一带一路的战略通道，代理了欧洲27个国家以及中亚地区铁路运输。

师：你瞧，一列中欧班列正在向我们缓缓驶来。

（小组成员表演情景剧）

师：当今世界，物质水平已经发展到古人难以想象的地步，但发展不平衡不充分的问题仍然存在，世界上很多国家还处在贫困和饥饿之中。我们将同世界各国一起，推进开放、包容、普惠、平衡、共赢的经济全球化。

（4）开放包容

师：请开放包容小组交流汇报你们讨论的内容。中国在开放包容方面做了哪些努力呢？

第一，动画电影（动画人物）。

大家来猜一猜他们是谁？白雪公主、艾莎和安娜、蜘蛛侠、哪吒、功夫熊猫、超人。

你们有什么发现？

这些卡通人物我们都很熟悉，不仅有中国的，也有外国的，这说明文化是相互交融、交流互鉴的。

第二，音乐。

第三，领略冬奥会的文化。

第四，太原马拉松。

第五，孔子学院。

师：文化本来就应该百花齐放，百家争鸣。中国向来坚持和而不同的思想，尊重各国的文化差异和多样性，学习和吸收各国文明成果。人类只有肤色语言之别，文明只有姹紫嫣红之别，没有高低优劣之分，文化本应交流互鉴。

（5）清洁美丽

师：地球怎么了？为什么会这样？

视频展示：全球变暖、滥砍滥伐、工业废气、土地沙漠化等现象的图片。

师：我们该怎么办呢？

生1：2030年前完成碳达峰，2060年前实现碳中和。

生2：中国在《巴黎协定》上签字。

生3：联合国生物多样性大会今年10月在云南昆明举办。

师：我们能为地球妈妈做些什么事呢？请你们为地球妈妈送上一首诗吧！

（唱《保护地球妈妈》）

地球是人类的共同家园，也是人类目前为止唯一的家园，虽然我们也试图在外太空寻找新的家园，但这还是一个遥远的梦想，我们应该共同呵护我们的家园，坚持走绿色低碳可持续发展的道路。

4. 总结升华

今日之中国不仅是中国之中国，而且是亚洲之中国，世界之中国，未来之中国将以更加开放的姿态拥抱世界，以更有活力的文明成就贡献世界，我们应该秉持天下一家的理念，求同存异，共同为构建人类命运共同体而努力。中国为了构建人类命运共同体，提出了中国智慧和中国方案，那么，世界各国人民又为构建人类命运共同体做了什么呢？可以通过一段视频来了解一下。

和平和发展仍然是当今世界的主题，但局部地区仍然发生着战争，那里的人们在战乱中失去了自己的亲人，联合国维和人员冒着生命危险救助难民、维护着世界的持久和平。世界各国都有着属于自己的独特文化和习俗，一段历史的存在，不仅仅属于一个国家，而属于全世界。

近年来由于环境污染，气候灾害越来越严重。面对共同的问题，世界各国达成了巴黎协定。我们生活在同一个地球上，应该共同呵护地球，让地球清洁而美丽。科技改变生活，高铁、飞机、无人驾驶汽车，共享科技带来了更加便捷而安全的生活。

美人之美，美美与共，中国愿与世界各国一道，推动构建人类命运共同体。

【设计意图】本环节通过数据资料、情景剧、小故事、交流、朗诵等不同方式，引导学生认识到构建人类命运共同体的重要性，进一步感受构建人类命运共同体的目标要求。

（三）交流讨论，做友谊的小使者

师：2020年春节前夕，美国卡斯卡德小学50名学生为习爷爷送上新年祝福，孩子们没有想到习爷爷会给他们回信，习爷爷在信中说，希望你们继续加油，取得更大的进步，做中美两国人民友谊的小使者。作为中国的小学生，我们可以为构建人类命运共同体做些什么呢？如何才能做一名友谊的小使者呢？

生1：学好英语，给外国的小朋友做导游。

生2：教给外国小朋友中国的传统文化。

生3：学习外国的礼仪和外国小朋友友好交流。

师：同学们，让我们与世界各国人民一起手拉手，肩并肩，把我们的地球建设成一个持久和平、普遍安全、共同繁荣、开放包容、清洁美丽的世界吧。让我们放飞美丽的和平鸽，愿我们的地球不再有战乱；让我们拿起智慧的盾牌，共同捍卫地球的安全；让我们手拿鲜花，让地球更加美丽；让我们拥抱世界，尊重文化的多样性，充实自己的精神世界；让我们为美丽的地球种下一棵树，让地球越来越美丽；让我们与世界各国人民携起手来，为构建人类命运共同体贡献属于自己的力量，做一个有国际视野和世界关怀的新时代小学生，做好中国与世界各国人民之间友谊的小使者。让我们在冬奥会的主题曲《一起向未来》中结束今天的课堂吧。

【设计意图】本环节通过学生身边的事例，引导学生做中国与世界各国人民友谊的小使者，做到知行合一。

七、板书设计

第14讲　人类是一个休戚与共的命运共同体

持久和平

普遍安全

共同繁荣

清洁美丽

开放包容

八、教学反思

"人类是一个休戚与共的命运共同体"一课位于《习近平新时代中国特色社会主义思想学生读本》的第14讲，构建人类命运共同体是世界发展的必然结果。通过这一课的讲授，我的收获颇多。第一，人类命运共同体离学生们的生活比较远，因此在教学设计时要从学生的角度出发去感受和体验。正式开课前我先和学生们做了一个"猜谜+拼图"游戏，引出疫情这一主题。然后创设情境，通过视频和照片勾起同学们对疫情的回忆。面对全球共同的问题，我们中国提出了属于自己的中国方案。第二，体会命运共同体的五个核心要义，我采用了形式多样的小组活动。在持久和平方面，利用一组照片让同学们体会战争带来的苦难，说一说中国为和平做了哪些努力。在共同繁荣方面，通过中欧班列情景剧的演出，学生们感受到了各国经济的融合。在清洁美丽方面，学生们给地球妈妈献上了一首诗，呼吁大家保护环境。第三，多媒体手段的运用让学生们沉浸式地感受到不同的情境、不同国家的风情，朗诵的情感烘托都比较到位。课堂总是有缺憾的，在这一课的讲授中若能融入一些我们太原本土的事例一定会更贴近学生的生活实际。在未来的教学中，我将会更加努力，博采众长，提高教育教学水平。

作者简介：

张婧，2010 年毕业于太原师范学院，现就职于太原市杏花岭区实验小学。曾获得中华优秀传统文化与现代语文课堂教学实践研究课题优秀实验教师称号，第十八届中小学生创新作文优秀指导教师奖，"清明时节画家风"优秀辅导奖。从事教学工作十余年，工作踏实，热爱学生，团结同志，教育教学成绩显著，是一位德才兼备的优秀教师。

《遍寻我身边的民间习俗》教学设计

杏花岭区解放路小学校

平 静

一、教材分析

在中国这个统一的多民族国家里，每一个地域都有着自己鲜明的特色和独特的地方风俗。而我们山西则是一个拥有悠久历史文化积淀的地方，人杰地灵。走进山西博物院，我们可以时时处处感受到山西独特的民俗文化。从民居、古城墙到祭祀礼器、饰品和民间服饰，从出生仪式到节日庆典，从剪纸艺术到皮影艺术……无不显示其博大精深的独特魅力，而许多民间习俗正逐渐消亡，这些都激发了我们浓浓的探究兴趣。为了更好地了解山西，熟悉家乡，我们以学生的研究兴趣为起点，设计了"身边的民间习俗"研究性学习活动，让学生们怀揣了解家乡、热爱家乡之情，开始探究之旅。设计时紧紧围绕"体验与融入社会"这个维度，以研究性学习活动为载体，遵循"亲历实践，主动探究"的原则，以身边的民间习俗为研究对象，引导学生亲历实践活动全过程，充分激发学生的好奇心和求知欲，突出培养学生的问题意识，加深对民族文化的了解，提高认同感。

二、学情分析

本学期的四年级学生已有近两年的综合实践活动经历，对课程的特点以及学习活动方式、研究方法有一定的了解，具备一定的能力基础但又处于比较粗浅的程度。看似可以，实际上都是一些皮毛，具体的方法指导并没有落实。而在此次主题活动中，学生也会经历资料的收集与整理、采访调查、辩论会策划与组织等活动。在这里根据学生的年龄、认知特点，突出问题中心，注重能力发展，将本年级学生的能力训练点细化、阶梯化，实现能力培养的螺旋式上升。

三、教学目标

1. 明确民俗的概念，了解相关的知识，加深对民族文化的了解，提高认同感。

2. 学生学会用表格收集、处理信息的方法。通过各种活动培养学生的合作意识、团体精神，分享合作与交往的快乐。

3. 调动学生的好奇心和求知欲，初步培养学生的问题意识和从事探究活动的态度。帮助学生形成文化自信，养成深度思考的能力，成为孩子受益一生的精神底色。

四、教学重难点

1. 教学重点

如何通过多种途径搜集到较多与研究活动目的相应的资料并进行有效地处理。

2. 教学难点

引领学生思考并尝试通过更多的方式获取资料，并对资料汇总整理。

五、教学方法与手段

运用谈话法、探究法等方式来辅助教学。

六、教学流程

（一）激趣导入，破框思维

俗话说得好"十里不同风，百里不同俗"。通过前期的梳理，确立了本阶段的活动主题——遍寻我身边的民间习俗。

在整理资料的过程中整理了许多和民俗有关的古诗。

出示古诗。

一首古诗，如果让你快速记忆，你有什么好方法？

师：老师在假期学习了一种方法，想一起来试试吗？

（师生共同绘制思维导图）

【设计意图】一首不熟悉的古诗记忆起来很困难，但是如果换一种方式可能就会有意想不到的效果。同样，就像我们每一次的实践活动需要查阅大量的资料，有用与无用的东西错综复杂，这时就需要我们采用一些有效的方法来处理信息。

（二）前期回顾，活动梳理

出示民俗活动照片和小组交流资料。但是每组这么多资料怎么才能很好地利用呢？利用表格整理信息就是一个好方法。

（三）阅读资料，分类整理

1. 主动探究（节日中的风俗习惯）

今天我们就节日习俗为例来进行简单的整理。

【设计意图】指导学生认真阅读资料，提炼关键词，并对关键词进行排序，绘制资料表格。

2. 小组合作（其他的节日习俗）

现在每组同学手中都有一些未整理的资料，合作完成表格信息。

指导要点：小组成员之间分好工，各有侧重，避免重复，实现资源共享。

小组展示汇总结果，师生共同纠正冲突的内容。

小结表格的好处：简要、清晰、条理。

（四）收获成果，展示欣赏

了解了这么多的风俗习惯，你对哪一种更感兴趣呢？小组展示自己感兴趣的一种民俗，探寻它的由来和其中动人的故事、传说。

活动一：快乐中秋节

师生谈话。

中秋节的习俗很多，形式也各不相同，但都寄托着人们对生活无限的热爱和对美好生活的向往。

【设计意图】总结学生发言之后对小组的成果给予肯定，并总结出下一步的改进方法及措施。

活动二：创意DIY

1. 学生分成小组，每组选出一名责任心强的同学任组长。

2. 小组活动：多馅的月饼。

以小组为单位寻找发现，为剪好的月饼DIY拍照。

【设计意图】教师在此环节主要是引导孩子们学会选择素材，在生活中细心观察、善于发现，并且能从中分辨出适合自己的内容，加以取舍。

七、板书设计

八、教学反思

在这次的活动中，体会最深的应当是教师，而受益最大的应当是学生。备完这节课，我反复琢磨，总结出四条经验：第一，活动开展时，不仅要大胆放手让学生去做，老师也应是一个积极的参与者和指导者。老师的参与，会让学生感到他们所做的事不是一件随意的事，而是一件值得他们去重视、去认真体验的事；老师的指导使他们少走弯路，可借鉴已有的经验帮助他们更快地享受成功。第二，对学生有创意的一些想法或做法，老师应给予赞赏，让他们的自信发挥极致，促使他们形成再研究的愿望，形成良好的"愿学"循环。第三，课后要有反思。不论是老师还是学生，在每一次活动结束后，都要反思一下自己的所得与所失，让反思为下一次课的进步争取成功的机会。第四，让评价体系贯穿于活动的全过程，使生生互评及师生共评等评价方式为完善活动方案提供最直接帮助。

这次活动，至少在三个方面让学生受益匪浅。

一是，培养了学生开放合作的意识。在知识爆炸的时代，一个人的学识再丰富也是相对有限的，要进行创新，光靠个人的力量有时也难以完成。

二是，在活动中加强人文修养。当今时代，人们都在大力倡导人文教育，我们的综合实践活动更是责无旁贷。这个准备的过程，其实就是学生吸收、积累本土优秀文化，丰富"内存"的过程。交流时，学生虽然是在倾吐，但同时也是再一次地学习，他们在反复咀嚼、品味这些璀璨的文化。多一次讲解，就多一些个人对语言、对文化的感悟和积淀。潜移默化中，学生的人文素养就得到了加强。

三是，在生活中激活学生学习的情感。学习不仅要读有字的书，也要读无字的书，家乡习俗，处处有情，这正是一本内涵丰富的"无字书"。他们在活动中获得的这些情感体验和激起的对学习的浓厚兴趣是润物无声的，是持久永恒的。

作者简介：

平静，中共党员，太原市教学标兵，太原市学科带头人，任凤英名师工作室成员。《中国式过马路》《"快乐中秋"教学案例分析》等多篇文章在全国基础教育课程改革实验区综合实践活动研修班获一等奖；2015年以来多次在市教育局"希望杯"安全教育精品课、优秀教案、优秀教学设计中获得奖项。2016年始，多次参与"国培计划"的送教下乡培训活动。

《诚信，从我做起》教学设计

杏花岭区化工路小学校

焦 娇

一、教材分析

本单元是四年级上册的第一单元，主题为"诚信，从我做起"。其承接了三年级下册关于好习惯的自我养成，又为五年级上册学生进一步认识自我做了铺垫。本单元在学科方法上侧重采用探究活动法来展开学习，考查探究法的运用也是学习后面三个主题的重要活动方式之一。通过本单元的学习，学生可以更深入地了解诚信的含义及其重要性，并自觉践行诚信行为、传递诚信力量，实现知、情、意、行的有机统一与提升。

二、学情分析

四年级的学生对于诚信都不陌生，他们的主要问题是"知道却做不到""言行不一"。这是因为他们对于诚信及其意义理解不够深入，也是因为四年级的学生在日常生活中缺少践行诚实守信的好方法。四年级的学生已经掌握了一定的探究问题的方法，可以通过多种学习和活动方式，养成良好的个性品质。基于以上学情，我引导学生围绕主题开展实践活动，通过自我调查、合作学习、实践体验等方法认识到人人都需要诚信的道理，并将认知内化于心、外化于行，真正做到知行合一。

三、教学目标

1. 通过资料搜集、自我调查、自我分析等学习活动，进一步深入了解诚信的基本内涵及其对于个人、社会、国家的重要价值。

2. 通过在沉浸式、卷入式的情境体验中，提升分析问题、解决问题的能力，在自主思考与合作交流中提出日常生活中信守承诺的好方法。

3. 学习简单明晰地表达自己的观点，并感受诚信榜样的力量，同时树立责任担当意识，自觉践行诚信行为、传递诚信力量。

四、教学重难点

1. 教学重点

通过多种活动方式，深入了解诚信的基本内涵及其对于个人、社会、国家的重要价值。

2. 教学难点

自主提出日常生活中信守承诺的好方法，并将认知内化于心、外化于行，做到知行合一，决心做一个诚实守信的人。

五、教学方法与手段

通过设计多种活动方式，帮助学生获得丰富的情感体验，掌握必备的知识和技能。

积极调动和利用学生已有的生活经验，结合学生现实生活中实际存在的问题，共同开展探究学习。

创设学生乐于接受的学习情境，灵活多样地选用教学组织形式，为学生的自主学习和全面发展提供成长空间。

六、教学流程

（一）激趣导入，唤醒前置经验

师：同学们，今天老师给大家带来了一把神奇的金钥匙，如果这把金钥匙对我们终身受用，你希望它是什么？

（预设：快乐、健康、成功、友情等）

师： 这些都是我们对生活的美好愿望！我们究竟先需要一把什么样的金钥匙呢？一起来看视频！（播放视频）

（二）思政渗透，引出活动主题

"诚"就是指诚实无欺；"信"就是指信守承诺。今天就让我们一起走进综合实践活动课"诚信，从我做起"！

【设计意图】 通过解释"诚"和"信"的含义，并引用格言、诗词进行思政渗透，明白诚信是中华民族的传统美德，树立传承和弘扬"诚信"这一优秀民族文化的责任担当意识。

（三）情境创设，体验诚信魅力

师： 我们想要获得诚信这把金钥匙，需要勇闯三关。今天老师还给大家准备了一个诚信银行评比台，你们敢接受挑战吗？

1. 挑战第一关"我是诚信大富翁"

师： 同学们谁来读读游戏规则？

生： 游戏规则：

①仔细阅读诚信自测试题，自主思考，完成自测。

②根据自测结果，完成诚信大富翁游戏。

师： 请同学们根据发下去的自测题，完成自测并把每道题的得分填写到诚信地图上，最后算出你的总得分；学生完成自测。

教师总结评价：20分以上的同学，恭喜你们获得一枚诚信金币！

【设计意图】 本环节为学生创设了真实的任务情境，用游戏化的活动方式，激发学生的实践参与积极性。

2. 挑战第二关"争做诚信小侦探"

"诚信"在人与人的相处中又扮演着什么样的重要角色呢？这两天故事角里的乐乐和小明有点小矛盾，各位诚信小侦探们赶快去帮帮他们吧！

（1）学生聆听情境一，并自由发表看法

情境一：

生：大家好，我是乐乐。周日下午三点和小明约好的打球时间已经到了，可是他却迟迟没来，我们要不要继续等呢？学生自由发表看法。

就这样，大家一直等了很长时间小明也没来，没有办法完成比赛，最后众人不欢而散了。

（2）学生聆听情境二，参与情境表演

情境二：

生：我，小乐乐一点也不快乐！居然被小明爽约了，今天去教室，我得问他要个解释！

你可以扮演小明，也可以扮演乐乐，你们会对对方说什么呢？一会儿请代表小组上台展示。

（3）角色体验情境三，了解社会征信系统

情境三：

又过了几天，小明想要挽回他和乐乐的友情，于是他主动约乐乐打球，可是这回他居然又爽约了！

师：同学们，如果你是乐乐，此时你是什么感受呢？

（生自由谈感受）

教师介绍社会征信系统。

听了大家的发言，小明决定以后一定要信守承诺，做一个说到做到的好孩子。

【设计意图】本环节设计一波三折的故事情节，让学生身临其境地参与到故事的发展过程中，在沉浸式的学习体验中体会诚信的重要性。

3. 挑战第三关"我是诚信观察员"

我们国家自古就是一个诚信大国，古有曾子杀猪，一诺千金；今有宋庆龄坚守诺言，按时赴约。接下来让我们化身小小观察员，一起发现身边的诚信榜样吧。

学生观察图片，按表达要求为身边的诚信榜样代言。

表达要求：对于（　）来说，诚信就是（　　　）。

（四）拓展延伸，知行合一

请同学们课下设计"21天诚信行动地图"，让诚信的种子在我们心中生根发芽。将所学从课堂延伸到广阔的生活中，做到知行合一。

七、板书设计

诚信从我做起

守诚信要自律　　问卷调查法

守诚信有方法　　探究思维法

守诚信树榜样　　表达展示法

八、教学反思

综合实践活动是面向学生生活而设计的一门课程。我在设计活动中力求创设一种贴近生活的活动情境，使学生带着真实的任务去实践、观察、体验，从而懂得诚信是做人的第一准则，同时树立责任担当意识，自觉践行诚信行为、传递诚信力量。

首先，给学生提供自由实践的空间。综合实践活动课不是"上出来"的，也不是"教出来"的，而是"做出来的"。在"我是诚信小侦探"这个任务情境中，我让学生角色体验，身临其境地感受诚信在人与人相处时的重要性，从正反两面全面、立体地感受诚信的力量。

其次，尊重学生学习的主体性、主动性和探究性。学生带着问题来研究、带着准备来探索，这样一来，学生解决问题的综合能力可得到提高，也有利于自身道德品质的陶冶。

另外，抓住契机，加强思政教育。"诚信"是一个具有永恒意义的话题，学生多数只停留在"知道"这一层面，但往往存在"知道做不到"的问题。因此守诚信的第一步就是唤醒学生的内在认知和自我教育能力。

作者简介：

焦娇，本科学历，任教于太原市杏花岭区化工路小学校。任凤英名师工作室成员，曾荣获杏花岭区金钥匙大赛一等奖。2021年参加了太原市第四届青年教师"成长杯"大赛，荣获嘉奖。在教育教学工作中，不断挖掘贴近学生生活的丰富多彩的课程资源，鼓励学生做心智自由的学习者，促进学生的全面发展。

《不忘初心　小小红船扬帆起航》教学设计

杏花岭区大东关小学校

韩　弢

一、教材分析

2021年是中国共产党成立100周年。习近平总书记指出：百年征程波澜壮阔，百年初心历久弥坚。在"两个一百年"奋斗目标历史交会的关键节点，我们要深入学习贯彻习近平总书记在党史学习教育动员大会上的重要讲话精神，大力弘扬"红船精神"，赓续共产党人精神血脉，让"红船精神"绽放新的时代光芒。

作为低段小学生，怎样才能让孩子们通俗易懂地了解"红船精神"，理解其内涵，并且弘扬和传承"红船精神"呢？本节课以生活中的船为切入点，引出红船；通过课前收集红船资料，观看红船视频，了解红船的来历，初步理解"红船精神"，并通过讲身边人的故事进一步理解"红船精神"。综合实践活动——研究性学习三年级下册第五单元是关于"山西剪纸"为主题的地方特色单元。山西剪纸文化博大精深，但考虑到三年级孩子剪红船有困难，所以选择了更为简单与安全的折纸。

二、学情分析

本课折红船，难度中等，学生都有过折纸的经历，并且能折普通图形。学生在学习本节内容时有可能遇到折纸折不出来等困难，要及时进行引导。期望课堂上每个小组都能完成折纸，学会解决问题的策略，并切实体会百折不挠的红船精神。

三、教学目标

1. 了解"红船精神"，引导同学们从小立志向、筑梦想。

2. 通过讲述党史中的故事，进一步理解"红船精神"的内涵。

3. 通过折纸活动，体会建党百年的不易。

4. 小学生如何弘扬和传承"红船精神"，学习为本，薪火相传。童心向党，不忘初心，让"红船精神"代代相传。

四、教学重难点

1. 教学重点

了解"红船精神"是什么，理解"红船精神"，折红船，献给党。

2. 教学难点

理解"红船精神"的内在含义。

五、教学方法与手段

运用讲授法、讨论法、直观演示法、现场教学法、任务驱动法、学乐云网络授课平台、PPT幻灯片等方式来进行教学。

六、教学流程

（一）教学环节一

谜语导入

远看一幢楼，近看水上游，虽然没有脚，走遍五大洲。

教师出示红船。

（有什么作用呢？为什么叫作红船？谁提出的）

带着上述问题，我们一起观看视频，看看能否找到答案。

【设计意图】本课以生活中的船为切入点，引出红船。从学生生活入手，易于学生理解。随后抛出红船，针对这条船，提问学生想了解什么，带着问题看视频。

（二）教学环节二

观看视频。

回答问题：

1．红船的由来是什么？

2．谁提出的"红船精神"？

3．"红船精神"是什么呢？

一是开天辟地、敢为人先的首创精神。二是坚定理想、百折不挠的奋斗精神。三是立党为公、忠诚为民的奉献精神。

【设计意图】通过观看视频，从视频中提取信息，初步了解"红船"的由来、为什么叫作"红船"及"红船"所蕴含的精神。让学生自己收集提取信息。

（三）教学环节三

1．交流收集到的具有"红船精神"品质的小故事。

2．寻找我们身边有哪些人具有这样的"红船精神"。

3．我们班有没有这样具有"红船精神"的人呢？

【设计意图】学生通过讲故事，充分体会这些故事中所蕴含的"红船精神"，进一步理解"红船精神"，理解这不仅仅是一条船，更是承载着共产党人忠诚为民的赤诚初心。并且红船精神一直在传承，从周恩来、王二小，到雷锋、袁隆平，再到我们身边的人，红色基因一直在代代相传。

（四）教学环节四

1. 立志向

作为小学生该怎样弘扬和传承"红船精神"呢？一起来写一写吧！

2. 折红船载初心

观看折纸视频。然后看步骤图，完成红纸的折叠。

【设计意图】学生经过前面了解"红船精神"，初步有了认识，了解今天的新时代是那些革命烈士不顾生命危险用鲜血换回来的。他们的"红船精神"值得我们去学习。今天，我们沐浴在党的阳光下，坐在宽敞明亮的教室里，享受着一流的教育，更应该深刻领悟和弘扬"红船精神"。作为小学生怎样弘扬和传承"红船精神"呢？学生们写下志向。通过折纸船的过程，体会建党百年的不易。作为一名新时代的小学生，我们要牢固树立正确的人生观、价值观、世界观，自觉地把个人的命运同祖国和民族的命运紧密地联系起来。

（五）教学环节五

小小初心献给党：2021年是建党100周年，你有什么想说的呢？可以是对祖国的祝福，也可以说你今后准备怎么做。（学生交流）

最后，我们拿起手中的红船，齐唱《没有共产党就没有新中国》。

【设计意图】总结本课，回归主题：从一条小船出发，诞生一个大党。通过交流对党的祝福，进一步升华理解"红船精神"、理解伴随中国革命的光辉历程，共同构成党在前进道路上战胜各种困难和风险、不断夺取新胜利的强大精神力量和宝贵精神财富，它蕴含着极其丰富和博大精深的内涵。

七、板书设计

不忘初心　小小红船扬帆起航

一是开天辟地、敢为人先的首创精神。

二是坚定理想、百折不挠的奋斗精神。

三是立党为公、忠诚为民的奉献精神。

八、教学反思

本节课以生活中的船为切入点，引出红船；通过课前收集红船资料，课中观看红船视频，了解红船的来历，初步理解"红船精神"，并通过讲身边人的故事进一步理解"红船精神"。随后让孩子们写下小小的志向，折成红船献给党。教导孩子们，立下伟大梦想，好好学习，不怕困难，不忘初心，让"红船精神"代代相传。

作者简介：

韩弢，中共党员，本科学历。自2016年任校长以来，他本着为学校"出实招，干实事，求实效"的原则，一步一个脚印，扎实工作，认认真真办好人民满意的教育，带领老师们一起做一个有温暖力、有生长力、有研究力、有创新力、有坚持力的老师。

《小脚丫走长征》教学设计

杏花岭区锦绣苑小学校

荆建平

一、教材分析

总有一种精神，让我们泪流满面；总有一种力量，让我们执着坚守。习近平总书记强调，红色基因要代代相传。追寻红色记忆，感悟革命精神，那段峥嵘岁月值得我们每一个人去领悟。对学生进行红色教育，在了解红军长征背景的基础上，引导学生通过亲自动手在钉子板上用红皮筋来"走一走"长征的路线，感悟红军长征的艰辛和取得的伟大胜利，从而领悟到伟大的长征精神，真正落实综合学科立德树人的根本任务。

二、学情分析

对于新时代的小学生来说，生在红旗下，长在春风里。革命岁月的艰辛离他们比较久远，再加上由于学生年龄小，知识储备比较欠缺，对革命故事和革命精神感知不深，所以活动前需要广泛收集整理资料，确保活动的顺利进行。

三、教学目标

1. 学习通过时间轴来整理资料的方法。

2. 通过小组合作，能将数学学科中的数对知识迁移并在活动中应用，学会融会贯通。

3. 感悟长征精神的深刻内涵，并将其发扬光大。

四、教学重难点

1. 教学重点

将收集到的资料按一定方法整理，感悟长征的艰难。

2. 教学难点

将获取的信息与数学中的"数对"相结合，找准长征途经重要地理位置的坐标。

五、教学方法与手段

借助数学教具钉子板来实施教学；运用小组合作探究的方法和多媒体（课件）来辅助教学。

六、教学流程

（一）激情导入

2021年9月，孟晚舟在加拿大被非法扣押1000多天后，终于返回了祖国，这不仅是中国强大的表现，同时也让世界列强们叹息，中国已不是百年前的中国了！孟晚舟在机场发表简短讲话，她表示："有五星红旗的地方，就有信念的灯塔。如果信念有颜色，那一定是中国红！"今天我们就从历史的长河中去寻找那一抹属于中国的颜色——追寻红色印记。而在这漫长的历史中，长征又是一部不朽的史诗。这节课，就让我们一起化身小红军，走一走长征路。

（二）唱响革命的号角

给每个小组送名称和号角。

为了给学生加油助威，老师给了他们以下口号。

星梦组：点燃星星之火，扬起梦想风帆。

冲锋组：不怕困难，勇往直前。

希望组：满怀希望出发，载着成功归来。

飞龙组：团结互助，勇争第一。

【设计意图】带有特定意义的小组名称可以引导学生迅速进入"走长征"的状态，同时也能活跃课堂气氛。

（三）探究整理资料的方法

引导学生观察每份资料的特点，进而发现每一个历史事件都有具体时间。顺势引导学生按照时间轴整理资料。

多样化的方式：通过勾画、批注或绘制表格的方式来整理。

（四）长征路线图和数对（坐标）图对照观察

引导学生进行观察并说出之间的联系。以其中一个点为例。

强调：学会观察也是综合实践活动常用的一种学习方法。用到数学当中的数对（列和行）。

（五）出示活动任务并完成

活动任务："小脚丫走长征"——在钉子板上完成长征路线图。

明确活动要求：

贴一贴，在数对的旁边贴小旗子，表示你经过了那里。

连一连，用皮筋把每个历史事件按先后顺序连接起来，完成路线图。

活动时间：5分钟。

评价：在规定时间内完成任务且正确的小组得一组"小兵人纪念品"，人手一份。

（六）展示作品，相互评价

请各组派代表上台展示"长征路线图"的作品，并请其他组的代表来评价。

为顺利完成任务的小组发纪念品以示鼓励。

【设计意图】评价是多元化的，可以鼓励小组之间相互评价，引导学生学会欣赏别人。

（七）总结延伸

师：孩子们，在长征中，战士们勇往直前、坚忍不拔、自强不息……这不正是伟大的长征精神吗？

生（答）：（略）

师：其实，中国共产党领导下的中国人民不仅有长征精神，还有许许多多的精神，你知道哪些属于中华民族的精神呢？

生1：革命时期的长征精神、红船精神、井冈山精神都是中国精神，现如今中国精神更有女排精神、华为精神、抗疫精神。

生2：今年最火热的电影《长津湖》自上映以来，突破了票房新高，电影中彰显的抗美援朝精神更是令人震撼，这是一种民族气节，是一种爱国情怀。

生3：神舟十三号成功发射，三名航天员顺利进驻天和核心舱，标志着中国太空计划再次迈出重要一步，并成为世界领先的太空计划之一。

师：中国精神不仅仅如此，接下来我们通过一段短片来了解中国共产党领导下的中华民族所迸发出的中国力量。

（播放抗疫视频）

【设计意图】将当下时事热点与课堂教学相结合，引导学生有关注社会、关注生活的视野，同时达到情感的升华。

【总结】这些伟大的精神有着共同的特点，那就是不怕苦、不拍累、团结一心、无私奉献。希望你们能将这样的中国精神继续发扬光大，为我们伟大的党、伟大的祖国、伟大的民族复兴而奋斗。

七、板书设计

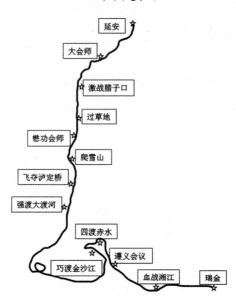

小脚丫走长征

延安
大会师
激战腊子口
过草地
懋功会师
爬雪山
飞夺泸定桥
强渡大渡河
四渡赤水
遵义会议
巧渡金沙江
血战湘江
瑞金

八、教学反思

落实"双减"，提质增效。通过有趣的实践活动提高学生的知识储备和处理问题的能力。这种综合实践活动大大调动了学生探究的欲望，学生不仅通过前期资料的收集与整理了解了长征中的革命故事，感受到了革命岁月的艰辛，并且在活动的实践中还提高了动手能力，做到了有效的学科间融合。活动前期对学生的指导应更具体、更深入，比如可以先带着学生了解中国地图、讲讲长征故事等一系列的活动，做一个系列的长线课程。

作者简介：

荆建平，本科学历，中小学二级教师，任教语文、综合实践活动学科，兼班主任工作。曾获虹桥学区"铸思政之魂育时代好少年"思政主题班会课二等奖。撰写的《争当节水小卫士主题活动设计》获省"十三五"教育教学科学规划课题一等奖。在日常教学中，不断探索高效、灵活的教学方法，联系生活，深入浅出。

《密电勇士》教学设计

杏花岭区新道街小学中车分校

柴吉文

一、教材分析

2021年是中国共产党成立100周年。百年波澜壮阔，百年光辉历程，中华民族从觉醒到站起来，成为雄立于世界东方的特色社会主义国家，是中国共产党带领全国人民不懈奋斗的成果。学习中国共产党的历史，了解党的基本知识，已成为广大中小学生求知领域中的热点。通过思政课的形式，使学生了解中国共产党的历史、明确中国共产党的奋斗目标，引导青少年从小听党话、跟党走，树立建设祖国的坚定信念，是全党、全社会关心的一件大事。

二、学情分析

2019年思政课堂开始在小学大力开展之后，学生开始有意识关注社会热点和时政问题，夯实了思想政治教育基础，激发了爱党爱国的热情。2021年又是中国共产党建党100周年，学校开展了丰富多样的党史教育活动。同学们通过思政课、班队会、升旗仪式、观英雄人物展、看红色影片以及各种丰富的红色校园文化活动，对党的历史脉络和丰功伟绩有了更多的了解，对党的建设和发展产生探究热情。但是，三年级的学生年龄较小，生活经验不足，党史知识底蕴相对匮乏，很多时候课堂带给学生的可能更多是知识层面的内容，简单的口号、浅层体验，无法真正达到深度共鸣，需要教师在党史教育课堂和学生学习活动中搭建一个支架，实现学生生活经验和党史教育"破壁"

的目的，让学生真正将了解党史深化成传承红色精神，树立建设祖国的伟大志向。

三、教学目标

1. 能通过课堂知识和实践体验，初步了解和接触密电，产生探究兴趣。

2. 能通过思政党史课堂，了解在党和祖国的建设发展过程中像孙彪同志一样奋斗在秘密战线的无名英雄的故事，学习他们艰苦奋斗、忠诚无悔，为了党和国家利益而战的奉献精神。

3. 能在红色故事的学习中，发扬红色传统，传承红色精神，树立建设祖国的伟大志向。

四、教学重难点

1. 教学重点

能在课堂活动中，通过破解和设计任务，初步了解和接触密电，感受革命前辈的奉献精神。

2. 教学难点

能在红色故事中，发扬红色传统，传承红色精神，树立热爱党和国家的意识。

五、教学方法与手段

运用多媒体课件、卡纸等辅助教学。

六、教学流程

（一）导入

讲讲红色故事。

师：今年是中国共产党成立100周年，让我们通过一段视频来简单了解党的发展历程。

（播放建党 100 周年 MV——《少年》）

师： 在百年奋斗中，正是无数共产党人艰苦奋斗、不忘初心，才有我们现在的和平与美好生活。

师： 如果一个人，因为工作能 4 年"足不出户"，那么，能猜出他究竟从事的是什么神秘职业吗？

师： 今天，我们就一起走近共和国密电守护人——孙彪，这位看似普通的"密电爷爷"，沉默的经历背后，是对党的忠诚与守护。

【设计意图】 思政教育对于小学生来说很容易流于表面的形式，出现学生嘴中有、心中无的问题。所以在课堂初始，要通过小故事、短视频这样的形式来进行情境化导入，把学生带入历史场景中，在故事中感受英雄人物身上的品质。

（二）活动任务一：初试牛刀

根据密码卡，找到九宫格中的"秘密"。

（三）活动任务二：**破解密码**

利用信封里的密码卡来帮助破解密码。

完成破解的小组将破解好的内容写在红色的任务单上。

将红色的任务单贴在黑板上。

活动时间 3 分钟。

【设计意图】 通过小组活动破解密码，将密电英雄的品质藏在游戏中，一方面激发学生的活动兴趣，另一方面让学生感受到有趣的密电背后，是一段沉重的历史，是革命先辈们一生的付出。

（四）活动任务三：精心设计

为"建党 100 周年"设计活动名称、密码，限定四个关键字。

选取手中的一张密码卡进行设计。

活动时间 3 分钟。

【设计意图】 通过上一个环节的破解任务，学生初步感受密电的设计，结合主题思政教育，引导学生自己进行密电的设计，进一步激发探究兴趣。

七、板书设计

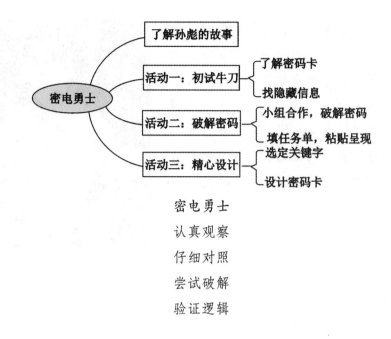

密电勇士

认真观察

仔细对照

尝试破解

验证逻辑

八、教学反思

对于三年级学生而言，如何将思政课真正落地，是值得思考的教学问题。在执教本课的过程中，我将红色精神渗透在活动中，试图引导学生通过活动体验，感受革命先辈们艰苦奋斗的奉献精神。整体来看，密电破解的环节设计是成功的，学生的探究兴趣浓厚，乐于参与，愿意了解更多的密电知识和这条秘密战线背后的英雄人物。但是，学生毕竟年龄有限，对于党史了解内容较少，在观看党的发展视频时产生的震撼大多基于好奇，而不是共鸣，如何搭建这样的一个支架仍然值得思考。

作者简介：

柴吉文，中共党员，杏花岭区新道街小学中车分校教师。山西省教学能手、太原市教学名师、太原市学科带头人、太原市教学标兵、太原市优秀教师、太原市师德标兵、杏花岭区导师团导师。多次参与各级各类课题并成功结题，所撰写的项目课程案例荣获山西省教育科学研究院一等奖。

《中国梦·我的梦》教学设计

杏花岭区建设北路小学校

马　婧

一、教材分析

习近平总书记将"中国梦"定义为"实现中华民族伟大复兴，就是中华民族近代以来最伟大的梦想"，并且表示这个梦"一定能实现"。随着这一著名论断的提出，"中国梦"就此成为热词，也成为人们议论的焦点话题。我们综合实践活动就是要引导学生学会捕捉这样的社会热点、时政热点，形成活动主题进行探究。

二、学情分析

五年级的学生已经掌握了一定的探究方法和处理信息的方法，但面对"中国梦"奋斗历程这样的大量资料时，学生处理起来还是很难入手的，不知该如何选择合适的方法来整理收集到的信息，提取、筛选和归纳信息均欠缺条理性。

三、教学目标

1．能明白什么是梦想及梦想的重要性。

2．能运用表格的方式处理信息，梳理"中国梦"在某一领域的奋斗历程。

3．能了解我国飞天梦的实现历程，感受祖国的日益强大，增强民族自豪感。

4．能了解"中国梦"的深刻内涵，把握"中国梦"与"我的梦"之间的联系。

四、教学重难点

1．教学重点

能运用表格方式处理信息，梳理飞天梦的实现历程。

2．教学难点

把握"中国梦"与"我的梦"的联系。

五、教学方法与手段

借助多媒体（课件）、资料卡、表格任务单来辅助教学。

六、教学过程

（一）我的梦

教师讲述自己的"教师梦"。

教师询问学生有什么梦想。

理想是梦想的基础，梦想是理想的彼岸，我们的梦想应该更大胆一些。

【设计意图】本环节以梦想为切入点，在教师自身故事的讲述与学生梦想的交流中，帮助学生明白什么是梦想，明白它与职业理想不同。

（二）飞天梦

1．感受梦想

观看视频：万户飞天的故事。万户的梦想是什么？他的梦想如何？

简要说出你知道的飞天大事。

出示中国飞天成就图片，大致领略我国航天史的发展历程。

飞天梦的实现是个漫长过程，我们找到的资料只是冰山一角。网上随手一搜就能找到2600多万条信息，这么多信息摆在我们面前，怎么办？

常规的写批注、做标记、做摘抄的方法并不适用，面对大量资料，需要一种新的方法——用表格处理信息。

【设计意图】通过观看视频、同伴交流、教师补充的方式，学生可感受到梦想的伟大以及我国"飞天梦"实现之不易。随即引发思考，面对收集到的大量资料，我们该选择怎样的方式来对信息加以处理？

2. 尝试提取

将万户的故事试着用简洁的语言概括。

我国飞天梦，几百年的历程，我们可以去研究它的历史、机构、重要人物等。所以要明确研究的内容是什么，然后根据目标选择适合的方法。对于飞天梦的发展历程而言，一目了然看过程，表格处理是个好办法。

抓住"时间、关键人物、主要事件、重大意义"四大要点来提取信息。（学生口头提取）

3. 分析梳理

自主探究：根据四大要点，对资料进行分类勾画、筛选取舍。（资料是教师提供的"飞天梦"实现历程的文字补充资料）

两生分享：谁的更符合筛选要求？勾画方式有什么值得借鉴的？

小组合作：组内说说各自所筛选到的信息，进行信息的取舍，并填写在小组活动表格中。（按时间顺序记录）

汇报表格信息。（相机指导整合信息的技巧）

用表格处理信息有什么优点？（简要、条理、清晰）对发展历程而言，这是种不错的方式。其他处理信息的方式，学生会在今后的活动中去学习。

【设计意图】处理信息的方式有很多，需要具体问题具体分析。本环节通过明确目标口头提取、自主探究勾画筛选和小组合作整理记录三环节，指导处理信息的方法。在一步步信息处理的过程中将大量的文字内容以表格的方式清晰呈现，帮助学生直观感受这种方式的优势所在。

（三）中国梦

看到这样一张表格，你有什么感受？

如今中国的强大，除了"飞天梦"的支撑，还需要哪些梦想？

正是这许许多多的梦想汇聚成了我们的——"中国梦"！接下来，可以利用不同的信息处理方法，选择与你梦想关联最大的一个领域去梳理它的实现历程，感受中国梦的力量。

习主席说："中国梦是国家的、民族的，也是每一个中国人的。"这么多的梦想需要谁来实现？（我们每一个人的努力）

【设计意图】"中国梦"凝聚了国人的梦想，也就是那一个个小小的"我的梦"，由此帮助学生理解"中国梦"和"我的梦"的联系。

（四）活动延伸：我的梦

通过资料查询、调查走访和职业体验等方式走进身边职业，了解该职业的准入条件、素质要求、发展前景、工作内容等。

运用思维导图梳理与自我梦想相关的职业信息。

根据个性特长、身体状况等，分析自己更适合哪一相关职业，并提出现阶段努力方向。

【设计意图】由"中国梦"落脚到"我的梦"，真实的任务驱动下帮助学生发现自己的职业梦想，尊重了学生的个体差异性。同时，学生对职业的认识从字面认读到向实践方向发展，最终形成对某一职业的具体认识，拉近了学生与梦想、与职业间的距离。

七、板书设计

中 国 梦·我 的 梦

用表格处理信息　　　{ 明确目标

（简要、条理、清晰）　 分类筛选

　　　　　　　　　　 整理记录

八、教学反思

本课我围绕"梦想"设计了三个板块：我的梦——飞天梦——中国梦，引导学生通过探究，感受到中国梦的实现要靠我们每一个梦想的支撑，要靠每一个中国人的努力付出。整堂课的设计要有梯度，逐步增加难度。在方法指导的过程中，三段文字信息在三个环节的信息处理中变成了简要、清晰的表格信息，孩子们直观地感受到这种处理方式的优势所在。

关于"中国梦"这一主题，我们可以继续做延伸，"中国梦"是一个国家、一个民族的梦想，它需要许多领域梦想的支撑，更需要每一个中国人个人梦想的托举，尤其是祖国未来的接班人。因此，在了解"中国梦"以及各领域梦想实现历程的基础上，可架构起学生个人梦想与国家梦想的联系，将梦想落脚到未来的职业选择上。这一过程中，学生将走出课本，融入生活，认识职业、体验职业并规划未来职业，这也真正将梦想落入现实、付诸行动。

作者简介：

马婧，中共党员，山西省义务教育阶段学科建设工作指导组成员，任教于太原市杏花岭区建设北路小学校。她荣获"太原市学科带头人""太原市教学标兵""太原市骨干教师""太原市职业能手""太原市教学能手"等称号，荣记太原市个人二等功两次、杏花岭区个人一等功一次。她曾获得全国综合实践现场说课大赛一等奖，"一师一课，一课一名师"省级优课、市级优课等荣誉。

实践篇（价值观教育类）

《家乡物产养育我》教学设计

杏花岭区东华门小学校

李　敏

一、教材分析

本课内容是义务教育教科书道德与法治学科二年级上册第四单元第十四课《我们生活的地方》。它与第十三课《我爱家乡山和水》、第十五课《可亲可敬的家乡人》、第十六课《家乡新变化》共同组成第四单元的内容。本单元在学生了解了经常出入的公共场所的基础上，带领学生进一步扩大生活空间，进入"我们生活的地方"，即家乡这一社会空间。这是本套教材第一次把学生带入家乡这一社会空间，也是本套教材家乡主题的第一次学习。本单元重点让学生感受家乡的山水风景、家乡的物产与人们的生活，促进学生对家乡生活的悦纳与责任。

本单元的内容依据课程标准"我们的社区生活"第2条"了解本地区的自然环境和经济特点及其与人们生活的关系；感受本地区的变化和发展；了解对本地区发展有贡献、有影响的人物，萌发对家乡的热爱之情"编写。本课是在第十三课教学基础上的深化，从自然风貌导入物与人的结合，通过呈现浓厚地方特色的物产，如乐器、手工制品、小吃等，展现了地域风格以及凝聚的家乡历史与家乡人的智慧，为第十五课和第十六课的学习打下基础。

本课教学内容分为两部分，分别是"我的家乡产什么"和"家乡物产惹人爱"。这些内容两课时完成。第一课时引导学生结合生活实际，调查发现家乡的物产，激起学生对家乡物产的丰富与家乡富饶的感受。同时带领学生深入了解几种家乡物产，从特点、制作方法、用途、令人骄傲的地方等方面，来感受家乡的物产与自然环境、当地经济发展，感受家乡人的勤劳智慧，从而激起学生对家乡物产的喜爱之情，萌发热爱家乡、为家乡自豪的情感。第二课时组织召开家乡物产博览会，引导学生把自主探究的成果展示出来，介绍家乡物产是怎么来的，有哪些用途，自己使用它的感受，关于它的传说故事等，以"千人糕"的事例深入感受家乡物产倾注了许多人的勤劳和智慧，体悟到家乡物产对自己的滋养，加深对家乡物产的热爱之情，增强热爱家乡、为家乡自豪的情感。

教材只是个范例，对于教师而言，实施本课的教学要充分挖掘本地教学资源，结合生活实际选择我们家乡——山西的代表性物产，引导学生开展调查、探究，完成教材既定的任务。

本课内容的育人价值在于家乡物产不仅停留在"物"的层面，更要引导学生感受它的"生命"。家乡物产是家乡独特的自然环境和家乡人勤劳、智慧的结晶，是滋养一代代家乡人幸福生活的根本。通过对此内容的学习，来帮助学生建立对家乡的归属感，产生对家乡的热爱之情。爱家乡是爱家的延伸、爱国的前提，是教材循序渐进地对学生进行"家国情怀"教育的基本内容。挖掘本课教学内容的内涵，会发现家乡的物产在我们伟大的中国共产党领导人民革命、建设的历程中发挥了巨大的作用，把物产的价值放到党史背景中，让学生更深层次地了解家乡物产，学习党史，丰富知识，开阔视野，产生爱党、敬党之情，让道德与法治学科的教学更好地发挥思政教育功能，落实立德树人根本任务。

二、学情分析

学生的年龄特点：二年级的学生年龄较小，活泼好动，好奇心强，善于模仿。他们具有强烈的表演欲望，课堂纪律性不强，有意注意时间较短。他们的思维方式主要是形象思维，查找资料和自主学习能力不强，缺少主动的情感体验。

学生已有的认知水平：学生已经在前一课的学习中明晰了"家乡"的概念，对于家乡自然环境的美和代表性的名胜古迹有了初步了解。对于家乡物产，学生在生活中会有所接触，可是对于这一名称和概念不熟悉。他们感受最深的应该是餐桌上的物产。受生活经历和认知水平的限制，他们对于家乡物产的多样性和特点、用途知之甚少，对于家乡物产的可爱之处缺少情感体验。

学生学习困难的预测：尽管课前布置学生按照教材中的调查表格对家乡物产进行调查，但是学生的调查方式会比较局限。学生对于家乡物产的特点、用途、作用等了解较少，对于物产与自己生活的关系、与家乡自然环境、经济发展的关系、与家乡人勤劳智慧的关系，在体悟上存在很大的困难，对于家乡物产在中国共产党领导人民革命、建设的历程中发挥的巨大作用，更是感悟的难点。

三、教学目标

1. 在猜谜游戏活动中引导学生从物产的角度认识家乡，从中感受物产与家乡的关系，深化对家乡的认同感。

2. 运用已有经验，通过观察、比较、交流等方法，体悟家乡物产所蕴含的独特乡土文化和家乡人的勤劳与智慧，为自己是家乡人而感到自豪，增强对家乡的热爱之情。

3. 在感受家乡物产丰富的同时，产生进一步了解家乡物产的兴趣，树立建设家乡的美好意愿，培养家国情怀。

四、教学重难点

1. 教学重点

通过了解丰富的家乡物产及具有代表性的家乡物产，感悟家乡文化，感受物产与家乡的关系，深化对家乡的认同感、自豪感。

2. 教学难点

体悟家乡物产所蕴含的独特乡土文化和家乡人的勤劳与智慧，为自己是家乡人而感到自豪，增强对家乡的热爱之情，培养家国情怀。

五、教学方法与手段

通过创设情境、实操体验，运用观察、比较、交流等方法来进行教学。

六、教学流程

（一）图像猜谜，导入新课

师：同学们，你们喜欢玩猜谜游戏吗？这儿有几位小朋友，想请大家来猜谜。你们愿意吗？请大家看屏幕上的图片，猜猜他们的家乡在哪里。

播放图片，学生猜谜。

（前两个小朋友的家乡分别在：北京、上海）

师生一起观看视频，学生猜谜。

师：第三位小朋友的家乡就在山西，和我们是老乡。这就是我们的家乡——山西（贴地图），这里山美水美，物产丰富。这节课，就让我们一起了解家乡的物产，学习《家乡物产养育我》（板书课题）。

【设计意图】用学生最喜欢的猜谜活动来激发他们的学习兴趣，进而调动已有经验，通过观察各地代表性建筑感受祖国风貌，引出本节课交流的范围——家乡。播放山西风光的视频，在领略山西美景的同时，走进自己的家乡，从自然风光、名胜古迹中感受家乡，初生热爱家乡之情感。通过老师的语言引导，由家乡景观过渡到家乡物产，自然而然地引出本节课的学习内容——家乡物产。

（二）比画猜谜，认识家乡最具代表性物产

1. 同学们，你们都有8岁了吧！从出生到现在，家乡的物产一直在为我们提供生活的所需，养育我们健康成长。谁来说说家乡的物产都有哪些？（根据学生回答，贴物产图片）

2. 你们知道的家乡的物产可真不少。接下来，继续进行猜谜游戏，一起走近我们的家乡物产。

3. 说到咱们家乡山西的物产，就不能不说它。瞧，它来了！（出示谜语）本来一大片，变成条条线，是线不做衣，碗里常常见。（谜底：面条）

4. 对于面条，大家是不是特别熟悉？从和面、揉面、饧面，再到具体制作，说一说家里人常做什么面条吃。

我们以6人小组为单位，玩个"你来比画，我来猜"的游戏。小组同学依次做动作来比画家里人做面时的动作，其他同学猜是哪种面，不会比画的可以喊"过"。时间2分钟，看谁比画得最形象，推选他在全班展示。

5．同学们比画猜谜，玩得不亦乐乎。现在到了推荐环节，被推荐的同学到讲台上，把要比画的面的图片交给老师，然后进行比画，台下的同学一起来猜。

预设：猫耳朵、拉面、揪片、刀削面、剔尖。

这面条好吃吗？我们山西人，就是爱吃面。有些家里常做的面条可能不容易比画，我们也来说一说。

预设：手擀面、柳叶面、擦疙斗、河捞面、焖面、拨烂子……

看我们山西人，真是了不起！不仅爱吃面，家家户户还都会做面条，几十种，不在话下。做面、吃面，是我们生活必不可少的一部分。

6．有些面条可能做起来比较复杂，平时家里人工作忙顾不上做，咱就到大街小巷的饭店去吃。你还吃过哪些咱们山西的面条？

预设：剪刀面、扯面、抿尖、油泼面、包皮面、栲栳栳、大同勾刀面、清徐沾片子、长治烩面……

7．老师搜集了一些山西面的图片，吃过的一起说出名称来。（播放视频）面在咱山西人手里，就和变魔术一样，光这面条的做法就有上百种。不仅做法多，吃法也很多！可以拌着吃，叫拌汤；带汤吃，叫汤面；炝一下锅，叫炝锅面；撒好葱、蒜、咸盐，热油一泼，叫油泼面；可以炒着吃，用肉炒，叫肉炒面；用鸡蛋炒，叫蛋炒面；用苗子白炒，叫素炒面。同样一碗面，配上不同的调和，就有不同的味道。浇上小炒肉，是浇肉面；配上卤肉、鸡蛋，是卤肉面；放上西红柿调和，是西红柿面；放上烩菜，是烩菜面；配上鸡肉丝，是鸡丝面……真是一面百样，一面百吃，一面百味！

8．我们山西人不仅把面粉做成面条吃，还做成各种面饼、面点。你知道的有哪些？

预设：烙饼、油酥饼、锅魁、窝窝、碗托、太谷饼、孟封饼、花卷……

9．说了这么多家乡的面食，五花八门、品种繁多、色香味俱全，是不是馋得都快流出口水来了？想想，咱们每天都能吃到这么多种好吃的面食，多么幸福啊！此刻，你想说些什么？

10．面不是什么稀罕的东西，全国各地都有。为什么山西人这么会做面，能做出那么多种类？

预设1：我们山西人特别聪明、能干。

预设2：我们山西人很勤劳，不怕辛苦。

是这样的，勤劳、智慧的山西人，靠着做面的手艺不仅让自己吃得饱、吃得好，还靠它挣钱养家，是家乡的物产养育了我们！

【设计意图】 文字猜谜活动，引出家乡山西人最爱吃的面条。通过"我来比画，你来猜"的动作猜谜，挖掘学生的生活资源，还原学生的生活场景，在愉悦的生活气息中认识家乡物产。由面条到面饼、面点，再到面食的深入交流，让学生自然而然地感受到家乡山西的面食种类多、味道好、作用大，体悟到家乡物产对家乡人的养育之恩，产生对家乡的热爱之情。

（三）辨别猜谜，深化对家乡的认同感

1．咱山西人的一日三餐少不了面食，更少不了它。它是我们山西人的最爱。它是什么呢？

预设：山西老陈醋。

2．没错。请大家来猜一猜，这四个瓶子里哪瓶装着咱们山西老陈醋。（出示实物，请一名学生到讲台上，把观察到的结果大声告诉大家）

3．引导学生在观察猜谜的过程中，总结出山西老陈醋的特点：颜色是酱红色，也可以说是深棕色；没有气泡，没有沉淀物；闻起来酸酸的，挺香；尝一尝，口感绵绵的，有点淡淡的甜味。

4．山西老陈醋以色、香、醇、浓、酸五大特征著称于世。咱们山西人什么时候用老陈醋？

预设1：吃馄饨、丸子汤要倒老陈醋。

预设2：吃包子、饺子要蘸老陈醋。

预设3：炒菜、炖肉要放老陈醋。

5．咱山西流传着一句民谚："家有二两醋，不用去药铺。"你知道什么意

思吗？你还知道老陈醋有什么功效吗？（出示展示功效的课件）

6．咱们山西老陈醋有3000多年的历史，含有18种氨基酸，远远高于其他品牌的醋，还含有多种维生素，被誉为"天下第一醋"。你们知道为什么山西老陈醋有这么多神奇的功效吗？

7．这和它精选的原料和独特的酿制工艺分不开。有些外地人说，我们也用山西的原料、按照这个酿制工艺来做，怎么酿出的老陈醋就和山西老陈醋不一样呢？

8．一方水土养一方人。酿醋如酿酒，得用好水。咱山西老陈醋的酿制，用的是管涔山流下来的汾河水，这是不可多得的优良水体，是其他地区没有办法仿制的。这就是我们的特产，我们家乡独有的。

【设计意图】通过辨别猜谜的活动，激活学生已有经验，在观察、比较、描述、交流中加深对家乡代表性物产——老陈醋的了解，深入感受其特征、功效，体悟"一方水土养一方人"。家乡的物产是家乡人勤劳、智慧的结晶，是独特乡土文化的传承，深化对家乡的认同感，进一步提升学生热爱家乡的情感。

（四）触摸猜谜，感恩家乡的馈赠

1．我们的猜谜活动继续进行。这次，不让看，要猜的东西藏在宝箱里。你可以用手摸，向大家描述你的感受，然后大家猜。（请一生摸）

预设：学生描述硬硬的、形状不规则、像石头……

2．猜对了吗？揭晓答案：煤炭。见过煤炭吗？在哪儿见过？（出示图片）我们用煤炭做饭，取暖，发电，冶炼钢铁，制作水泥、玻璃、砖、瓦等。它被誉为"黑色的金子"、工业的食粮，是我们生活中的主要能源之一。

3．山西是全国最大的煤炭生产地，被称为"煤乡"。在我们山西的地下，70%的区域都有煤炭。我们负责全国各地的煤炭供应，外国也有很多国家购买我们的煤炭。靠着煤炭产业的收入，我们山西人过着富裕的生活。这都源于家乡的馈赠。

此刻，你想对家乡说些什么？

虽然煤炭作用非常大，但是它在燃烧时会产生空气污染。所以现在我们家乡转型发展，大力发展绿色经济。

【设计意图】在"宝箱"里触摸猜谜，让学生更多地认识家乡的物产，明白家乡物产的形成与家乡独特的地理位置和自然条件有关，充分感受家乡物产的独特性，产生作为家乡人的自豪感，不断提升热爱家乡的情感，内心升腾起对家乡馈赠的感恩之情。

（五）升华情感，培养家国情怀

1. 习近平爷爷来我们家乡后，还夸过我们家乡的物产呢，你们知道吗？（出示图片）简单介绍"致富花"。

2. 咱家乡山西的物产不仅丰富，而且作用大。我们都情不自禁地想去夸赞它、歌唱它。

一首好听的歌曲《夸土产》，最能代表我们的心声。（播放歌曲《夸土产》）让我们跟着音乐一起唱起来吧！

3. 这丰富的家乡物产就在我们的身边，餐桌上、市场里、路边的店铺里、超市里……在我们每天的生活中，养育我们一代代山西人过着幸福的日子。希望同学们带着习爷爷的嘱托和希望，在享受家乡物产的同时，好好学习，努力让家乡物产发挥更大的作用。

【设计意图】在交流中拓宽学生的视野，加深对家乡物产的了解，产生进一步了解家乡物产的兴趣。让学生充分感受到家乡物产的丰富，并把内心激荡的对家乡的热爱之情通过歌曲表达出来，让浓浓的家乡情成为培植学生家国情怀的根基。

七、板书设计

家乡物产养育我

八、教学反思

在本课的教学中我创造性地使用教材，努力把教材中体现的教学任务用最贴近学生、有利于学生参与的方式进行落实。在选择教学内容方面，我下了大力气。家乡山西的物产有很多，怎样有点有面、有详有略、深入浅出地激发学生对家乡物产的探究愿望并了解物产与家乡的关系，有效完成育人价值是我的备课难点。在进行了大量的资料查询、反复地研究学情之后，在备课组老师的集体研讨下，我们把教学时重点探讨的家乡物产定为面食、老陈醋、枣和煤炭。经过课堂实践，觉得内容有些多，一节课的时间不能完成后面的教学预设。于是我又在班上试讲，把环节精简，考虑留枣的教学内容还是煤炭的教学内容。后来，考虑到思政教育的目标，我又不断地寻找、尝试用能更好体现内涵的家乡物产。最终，备课组教师一致确定了最后一个探究的物产是煤炭。三种物产的深入探究，要完成不同的目标，体现物产与家乡关系的不同方面。有了明确的目标、精准的定位，再不断探寻最适合的方法，把控好教学时间……我在备课组老师的帮助下，为达到最优的教学效果，努力实践着。在多次研磨中，我对本课的教学有了更深的体悟。

一是，依托生活，注重体验。

道德与法治课程注重学生生活的价值。只有贴近他们生活的内容，才能更好地调动学生参与的积极性；只有依托于生活，学生才有经验可循、有体验可讲、有兴趣可学。本课教学所确定的主要内容，面食、老陈醋、煤炭，都是学生日常生活容易接触到的，最熟悉的家乡物产。提到它们，学生会情不自禁地调动已有经验、挖掘真实体验，兴致勃勃地把亲身经历与师生分享。学习有了主动性，课堂有了共鸣点，学生自然站到了课堂中央，成了学习的主人。

二是，精巧设计，寓教于乐。

活动是道德与法治课的核心。形式多样的活动就像厨师选用的烹饪方法，赋予食物不同的味道。在各种活动中，游戏无疑是学生的最爱。本课用猜谜游戏贯穿教学的始终。图片猜谜、视频猜谜、比画猜谜、辨别猜谜、触摸猜谜、听歌猜谜，是开场，是过渡，巧妙地把家乡环境、家乡物产的特点呈现了出来，生生互动，深层合作，寓教于乐，让学生在玩中学习、玩中体验、玩中提升。

三是整合资源，充实情感。

激发学生的情感是道德与法治学科的教学难点。通过具体的事物，挖掘其内在价值，尤其挖掘与学生生活的关系，让学生的情感在真实的感知与层层深入的体悟中不断充实，逐渐升华，这是本课的亮点。课上没有直白的讲述，有的是交流、采访、资料补充、故事讲述、嘉宾分享，充分利用并整合身边的资源，激活学生的体验，通达学生的心灵，让学生动手、动脑、动情。

作者简介：

李敏，中共党员，杏花岭区东华门小学校教师，山西省模范教师，山西省"三晋英才"支持计划青年优秀人才，山西省教学能手，山西省教科研先进个人，太原市优秀少先队中队辅导员、优秀班主任、学科带头人，杏花岭区优秀德育课教师。在加入"苏秀荣名师工作室"期间，她不断提升专业素养，总结、分享教学经验，进行道德与法治学科的课

题研究，做好师徒结对帮扶工作，用一颗质朴的爱心默默奉献于三尺讲台，以实际行动探索出一条新一代学者型教师的成长之路。

《传统游戏我会玩》教学设计

杏花岭区小东门小学校

程雅君

一、课标要求与教材分析

本课依据课程标准"动手动脑、有创意地生活"中的第5条"能积极地出主意、想办法来扩展游戏或推进活动"和第6条"学习用观察、比较、调查等方法进行简单的生活和社会探究活动"而编写的。游戏，是孩子们最基本、最喜爱的活动，而传统游戏因其特有的文化性和时代性，更是开阔了学生多元文化视野，引导学生初识文化差异的途径。本课分为两课时内容，第一课时"传统游戏知多少"意在引导学生通过小调查的方式实现对传统游戏的了解，感知文化的传承；第二课时"看看他们怎么玩"，旨在以泰国的椰壳鞋游戏为范例，从"有创意地玩"的角度，倡导学生开发属于自己的创意游戏。

二、学情分析

二年级的学生，学习之余最大的快乐就是"玩"。玩什么、怎么玩成了我们的学生面临的问题。仔细观察校园，传统游戏的身影难以寻觅。传统游戏的淡出不仅是乐趣的丢失，更是传统文化的缺失。

三、教学目标

1. 通过多媒体，学生了解传统游戏的玩法，学会玩一些传统游戏。

2. 加深学生对传统文化的了解，引导其体会由传统游戏带来的乐趣。

3. 对传统游戏产生兴趣，愿意在生活中玩一些传统游戏。养成爱玩传统游戏的习惯，培养合作意识和创新精神，增进民族自豪感。

四、教学重难点

1. 教学重点

尝试并了解一些传统游戏。

2. 教学难点

学生感受传统游戏的趣味性，初步了解游戏的文化性和社会性。

五、教学方法与手段

通过创设情境、师生讨论、学生做游戏来体验等方式进行教学。

六、教学流程

课前谈话：

师： 你们平常最喜欢玩什么游戏？（真是丰富多彩）

师： 我像你们这么大的时候，最喜欢玩"东南西北"游戏。

师生共玩传统游戏，之后进入新课教学。

【设计意图】 本环节设计旨在提高学生的注意力，活跃课堂气氛，破除师生间的距离感。

（一）游戏导入，激发兴趣

"击鼓传花"，分享课前调查结果。

（1）请学生说"击鼓传花"的规则。

（2）边玩"击鼓传花"，边分享课前调查结果。

【设计意图】 本游戏环节旨在于玩中调动学生课前已有知识，实现对传统游戏的了解，激发学生的表达欲望。

（二）传统游戏知多少

1. 那你们玩过这个游戏吗？（PPT：老鹰捉小鸡图片）

2. 揭题：你们喜欢玩，我们喜欢玩，祖父辈们也喜欢玩，一代一代传下来的游戏，我们就称为"传统游戏"。（板书：传统游戏）

3. 传统游戏有很多，下面一起来看看程老师小时候爱玩的游戏。（PPT出示图片）

小结：游戏，是童年的印证。

【设计意图】本环节的设计旨在为学生明晰"传统游戏"的概念，并帮助学生拓宽思路，了解到更多的传统游戏。

（三）传统游戏我体验

1. 翻花绳的乐趣

（1）师示范，生感受传统游戏的乐趣。

（2）小小的绳子，不仅能给我们带来快乐，它背后还有故事。（播放视频）

小结：每一个传统游戏背后都有一个属于它的故事，而这些故事其实就是中国文化的体现。（板书：文化）

2. 传统游戏百宝箱

（1）今天，老师带来了好多传统游戏，想不想知道有哪些？

（2）教授"挑小棍"玩法。（播放视频）

（3）组长上台随机抽签，小组合作玩传统游戏。（师巡视、辅导、参与）

【设计意图】本环节的设计，不仅培养学生动手动脑、敢于说出自己见解的能力，也通过学生间的团结合作，领悟推理，激发他们对"游戏—文化"两者更深层次的探究。

（四）传统游戏我来夸

1. 看大家对游戏恋恋不舍，谁愿意和我们分享一下你的游戏心得？（生畅所欲言）

（1）泥塑（图片：冰墩墩）

小结：小游戏，用心玩，玩出大名堂。

（2）鸡毛毽

毽子作为户外运动距今已有2000多年的历史，它深受人们的喜爱不仅是因为其历史悠久，更是因为其可以强身健体。（板书：健体）

户外运动项目有很多，我们要多多到户外运动，增强体质。

（3）七巧板

独乐乐不如众乐乐，师生一起玩"七巧板"。

（PPT出示图片，生一起挑战）

第一张图片：有色拼好的一棵树

第二张图片：无色画虚线的小船

第三张图片：暗影大公鸡

小结：小小的七块板，融入了我们老祖先的智慧，让你想去挑战它，这就是它的魅力。（板书：智慧）七巧板还可以拼成各种各样的图形。

【设计意图】通过本环节的设计，希望学生可以在沉浸式体验中感知传统游戏的优势——它是中国人智慧的结晶，是我们多代人的童年快乐，是趣味性、人文性的有机结合。

（五）传统游戏我传承

传统游戏，不仅有室内的、室外的，还有益智、语言……种类非常多。（播放PPT）

1．难怪越来越多的外国人也喜欢我们的传统游戏。

2．越来越多的外国人喜欢我们中国的文化。

3．小小的游戏登上国际的舞台，成为中外友谊的象征。

4．齐诵拍手儿歌。

小结：小游戏，大文化，齐玩耍，美名扬。让我们一起大手牵小手，传承传统游戏的美好，弘扬传统文化的魅力。

【设计意图】本环节旨在竭力让传统与现代、游戏与文化两者完美融合。引导学生系好人生的第一粒纽扣，激发他们的爱国情结和民族自豪感，做好祖国文化的发声者和传承人。

七、板书设计

传统游戏我会玩

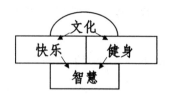

八、教学反思

《传统游戏我会玩》是部编版二年级下册第二单元的内容。我结合本单元的主题"动手动脑，有创意地生活"，依照二年级学生"爱玩"的天性，以传统游戏贯以始终。我今天教学的是第一课时，目的是扩展学生视野，了解传统游戏的种类和玩法的同时，感知中国传统文化传承。为了挖掘更多的传统游戏，我安排学生在课前对长辈进行了采访和调查，而自己则收集并整理了大量有关传统游戏的音频、视频和幻灯片。在整个教学过程中，我有意识地将传统游戏与学生的积极性融合在一起；努力让这节课充满趣味的同时，更充满"思政味"；在极力呈现课堂结构层次性的同时，不忘培养孩子竞争、合作、守规则等良好品质。

课后我仔细观看了本节课的录像视频，虽然目标基本达成，但针对出现的不足还是进行了如下三点反思：

第一，时刻叩响游戏安全问题。现如今钢筋水泥的棱棱角角充斥在我们周围，学生们的安全问题因此显得尤为重要。"挑小棍"游戏其实就很危险，小棒两头细细尖尖的，学生们稍微玩得过头推搡一下就会发生不堪设想的后果。另外，传统游戏中的"顶拐拐""弹玻璃蛋""骑马打仗"……都属于高危游戏，隐患重重。而我目光过浅，只关注到这节课要呈现的精彩，却忽略了课后学生作为传统游戏的体验传播者在实践中的安全问题。谨记：没有安全地玩耍，何谈痛快地游戏。

第二，利落精练的语言考验的是一个教师的职业基本功。我的这节课，除了语言过于随意外，最大的问题就是琐碎。学生说一句，我就跟一句，学生玩一样，我就补一句，我的声音让整节课一直处在"亢奋"中，没有留给学生片刻思考时间。古语曰：静能生慧，而我的"喋喋不休"让原本是课堂主角的学生黯然失色。

第三，中国传统游戏快乐童心，中国传统文化浸润童年。传统游戏是传统文化的一部分，重拾快乐游戏的同时，引导学生系好人生的第一粒纽扣，激发他们的爱国情结尤为重要。我应该在课堂结尾设计一个游戏文化拓展延伸，让学生们课后有意识地关注传统游戏、关注传统文化、关注时事政治、关注中国的崛起和发展。

立德树人，做好学生的引路人。我们道德与法治学科教师，任重而道远！

教师简介：

程雅君，2009 年毕业于太原师范学院，大学本科，教育学学士学位，2011年至今执教于杏花岭区小东门小学，现为中小学二级教师。

2009 年 7 月在省级刊物发表论文 1 篇，2012 年 6 月获校级"优秀辅导员"称号，2018 年 3 月获区级"中小学班主任综合素养提升工程"优秀学员称号，2018 年 12 月获省级"十三五教育科学规划课题优秀成果评选活动"二等奖，2019 年 4 月获太原市学科竞赛特等奖，2019 年 4 月获太原市小学道德与法治第七届"精致课堂"大赛一等奖，2019 年 5月获杏花岭区"教学能手"称号，2020 年 10 月获山西省委宣传部"寻味书香，拥抱小康"征文活动指导二等奖。

《灿若繁星的古代科技巨人》教学设计

杏花岭区坝陵桥小学校

张云慧

一、说教材

1. 教材分析

本课是五年级道德与法治教材中第四单元《傲人祖先　灿烂文化》第二课中的第一课时，教材中讲述了张衡、祖冲之、李时珍的故事。学生通过阅读这些小故事，感受到古代科技巨人们所具有的精神品质，增强自身对祖国文化的认同感，从而为祖国灿烂的文化而自豪。

2. 教学目标

学生进一步了解在中华文明的悠久历史上，中国古代科技影响大，众多伟大科学家在不同领域取得了当时领先世界的科技成就。

学生感受古代科学家的勤于思考、脚踏实地、持之以恒、亲身实践、勇于创新、不拘泥于现状等优秀品质。

思考自己在心里树立一个怎样的奋斗目标；怎样做才能实现这个目标。

学生知道古代科技巨人的事迹和了解古代科技史的基本常识，有助于学生建立民族文化认同感，培养学生的民族自信心、自豪感和对祖国科技文化遗产的珍爱之情。学生感受古代科技的辉煌灿烂，树立强烈的民族自豪感。

3. 教学重难点

（1）教学重点

感受古代科技巨人的勤于思考、脚踏实地、持之以恒、亲身实践、勇于创新、不拘泥于现状等优秀品质。

（2）教学难点

感受古代科技的辉煌灿烂，建立民族文化认同感，树立强烈的民族自豪感。

4. 传统文化教学资源

《本草纲目》、中国历代中医名人、鲁班锁、榫卯结构介绍视频、山西应县木塔、山西悬空寺、晋祠圣母殿、北京天坛祈年殿。

二、说学情

五年级学生已能够自主阅读小故事，对于古代科技伟人所具备的优秀品质能够了解，但是搜集的相关资料过于庞杂，不能有重点地进行选取，在本次学习过程中，引导学生能够学会选取有效的关键语句。

三、说教学过程

（一）导入新课

1. 屏幕出示星空图导入

师：同学们，你们有什么爱好呢？

（点名回答）

师：张老师也有一个爱好——每当夜幕降临，我最喜欢仰望夜空，欣赏漫天璀璨的繁星。在古代，有一个小孩子也有这样的爱好。你们知道他是谁吗？

（生答略）

这个小孩子喜欢数星星，他长大后刻苦钻研天文，成了著名的天文学家。他就是东汉的张衡。

这点点群星中，有一颗闪亮的星星就是以张衡的名字命名的，叫"张衡星"。

（贴张衡星）

师：用自己的名字为星星命名，同学们，你们认为什么样的人才能获得如此大的殊荣呢？

（生答略）

【设计意图】以"爱好"引入话题，能够拉近教材与学生的距离，激发学生了解我国古代科学家的兴趣。

2. 过渡，板书

师：在各个领域做出巨大贡献的人，他们的名字才能被命名为星星的名字。就像张衡这样的人，我们就称他们为"科技巨人"。

（板书：科技巨人）

师：在我国古代，这样的科技巨人就如满天的繁星一样多。今天，我们走近这些灿若繁星的古代科技巨人，了解他们的光辉业绩，感受他们非凡的科学精神。

（板书：灿若繁星的古代科技巨人）

（二）教学活动

1. 谈张衡

师（提问）：刚刚我们只说到了张衡长大后成了一名天文学家，你们都了解他有哪些成就吗？

学生起立，谈自己查资料所得。

师：听了你讲的故事，我们知道了，在当时，地动仪的灵敏度已经相当高了。

师：同学们还知道张衡在其他方面的贡献吗？

（学生介绍）

师：张衡到底有多少成就？我们一起看看他的自我介绍吧！

（播放"张衡成就快闪"）

【设计意图】张衡的成就不仅多，而且都具有开先河的历史意义，让学生通过"快闪"的短片方式了解张衡的成就，不仅能够省去很多时间，还起到了汇总学生查找资料的作用，并且给学生一种视觉冲击感，让学生深刻地感受到张衡确实是一位科技巨人。在最后呈现的我国历代天文科学家和航天事业成就，是要学生领会科学精神的重要性。

师：了解了张衡这么多成就，此时此刻你们想说什么？

（学生谈想法）

师（评价）：是的，老师可以告诉你。在月球背面还有一座"张衡环形山"，这一星一山都以张衡的名字命名，就是为了纪念张衡在天文学方面为人类、为世界做出的巨大贡献。

翻开我国天文学史册，张衡是我国第一个提出"天体的运行是有规律的"的科学家。他对天空的热爱与探索，使得他在天文学方面取得了巨大的成就，为后代打开了对天空的新认知。他对天文的这份执着的热爱与不懈的探索精神穿越了古今，照亮了之后一代又一代科学家们前进的方向。我国当代的科学家们沿着前人的天文成就，迈着坚定的探索步伐，在天文方面又有新的研究和突破，甚至领先世界水平。

（出示天文成就时间轴）

1970年，我国第一颗卫星"东方红一号"顺利升空，这是我国的天眼。张衡以及众多天文学家对科学的执着与热爱、不懈的探索与研究，都值得我们在赞颂中铭记，在敬仰中传承，请大家倾听这段写给张衡的科技巨人颁奖词。

（有情景感代入）

颁奖词：追星，是他一生炽热的追求；尽自己所学，化世间万物之谜。"如此全面发展之人物，在世界史中亦所罕见，万祀千龄，令人景仰。"

师：哪位同学愿意将"张衡星"悬挂在这灿烂的星空呢？

（一位学生上台张贴"张衡之星"）

2.了解其他科技巨人

师：我们了解了张衡这些无人可比的耀眼成就。你们还知道哪些科技巨人的小故事？这些科技巨人有什么了不起的成就呢？谁来说一说？

（1）了解李时珍

预设一：

师：你们知道《本草纲目》中收录的第一味草药是什么吗？答案就是刚才老师送给一些同学的小礼物。谁知道它是什么？

预设二：

师：刚才，老师送给几位同学一个小礼物，你们知道这是什么吗？老师告诉你，它叫"金银花"。

A．老师有时用金银花泡水喝，请这位同学尝一尝，味道如何？

B．老师告诉你，现在是秋天，天干物燥，人就容易上火。金银花泡水喝有下火的功效。你可以带回家亲自泡水，给爸爸妈妈喝，对身体有好处。

C．前两天，老师嗓子很不舒服，就买了一味中药，请一位同学帮大家念一念这味药的主要成分。

（学生朗读药品成分）

D．在许多的治病药方中，金银花都是主要成分，就是因为它有清热下火的药效。你们知道是谁将这味草药的药性明确记载下来，并且流传至今吗？（生答李时珍）

预设三：

李时珍最著名的著作是什么呢？谁来和我们分享一下相关资料？金银花是李时珍记载入《本草纲目》的第一种草药。

E．这位富有求实精神的医药家，为了鉴定金银花的药性功效，是怎么做的呢？

教师出示资料卡。

师：谁来读读？

李时珍不怕山高路远，不怕严寒酷暑，走遍了产药的名山，他有时几天不下山，饿了吃些干粮，天黑了，就在山上过夜。

【设计意图】以"金银花"为切入点，是为了激发学生的学习热情，同时也是基于学生的生活经验；并且能够让学生领悟到李时珍的《本草纲目》是与自己的生活息息相关的。"阅读卡"的设计，就是帮助学生清晰感受李时珍编撰《本草纲目》的不容易以及他身上难能可贵的科学精神。

F．李时珍为了鉴定一种草药的药性，就不畏艰辛走遍产地，而他在《本草纲目》中收录了一千多种药材，他又是如何做的呢？谁来接着读。

（许多药材李时珍都亲口品尝，判断药性和药效。他走了上万里路，访问了千百个医生、老农、渔民和猎人，向他们学到了许多书本上没有的知识）

G．李时珍收集草药种类之多，访问药方之繁杂，非一般人所能做到。他编写《本草纲目》极其不易。大家一起读："李时珍花了整整27年，终于编写成了一部新的药物书，就是著名的《本草纲目》。"

H．看到这段资料，你有何感受，可以和我们大家说一说！

（学生交流感受）

评价语：李时珍为了金银花这一种药材，不畏艰辛，历经千辛万苦，亲自采摘、品尝和鉴定。他在《本草纲目》中收录了一千多种药材，这一千多种药材，都是李时珍走遍产药名山，亲自采摘、品尝和鉴定药性的。

师：同学们，你们当中谁是因为生病，喝中药治愈的？

（生答略）

师：有这么多人都喝过中药啊？

师：老师也喝过中药，调理身体。你们知道吗？我们喝过的中药药方大多来自《本草纲目》。我们都是李时珍医药研究的受益人。

师：让我们怀着感恩的心把这段科技巨人颁奖词送给"医药圣祖"李时珍。

颁奖词：

你跨越千山万水，你访遍各界人士，你尝遍山间百草，只为成就一部医药巨著！上下求索，一心寻真理；甘愿献身，为民谋福利！深蓝夜空中，你是一颗永恒的星！

师：谁愿意将这位医药圣人升入夜空，让他这颗星星散发出耀眼的光芒？

（一位学生上台张贴"李时珍之星"）

师：同学们，你们还知道我国历史上有哪些著名医学家呢？

（学生起立发言）

师：从我国神话传说中的伏羲、神农尝百草，到历朝各代著名医学家的潜心研究，到当代以屠呦呦为代表的甘愿献身医学的诸多医学研究者们，形成了我国源远流长的中医药历史文化。就是他们的无私奉献、耐得住寂寞、不断探索研究，才使得我国中医药这棵大树根深叶茂、依然不断茁壮成长，才使得我国的中医药学在世界上独树一帜。它独特的医学理论、诊疗方法和丰富的中草药，为无数人解除病痛。中医药学是世界医学宝库中的瑰宝，至今仍闪耀着智慧的光芒，得到了许多国家的认同。孩子们，我们应该为自己祖国有如此灿烂的文化和杰出人物而自豪。

（2）鲁班资料

师：不论是张恒，还是李时珍，他们的研究成果都与我们的生活有着密切的关系。老师也想介绍一位我国古代的科技巨人，它的成果更是与老百姓的生活紧密相关。他就是——鲁班。

师：大家知道鲁班有哪些成就吗？

（学生介绍相关资料）

师：鲁班怎么能有这么多发明呢？

（学生发言）

（板书精神：敢于创新）

师：听了大家搜集的资料，老师也想和大家分享一条信息。请一位同学帮我们读一读。

（播放鲁班锁的解说视频）

师：大家想不想看看这份国礼？它就在每位小组长的信封里。

（学生回答）

师：鲁班锁形式很多，如图。（出图）

师：信封里的是没有拼接起来的。你们想不想亲自动手拼接？

生：想。

师：下面我们开展"鲁班锁拼接赛"，比比看，哪个小组能够拼接成功。

师：同学们，安静听老师说活动要求才会比较快地拼接鲁班锁。

师：活动规则是音乐起，活动开始；音乐停，活动结束。所有同学都端正坐好。（放音乐）

（活动结束后，教师请每位同学拿一根小木块，面向大屏幕端正坐好）

预设一：

师：（拼接成功）恭喜你们小组能这么快就拼接成功。

预设二：

师：（没有拼接成功）鲁班锁的设计多么巧妙啊！看似简单，实则有难度。

师：这位同学，你能和我们说说拼接的感受吗？你有什么想告诉我们大家的？

生（问）：鲁班锁为什么会设计如此精巧呢？

师：为什么看起来相似的小木块很难拼接在一起呢？老师告诉大家其中的秘密吧。

师：请大家仔细观察小木块。木块上，突出的部位是"榫"；拿到有"榫"部位的同学，把你的木块高高举起。凹进去的部位是"卯"，拿到"卯"的同学，把你的木块高高举起。榫卯相互结合，就能将两个不同的木块形成一个坚固的整体。

师：现在请大家把小木块放回信封里，然后都面向大屏幕坐端正。

（榫卯的结构很多，屏幕逐个出示6根、7根、8根、9根……24根）

师：鲁班锁上的榫卯结构是运用在木质建筑中的。以鲁班为代表的古代匠人们，经过不断地研究、探索，设计了多种榫卯相互拼接的木质构件。同学们，你们知道吗？我们山西省的应县木塔就是典型的榫卯相互拼接的木质建筑。你们想不想领略它的风采啊？请大家注意看——（应县木塔视频）

师：应县木塔已历经近千年的风雨，屹立不倒，我们一定都想亲自登塔，一览木塔风采，但是不行。（播放禁止登塔新闻）

师：这是2013年的新闻，时至今日，禁止登塔的禁令依然没有撤销。一千多年前，在没有钢筋水泥、没有现代大型机械的情况下，我国古代的劳动人民，建造出能够经受千年的风雨侵蚀和枪林弹雨的扫射的建筑物，现代众多建筑学家却无法研究透彻，无法修复如初。可见古代建筑家们的聪明才智是现代人无法可比的。

师：类似的古代建筑还有：悬空寺、圣母殿、祈年殿。

师：我们山西的悬空寺、晋祠圣母殿、北京天坛祈年殿，都是因为应用了榫卯结构，才使得这些古代建筑历经数百年风雨，至今依然屹立不倒。

师：今天，我们对榫卯技术有所传承和沿用，甚至有所创新。2014年在我国召开的APEC会议的大厅，也应用了榫卯结构，并且有所创新，更加坚固、美观。

师：鲁班锁代表了我国独有的建筑学技术——榫卯，彰显了精益求精的"工匠精神"。作为国礼被送给德国总理，是当之无愧的。

我们国家设立的"鲁班奖"就是对鲁班精神最好的传承。请全体男同学起立，用你们雄浑的男高音，将这段科技巨人颁奖词送给鲁班——

颁奖词：你是技艺高超的古代工匠的化身，是我国劳动人民勤劳智慧的象征。"勤劳巧手制灵器，不为名利传后人"，技以载道，匠心筑梦，是当之无愧的"百工圣祖"！

师： 哪位同学愿意把"鲁班之星"升入这深蓝的夜空呢？

（一位学生上台张贴"鲁班之星"）

【设计意图】 讲时任总理李克强送鲁班锁的信息，是为了引导学生了解榫卯结构；让学生动手拼接鲁班锁，是为了真实体会古人的发明在现代都无法代替；应县木塔的视频和新闻，都是为了进一步让学生明白鲁班锁能作为国礼的重要原因和意义。

（3）简单介绍我国的其他古代科技学者

师： 课前，大家搜集了许多我国古代科技名人的资料，请你们在小组内交流交流。

活动要求：

A．组内交流课前搜集的资料，分享古代名人的主要成就。

B．小组成员讨论，推选要介绍的科学巨人，并将他的名字大大地写在大星星上。

（学生小组讨论。教师巡视、倾听）

师： 你们确定了哪位人物？那就把这颗星星贴在讲台上的星空中吧。并且用一句话介绍他的主要成就。

（小组代表上台张贴大星星）

（4）展示星空图

师： 同学们，让我们再一次看看这张星空图。夜空当中，他们最闪亮。在我国古代，不仅仅这些人成就非凡，还有许许多多的科技杰出人物做出了傲人的贡献，他们也是夜空中璀璨的繁星。

（出示图片：诸多领域的科学家名字）

（学生感受骄傲）

师： 他们涉及的领域广泛之极，所做成就令我们敬仰。此时，我们真切地感受到他们确实是"灿若繁星的古代科技巨人"。

（指住课题，全体学生齐声朗读）

师： 在这些耀眼的科学成就背后，是他们闪闪发光的科学精神。

（出示科学精神：诸多星星中写着精神）

师： 正因为这样，这些非凡的科学成就才能穿越古今，耀我中华。这些古代科技巨人是我们中国人的骄傲。其实今天这堂课，也是一个小小的科技巨人授勋仪式，希望大家通过这堂课的学习，永远记住这些灿若繁星的古代科技巨人吧！

（出示图片：古代科学家和一枚共和国勋章）

科学精神照古今，科技成就耀中华！……

【设计意图】 首先，学生在小组内交流更多的古代科学家及其成就，并且将人名写在星星上贴于星空背景上，这是为了进一步浅层感受"灿若繁星的古代科技巨人"这一名词；其次，大屏幕展示各个领域的古代杰出人物，再一次加深"灿若繁星"的印象。学生在一层一层的学习推进中，逐步理解我国古代杰出的科技人物为数众多，能够真正地为此自豪，能够产生强烈的民族认同感。

（三）教学小结

此时此刻，相信你的心中已经树立了一个远大的目标。让我们再一次仰望这些灿若繁星的科技巨人，是他们一直在指引着我们前进的方向。你想做怎样的人，在哪一方面成为一颗闪亮的星星呢？请你在这颗星星上，写下你想说的话。（音乐起）

（指名三四个学生阅读小星星上自己写的话，并且贴上黑板）

学生发言，教师适时点评所说科技巨人在某一方面的成就，鼓励学生课后查一查这一方面的科学家的有关故事。

师： 其他同学回家可以将这枚星星贴在自己的书桌前面，激励自己向这个梦想努力。今天我们和这些灿若繁星的古代科技巨人对话，希望明天你们是有所成就的时代新星。

谢谢大家！

【设计意图】 此处设计学生书写自己理想的环节，一是为了检测学生在本节课上了解到哪些古代杰出人物及其成就；二是为了强化学生的民族认同感；三是在学生心里种下一颗"树立远大理想的种子"。

（四）实践作业

课后在农业、算术学等方面了解我国古代的科学技术，完成表格介绍。

四、课堂流程文字框架

上课之前，先在黑板上张贴背景图——星空，引发学生对星空的遐想，也有利于导入课程。

在"导入新课"环节，学生回答到"像张衡一样，在各个领域做出巨大贡献的人，他们的名字才能被命名为星星的名字。就像张衡这样的人，我们就称他们为'科技巨人'"时，板书课题《灿若繁星的古代科技巨人》。

分别介绍张衡、李时珍和鲁班时，在学生朗诵完颁奖词之后，邀请一名学生上台张贴有人物头像的金色大星星，增强学生对古代科技巨人的崇敬之情。

学生在小组内交流更多的古代科学家及其成就，并且将古代科学家人名写在大星星上贴于星空背景上，使学生意识到我国古代的科学家数量之多、研究范围之广、成就之重要。

课程结束前，学生在小星星上写下自己想做怎样的人，在哪一方面成为一颗闪亮的星星，并大声朗读。上台张贴写有古代科学家人名的星星到星空背景图上，就为了强化学生的民族认同感，在学生心里种下一颗"树立远大理想的种子"。

五、板书设计

【板书设计流程图】

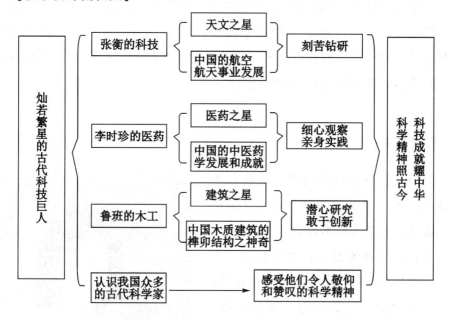

六、教学反思

本堂课以多种形式，向学生呈现了我国古代科技巨人们的诸多成就，展示了他们熠熠生辉的科学精神。学生们在本堂课上的收获，有些是可以用语言和文字表达的；有些是埋在心里，等待它慢慢发芽，乃至影响其一生的。

　　本课教材内容多为文字性的，我在设计教学环节时，加入了视频、快闪、实物展示、学生品尝、动手拼接等不同的活动环节，就是为了拉近教材内容与学生生活的距离，调动学生的学习兴趣。所以整堂课上，学生的参与度高，学习积极性强。不足的是，教学设计内容较多，给予学生的活动时间较少，同时也导致课程结束得有点仓促。这堂课总是留有一点遗憾，但也激励我在今后的教学中要不断进步、不断完善！

作者简介：

　　张云慧，小学语文教师、道德与法治教师，本科学历，具有丰富的教学经验，善于培养学生的思维能力、创造力；善于创设情境开展教学，充分激发学生在课堂中的参与热情、突出其主体地位，唤醒学生思维，巧设问题，明理导行。她多次荣获"太原市杏花岭区教学能手""太原市杏花岭区教学标兵""太原市杏花岭区优秀辅导员"等荣誉称号；2009年获得山西省教育厅伯乐奖；《灿若繁星的古代科技巨人》一课，荣获太原市小学道德与法治第八届"精致课堂"大赛一等奖，太原市小学道德与法治优质课大赛特等奖。

　　她的教育格言是尊重学生；学生是学习的主人，是班级的主人。

《可敬的家乡人》教学设计

杏花岭区新道街小学校

李 靖

一、教材分析

课程标准第七条明确指出："尊重社会各行各业的劳动者，爱惜他们的劳动成果。"《可亲可敬的家乡人》这一课，旨在帮助学生建立对家乡人的认同感，这包含两个方面：一是对家乡人的了解及对他们劳动的认同；二是对家乡人身上所具有的优秀品质的认同。学生建立对家乡人的认同主要包含两个方面：一是对家乡人的了解及对他们劳动的认同；二是对家乡人身上所具有的优秀品质的认同。

二、学情分析

低年级学生对自己所属群体的认同尚处于感知与体察阶段，要通过教学活动的有意识引导，促使他们主动感知、体察，在人格上对家乡人表示尊重，在心理上对家乡人表示认同，由此树立对家乡的认同感与归属感。家乡的公共生活离不开各行各业的劳动者，需要引导学生尊重他们，树立人与人之间共生共存的生态观。

三、教学目标

1. 从生活在身边的人开始，了解家乡人的生活，体验相互关心、帮助和彼此牵挂的情感。

2．了解为家乡服务的不同行业家乡人的工作。

四、教学重难点

1．教学重点

了解为家乡服务的不同行业家乡人的工作，从而产生理解、尊重、认同。

2．教学难点

培养理解、尊重家乡人和热爱家乡人的情感。

五、教学方法与手段

通过创设情境、小组合作方式来进行教学。

六、教学流程

课前：

师：很高兴今天能和大家一起来上一节道德与法治课，课前啊有人告诉我，咱们班的同学特别爱猜谜语，而且一猜一个准，是这样吗？

生：是的。

师：好！那老师先来考考大家吧。

（出示三个字谜：王——1+1、李——十八子、太原——太白小厂）

师：大家真是了不起！看来大家都已经准备好了，我们一起来上课——

生：起立、老师好！

（一）欣赏大太原

师：说起太原啊，可是一个美丽的地方，想不想一起先来看看我们太原的美景啊？（播放视频）

师：太原啊，山美水美，人更美！建设美丽的太原离不开身边的家乡人，一起来学习本课——《可敬的家乡人》。

【设计意图】通过视频欣赏太原周边的美景、建筑等，孩子们产生浓烈的认同感和亲近感。很多场景就在他们身边，只是平时没有机会纵览全部。在观看的过程中，孩子们对太原、对家乡多了许多的喜欢和热爱。

（二）看看家乡人

师：跟随老师一起发现身边的家乡人。

（小区的园林工人、马路上的交警叔叔、环卫工人……校园里的保安叔叔、清洁工阿姨）

师：这些我们身边的各行各业的家乡人都在自己的岗位上为我们家乡出力，接下来让我们来做一个小游戏——小小摄影师。

（师生共说："伸出小手，一个八，两个八，再来一个大咔嚓"）

师：我们一起来比一比照相的姿势，一起来发现——三二一——咔嚓。

分别出示下面三幅图：

修建地铁的工人——加班加点、负荷大、任务重——为他们点赞。

义举榜上的老师——孝老爱亲、家庭好人——为他们点赞。

退休教师韩爷爷——持之以恒、爱岗敬业——为他们点赞。

【设计意图】"家乡人"的概念对于低年级学生来说无疑是抽象的和有距离的。引导学生从观察生活在身边的人开始，帮助学生不断扩大视野，了解家乡人的生活，符合学生的认知特点，也更容易获得真切的生活体验。

（三）发现家乡人

师：刚才是我们一起发现的家乡人，老师知道，学校最近也在做一个活动，叫感动你我——寻找身边可敬的家乡人。你们一定知道身边可敬的家乡人的事迹。现在一起来和大家分享一下吧。

【设计意图】引导学生留意生活在周围的人，了解他们的工作以及与自己生活的关系，感受到自己的生活离不开家乡人，从而帮助学生建立起与家乡人共存的生态关系。

生1：我推荐的是我家门口负责清洁卫生的环卫工人王叔叔……

生2：我推荐社区医生赵大夫……

生3：我推荐校门口的快递员……

（展示完成后把资料贴在黑板上，一起为他们点赞）

师：还有很多同学都愿意说出自己的想法，那我们先在小组内相互交流、学习吧。

师：大家展示了自己的推荐，还听了别人的故事，那现在你想说些什么呢？谈谈感受，说说想法。

生1：他们很辛苦……

生2：他们值得我们敬佩……

（小结收集资料的方法：查阅网上、询问别人、采访……）

【设计意图】 引导学生围绕"了解不同行业家乡人的工作"说说他们的工作及自己的感受，了解不同行业的劳动及其与自己生活的关系，激发对不同行业家乡人的理解、尊重、认同。

（四）厉害家乡人

师：听了大家的推荐，老师也要为你们点赞，你们都是善于发现的小机灵。我也来推荐一位身边的家乡人，你们认识他吗？

介绍太原市原市长耿彦波的材料和事迹。

1. 2013年，总长49.28千米的太原市中环路全线通车，这是太原乃至山西省的第一条城市快速环路。从这一刻起，太原正式告别平面交通，步入立体交通时代。

2. 2015年，太原市开展了史上规模最大的城中村改造，170个城中村将陆续启动改造，涉及191平方千米、95万余人。

3. 2018年7月18日8时至19日16时，太原市普降大雨，部分地方降暴雨，局部大暴雨，多条街道积水比较严重。太原市市长耿彦波一整天在一线指挥应对。

4. 五年来，太原市新建改建府东府西街、五一路、并州路、南内环街、长风街、学府街、东峰路等城市主次干道160余条，改造支路近400条，建设总里程750余千米。建成中环路、卧虎山路、建设路、阳兴大道、滨河西路、南沙河路、马练营路等快速路213千米，快速交通体系形成，极大地方便了城市交通。

师：让我们一起为"全心为民"的耿彦波点个赞。

师：今天老师还为大家请来一位校园小明星，我们听听她的故事吧。

（学生现场讲述自己当志愿者、参与社会实践的经历）

发言稿：

大家好，我叫滑凯杨，来自太原市新建路小学五年（6）班。在学校，受老师的言传身教，我的心里种下了一颗乐于奉献、服务他人的种子，我担任过大队委、中队干部，在工作中我服务同学、班级，是老师的好助手。在学校外，我会热心参与公益事业。我申请成为一名太原市图书馆的小小管理员。虽然学习时间紧，但我仍然会每周末抽时间去为小读者们服务。除此之外，从一年级开始，每年春天我都会和爸爸妈妈一起参加义务植树，到现在为止，已经亲手种下了20余棵的小树苗，我希望能够用自己的力量为家乡增添一份绿意。我还是中华教育网的小记者，先后采访过艺术家、驻华外交官、解放军叔叔、普通劳动者等，在这个平台上我了解到了很多感人的事迹，从他们的身上我也懂得了作为社会的一分子，每个人都有责任和义务为社会做贡献。前不久，我们班就一起前往娄烦县和山区的小朋友进行了手拉手活动，向他们义务捐赠了衣服、图书、学习用品等，向他们表达了我们的爱心。

虽然我们的力量很有限，但相信我们每个人都付出一点点，我们的家乡、我们的国家就会变得更美好。也希望学弟学妹们能和我一起加入志愿服务的行列，让我们携手把家乡建设得越来越美好吧。谢谢大家！（鞠躬）

【设计意图】本环节重在拓宽学生的视野，家乡了不起的人可以是名人，也可以是优秀的普通人。从而让学生在对不同人群的了解中，激发起对家乡人的敬佩之情。

师：现在请大家在心里选择一位最想给其点赞的人，让我们在拍手歌中为他们点赞！

你拍一，我拍一，我把家乡记心里；

你拍二，我拍二，建设太原想一块儿；

你拍三，我拍三，送给他们一个赞；

你拍四，我拍四，我为（　　）点个赞；

……

你拍十，我拍十，一起点赞不能迟。

（五）成为家乡人

师：（响起音乐）还有嘉宾要来吗？你们猜猜还有谁要来啊？

生：有。

……

师：老师相信你们将来也能成为家乡的建设者，成为可敬的家乡人！

【设计意图】热爱家乡从尊敬身边的家乡人开始，逐步向他们学习、致敬，最后也成为像他们一样建设家乡的一员。

七、板书设计

八、教学反思

　　二年级的学生一般不会观察生活在周围的家乡人，也不能意识到他们的日常生活与家乡人的劳动息息相关，所以他们对家乡人的劳动缺少认同感，更无法感受到家乡人带给他们的温暖。在教学中，我侧重引导学生从身边接触最多的人，如学校保安、教师、保洁员阿姨、环卫工人等说起，联系生活实际，在生活事例中，增强对家乡人的了解，感受家乡人的付出与美丽。在寻找身边的家乡人过程中，通过呈现生活中常见的生活场景，学生自己去发现和感受，从而明白尊重、感恩身边家乡人的付出，需要从实际行动做起，从举手投足的小事做起。

在教学中，我也发现了一些不足之处，例如对于"可敬的家乡人"这一话题，在课堂上学生补充、教师补充，都有很多的事例，但是这些事例也是生活中比较典型的、比较抽象的，还是和学生自己的真实生活有一定距离。这样的人和事，难以获得学生的亲近。所以还是要让孩子们从身边最朴素、最微小的事例讲起，慢慢向周围、向社会、向家乡等更大的方向去拓展延伸，从而真正把"敬"落到心里、落到行动中去。

作者简介：

李靖，中小学二级教师，在完成本职语文教学工作的同时，善于创新、开拓更多的领域。他在小学道德与法治学科的研究与学习中，先后取得了区级、市级、省级的多项荣誉，特别是在思政课的研究与探索中，认真钻研，取得了太原市"时代新人"优质思政课两届大赛一等奖。

《心中的"110"》教学设计

杏花岭区享堂南街小学校

高 斌

一、教材分析

本课是统编教材道德与法治学科三年级上册第三单元安全教育主题下的第三课。本课是在承接前面两课帮助学生树立安全意识，学习自救自护的内容基础上的深化，旨在从人际安全方面，引导学生在生活中如何正确认识和对待陌生人。本课由两个板块组成。第一个板块的话题是"有点警惕性"，通过创设独自在家有人来敲门的情境以及《智捉小偷》的案例，重在提高学生日常生活中的警惕性。第二个板块的话题是"不要上当受骗"，通过吴华被骗的故事，重在引导学生不轻信陌生人，要提高警惕；通过辨析几种情境，引发思考如何对待陌生人，从而提高意外发生时的自救自护能力。

二、学情分析

三年级是小学生知识、能力、情感价值观形成的关键时期，他们对自我、他人、家庭、社会有了一些浅显的认识，随着他们社会生活范围的不断扩大，接触的人员更为复杂，处在各种各样未知的环境当中，对周遭危险的认识不足，自我保护能力弱，容易受到来自外界的人身侵害。现实社会中，儿童受到不法分子侵害的案件屡有发生，如：拐骗、绑架、勒索、性侵等，一旦发生，对儿童和家庭会产生很大的伤害，因此非常有必要对这个年龄段的孩子进行这方面的安全教育，帮助他们有效识别人际交往中的骗术，防盗、防骗、防拐、防性侵，做到爱护自己的身体和生命。

三、教学目标

1. 引导学生关注独自在家时的安全，知道独自在家有人敲门（熟人及陌生人）时不开门，增强学生的警惕性。

2. 初步认识社会的复杂性，在乐于助人、参与社会活动的同时提高警惕性，初步建立人际安全的防范意识。

四、教学重难点

1. 教学重点

使学生了解独自在家时安全的重要性，不给陌生人开门，增强警惕性。

2. 教学难点

认识社会的复杂性，初步识破人为的拐骗，预防盗窃、绑架、性侵等伤害行为，提高分辨能力，学会自护自救。

五、教学方法与手段

教学方法：情景创设法、小组合作法、讨论交流法等。

教学手段：在教学过程中，根据学生的回答，现场创编一首富有节奏感、韵律的安全儿歌。

六、教学流程

1. 导入新课

师： 孩子们，你们好！听说你们喜欢交朋友，今天老师给你们介绍两位新朋友！

课件先出示天天的图片及自我介绍（画外音：你们好，我叫天天，很高兴认识你们），再出示东东的图片及自我介绍（画外音：大家好，我叫东东，很高兴和大家做朋友）。

引导学生和他们打招呼。

师：今天天天和东东将陪伴我们一起学习，学习过程中有收获的孩子将会得到他们带来的小奖章。

师：孩子们，倾听是一种很好的学习习惯，会倾听的孩子一定会收获很多。接下来，让我们和天天、东东一起做个游戏，游戏的名字叫"听一听，猜一猜"，看谁能快速又准确地听出是什么声音。

（课件依次出示风、警笛、救护车及雨的声音，根据学生的回答呈现图片揭示答案）

播放门铃声，问：（1）生活中，你听到门铃声会怎么做？（2）天天会怎么做？让我们一起走进天天的生活，一起倾听她的故事。

【设计意图】结合孩子们的生活实际，创设容易为学生接纳的情境，通过做游戏的方式导入新课的学习，为接下来的学习奠定良好的基础。

2. 教学活动

（1）播放天天在家的图片及画外音：

今天是星期日，爸爸去单位加班了，妈妈去市场买菜了，家里只剩我一个人了，该做点什么呢？还是读书吧！（门铃声响起）这是谁呢？爸爸妈妈曾对我说，一个人在家的时候，一定要注意安全，不能随便给陌生人开门，门外是谁呢？让我先通过门镜看一看吧！

（播放天天通过门镜往外看的图片）

（2）**师**（过渡）：她看到了谁呢？

（3）课件出示煤气工人图片及画外音：你好，我是煤气公司的工作人员，我来检测煤气管道是否正常，请给我开一下门！

师：这时候，天天可以开门吗？为什么？

生（交流）：不可以，不安全！

师：那该怎么办？

生（交流）：通过门镜看一看，或者默不作声，或者告诉他父母在的时候来，或者假装家里有大人……

师：当门外有陌生人，家里又没有大人时，坚决不能给陌生人开门，110提醒大家：陌生人来不开门！

（板贴：陌生人来不开门）

（4）**师**：听，门铃又响了（播放门铃声），这次来的又是谁呢？

（5）出示快递员图片，播放天天画外音：爸爸说给我网购了一个芭比娃娃，门外这个人看起来像一个快递员，我快给他开门吧！

师：天天可以开门吗？为什么？

生（交流）：不可以，不安全。

师：老师这里有一则新闻，大家一起看看。

（播放快递员入室抢劫的新闻视频）

师：看了视频，大家说说我们该怎么做？

学生交流。

根据学生交流小结：快递、外卖放门口，不要轻易把门开。且听脚步走远后，再来轻轻把门开！

师："110"提醒我们：快递、外卖放门口。

（板贴：快递、外卖放门口）

（6）**师**：孩子们，我是天天的邻居。有一天我备课忘带语文书了，我想找天天借，如果你是天天你会怎么办？

（师生合作表演）

110提示大家：熟人敲门要谨慎。

（板贴：熟人敲门要谨慎）

（7）**师**：同学们，生活中，我们总会遇到许多人，其中有的是陌生人，有的是熟人。在这些人中，尤其是在陌生人中，有的会像朋友一样关心、帮助我们，但也有少数人不怀好意，危及我们的安全，所以我们应该像天天一样，时刻保持警惕，心中常驻"110"。

（板书课题：心中的"110"）

（8）**师**：在日常生活中，你们有没有独自在家遇到有人敲门的经历？你是怎么做的？（生交流）

师：除此之外，你还有没有更多的独自在家保护自己的好方法？

（生交流）

师：老师班里的小朋友也有一些方法，我们一起来看一看吧！

（播放视频）

（9）**师**：孩子们，我们不可能天天在家待着，总会走出家门，走到户外，这时候我们将面对更多的陌生人，遇到更多的难题。天天和东东也遇到了一些难题，接下来让我们以四人小组合作的方式来帮帮他们吧！

（10）课件出示小组合作要求，学生读：A. 以小组为单位，围绕学习任务单上的话题展开讨论，并将讨论结果记录下来。B. 音乐停止，每组派一个代表进行交流。

（11）以小组为单位围绕学习任务单上的任务交流。

（12）全班交流。

第一组交流：

学生小组合作交流。

请小组代表用"110话筒"展示交流结果。

出示"110提示"：热情指路不带路（板贴）。

第二组交流：

学生小组合作交流。

请小组代表用"110话筒"展示交流结果。

出示"110提示"：面对诱惑婉拒绝（板贴）。

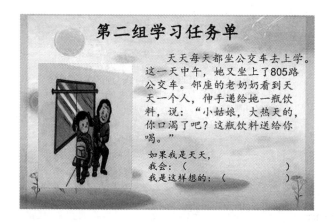

第三组交流：

学生小组合作交流。

请小组代表用"110话筒"展示交流结果。

出示"110提示"：路人搭讪要提防（板贴）。

第四组交流：

学生小组合作交流。

请小组代表用"110话筒"展示交流结果。

出示"110提示"：个人信息勿泄露（板贴）。

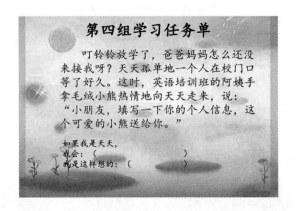

第五组交流：

学生小组合作交流。

请小组代表用"110话筒"展示交流结果。

出示"110提示"：亲子密码记心间（板贴）。

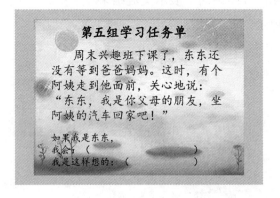

第六组交流：

学生小组合作交流。

请小组代表用"110话筒"展示交流结果。

出示"110提示"：隐私部位要保护（板贴）。

（13）生活中有许多陌生人，对他们我们应提高警惕。如果缺乏警惕会怎样？一起来看一个视频。

（播放视频）

（14）这里还有一段新闻，自己来读一读。

（播放文字资料）

师：看完这段视频新闻，你有什么想说的吗？

师：孩子们，为了我们的安全，国家、社会给我们提供了许多安全保障，如校门口的防撞装置及报警装置。但面对生活中的陌生人，我们仍要充满警惕，防止不法侵害的发生。

（板贴：提高警惕保平安，心中常驻"110"）

师：我们究竟该怎么做？谁来说一说？

（15）一起来读黑板上的儿歌：

陌生人来不开门　　快递外卖放门边

熟人敲门需谨慎　　热心指路不带路

面对诱惑婉拒绝　　路人搭讪要提防

个人信息勿泄露　　亲子密码记心间

隐私部位要保护　　时刻警觉莫轻信

提高警惕保平安　　心中常驻"110"

【设计意图】在导入新课的基础上，引领学生倾听故事，并引出与课题有关的话题，同时在引领学生回顾生活及学习方法的基础上，组织学生开展小组合作学习及研讨，在合作学习的过程中解决问题，在此基础上引导学生进一步关注生活，形成能力。

3. 教学小结

师： 如果防范意识不够，不小心上当了，受骗了该怎么办？下节课我们继续学习！

【设计意图】结束学习，引出下文，为下节课的学习做铺垫。

4. 实践作业

回到家之后，在父母的指导下学习拨打"110"。

围绕今天所学，制作一张以"心中的110"为主题的安全小报。

【设计意图】课后延伸，通过练习拨打"110"及制作手抄报，一方面增强安全防护意识，一方面在实践中掌握自我保护的技巧并形成能力。

七、板书设计

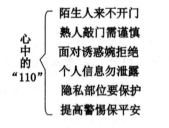

心中的"110"
- 陌生人来不开门　　快递外卖放门边
- 熟人敲门需谨慎　　热心指路不带路
- 面对诱惑婉拒绝　　路人搭讪要提防
- 个人信息勿泄露　　亲子密码记心间
- 隐私部位要保护　　时刻警觉莫轻信
- 提高警惕保平安　　心中常驻"110"

八、教学反思

《心中的"110"》是部编版教材道德与法治学科三年级上册第三单元《安全护我成长》第九课的内容。本课分为"有点警惕性"和"不要上当受骗"两个板块。第一板块"有点警惕性"，围绕学生独自一人在家时，如何提高警惕性，遇到盗窃如何应对开展学习讨论。分为两个话题：话题一"我该怎么办"，以学生独自在家遇到各种情景为内容，思考如何面对外人来访。话题二"智捉小偷"，以故事的形式让学生明白，独自一人在家遇到邻居被窃时，要在保护好个人安全的前提下帮助他人。第二板块"不要上当受骗"，通过辨析几种情境，学习一人独自在外与陌生人交往时，面对绑架、拐骗、性侵等意外情况时如何寻找正确的应对策略，从而提高学生的自救自护能力。

本课时主要学习第一板块的教学内容。

结合学生的实际情况，结合本课的教学重点，授课教师制定了这样的教学目标：1. 引导学生关注独自在家时的安全，知道独自在家有人敲门（熟人及陌生人）时不开门，增强学生的警惕性。2. 初步认识社会的复杂性，在乐于助人、参与社会活动的同时提高警惕性，初步建立人际安全的防范意识。

围绕上述教学目标，授课教师设计了这样的教学环节：1. 导入新课（创设情境，游戏导入）。2. 教学活动（倾听故事，引出话题；回顾生活，学习方法；小组合作，解决问题；关注生活，深入交流）。3. 教学小结（结束学习，引出下文）。4. 实践作业（课后延伸，实践练习）。

整体来看，这个设计是从学生的生活出发的，采用孩子们喜闻乐见的游戏活动逐步推进，体现了道德与法治学科的生活性、活动性、综合性以及实践性，而且教学环节基本上做到了环环相扣、层层深入，所以预期的教学目标能基本达成。但是也有不足，比如授课教师在和学生交流的过程中评价不够及时、有效，个别环节在时间的把控上不够准确，造成了前松后紧甚至课未讲完的现象，这需要任课教师在今后的教学实践中改进并提高。

作者简介：

高斌，中共党员，毕业于山西师范大学教育系，现为太原市杏花岭区享堂南街小学教师。经过不断努力，获得了"太原市教学标兵""太原市教学能手""太原市教育系统高水平骨干教师""太原市优秀班主任"等荣誉称号。2019年11月代表杏花岭区参加太原市第三届青年教师"敬业杯"新课堂教学团体赛并获个人一等奖。撰写的论文曾在《班主任之友》上发表。

《富起来到强起来·改革开放谋发展》教学设计

杏花岭区新建路小学校

陈　阳

一、教材分析

《富起来到强起来》是根据课程标准中主题五"我们的国家"中第11条"知道中国共产党的成立，知道新中国成立和改革开放以来取得的成就，加深对社会主义祖国和中国共产党的热爱之情"而编写的。由"改革创新谋发展""精神文明新风尚""走进新时代""做新时代的好少年"四个话题组成，重在引导学生了解改革开放以来我国各个领域取得的卓越成就；懂得实现中华民族伟大复兴是中华民族近代以来最伟大的梦想；初步理解只有社会主义才能发展中国，只有坚持中国共产党的正确领导才能实现国家富强、民族复兴和人民幸福。本课属于爱国主义教育范畴，通过渗透改革创新为核心的时代精神，增强学生对祖国的认同感和民族自豪感，从小树立学生的家国责任意识。

本课共4个框题，前两个框题首先从物质文明与精神文明两个方面向学生展示了我国的发展成就，感受到祖国的发展与强大不仅体现在科技、经济、工业等"硬实力"上，也体现在国家文化、社会文明素养等软实力上。同时，物质文明与精神文明的综合发展，恰恰是一个国家从富起来走向强起来的手段和表现之一。如今，我国正处在这一时代关口上，面向新时代，当下的青少年肩负着走进新时代、实现中国梦的伟大使命。因此，本课后两个框题旨在使学生认识到中国梦及其与自己的关系，从而认清使命，立志做新时代的好少年。

本课所讲内容为第一框题——改革创新谋发展。教材从中共十一届三中全会引入，重在通过改革开放前后的对比，引导学生深刻感受改革开放政策实施后，国家在各个方面所取得的辉煌成就，并通过生动的事例和活动引导学生从身边的发展与变化中感悟国家不仅已经富起来，更是已经开始步入现代化强国的领域。

二、学情分析

从教学内容分析看，学生通过调查、访谈、查阅资料可以感受到生活中的变化，但他们从小生活的环境良好，对改革开放的重要影响与意义了解不够全面，不知道今天的富足生活是怎么来的，需要通过本节课的学习丰富自己的认知。

从学习能力分析看，学生具有自己的见解和主张，大多数学生初步具备分析问题、解决问题的能力，能够利用学习资源在小组内合作交流，能够表达出自己的见解，这为本课学习奠定了基础。

三、教学目标

1. 通过阅读资料、观看视频、聆听讲述等方式初步了解改革开放的历史和进程。

2. 通过"祖孙三代比童年"实践活动，感受改革开放的变化就在我们的身边，体会是改革开放让我们的生活富了起来。

3. 通过"寻找中国新名片"等活动，在思辨中领悟改革创新的重要意义。

四、教学重难点

1. 教学重点

通过"祖孙三代比童年"实践活动及观看照片、视频等方式感受改革开放的变化就在我们的身边，体会改革开放让我们的生活富了起来。

2. 教学难点

通过"寻找中国新名片"，分析"华为"事件等活动，在思辨中领悟改革创新的重要意义。

五、教学方法与手段

1. 开展调查及实践探究活动。
2. 借助视频及图片等多媒体手段。

六、教学流程

课前活动：

（进行"捡黄豆"小游戏）

第一次捡黄豆：小组成员每人得到的黄豆数按小组平均数计算。

第二次捡黄豆：小组成员每人得到的黄豆数按自己实际捡到的数字计算，即多劳多得。

【设计意图】通过"捡黄豆"的小游戏，让学生亲身体验"分配方式对生产效率的影响"，为正式学习中理解"家庭联产责任承包制"这一概念埋下伏笔。

（一）谈话导入

1. 播放歌曲《春天的故事》片段，由此引出改革开放这个话题

《春天的故事》这首歌讲述的是改革开放的故事。说起改革开放，我们得回溯一下四十多年前的一次重要会议。

2. 播放《十一届三中全会》视频

十一届三中全会开启了改革开放和社会主义建设的新征程，这节课我们就来聊一聊改革开放政策给中国带来的巨大影响。

【设计意图】改革开放的话题本身很大，十一届三中全会这个历史事件又离学生生活很远，因此在开课之初，教师就应借助歌曲及视频来创设情境，将学生带入历史事件。

（二）了解改革开放的背景和进程

1. 阅读书上第86页活动园的资料，交流收获和感受

（1）了解袁隆平

学生结合书本及自己的知识储备，交流对袁隆平的了解并谈感受。

教师根据学生的发言，相机补充水稻增产的数据对比资料，引导学生进一步体会"杂交水稻"的探索之路，并进行致敬袁隆平的活动。

（播放颁奖音乐、念颁奖词）

淡泊名利，一介农夫，播撒智慧，收获富足。喜看稻菽千重浪，最是风流袁隆平！

【设计意图】学生对袁隆平比较熟悉，知道他是"杂交水稻之父"，对我国粮食产量的提高做出了巨大贡献，为了让学生更深入地理解这种贡献，教师进行了资料的补充，化抽象为具体，并结合袁隆平逝世的时政背景设计了致敬袁隆平这个环节。

（2）走近小岗村

学生阅读书上关于小岗村的介绍，交流收获。

教师补充资料——讲述"18个红手印"的故事，创设情境引发学生的思考，理解小岗村人敢为人先的勇气。通过视频直观回顾历史，通过图片感受今昔对比。

改革开放使中国农业进入一个新的发展阶段，农业机械化水平逐年提高，像小岗村这样改革致富的新农村随处可见。

【设计意图】小岗村的这段历史对于学生来说是陌生的，因此这个环节的学习，主要是教师通过讲述故事、借助视频与图片的方式帮助学生来理解小岗村为什么被称为"农村改革第一村"。这一环节的学习与课前的小活动相关联，可以帮助学生更直观地感受改革开放政策对促进农业生产的巨大作用。

2. 聚焦沿海，了解改革开放进程

学生阅读书上第87页的资料，找一找我国最先开放了哪四个经济特区。

教师运用动态图进行补充介绍（1980年中央决定设立深圳、珠海、汕头、厦门四个经济特区。1984年又进一步开放大连、秦皇岛、天津、烟台、青岛、连云港、南通、上海、宁波、温州、福州、广州、湛江、北海这14个

港口城市。随后改革开放的步子是越迈越大）。

以深圳为例了解改革开放的影响。

通过观看图片感受深圳翻天覆地的变化，探究思考深圳为什么被称为"一夜崛起的城市"。

【设计意图】通过探究"深圳的崛起"，帮助学生了解邓小平为开启改革开放大业做的贡献，深圳的崛起离不开改革开放政策的支持，也离不开中国人民敢为人先，拼搏进取的奋斗。

（三）体会改革开放让人民生活"富起来"

1. 实践调查活动——"祖孙三代比童年，我家生活变化多"

师生共同交流自己的调查结果，在交流中通过衣食住行等方面的变化，切身感受我们每个家庭的变化都受益于改革开放政策。

2. 由小家的变化辐射到城市的变化

播放视频，直观感受改革开放40年太原的变化。我们的小家在变，我们的城市也在变。

3. 由家乡的变化拓展到国家的变化

通过播放国家GDP的变化，体会改革开放以来，国家综合国力的提高，我国已经成为世界上最大的贸易出口国。

【设计意图】本学科的教学不能脱离学生的生活经验，"祖孙三代比童年，我家生活变化多"的实践调查活动，就是让教材内容和学生生活相关联。从个人的小家到生活的城市再到国家，教师通过这样有层次的引导，让学生更加明白了我们每个人都是改革开放政策的受益人，我们国家今天的强盛也离不开改革开放政策。

（四）联系时政话题，体会科技强国

了解"华为事件"，通过思辨华为的困境，体会自主创新的重要意义。

寻找中国名片，感受中国由富变强。

学生以组为单位推荐"中国名片"，向全班展示汇报。

教师补充介绍，播放相关视频。

【设计意图】这个环节的设计旨在从学生较为熟悉的时政热点切入，让学生在思辨中理解改革创新的重要意义，理解每一个代表中国新形象的"中国名片"都离不开自主创新。在学生查阅资料的基础上，教师通过视频的补充，激发学生的民族自豪感和爱国热情。

（五）总结升华，激发使命感和责任感

一代人有一代人的使命和担当。2021年是中国共产党成立100周年，从1921年建党到2021年，中国共产党带领人民从站起来到富起来再到强起来，走过了波澜壮阔的百年征程。在中国共产党的坚强领导下，我们实现了第一个百年奋斗目标，开启向第二个百年奋斗目标迈进的新征程。

少年智则国智，少年强则国强。同学们，你们是建设社会主义现代化强国的主力军和生力军。中国的未来要靠你们，你们每一个人都将是中国未来的样子。请全体起立！让我们在此向我们的祖国庄严承诺：（学生齐诵）《我所站立的地方就是我的中国》。

【设计意图】通过前面的学习与交流，此时学生对改革开放政策有了比较深刻的认识，特别是最后观看了改革开放以来，尤其是党的十八大以来国家所取得的巨大成就，此时心中涌动着强烈的民族自豪感，教师结合2021年是建党100周年的特殊背景，激情总结，诗歌的诵读犹如一把烈火不仅激发了学生的爱国情，更点燃了他们的责任感与使命感。

七、板书设计

改革创新谋发展

学生（以组为单位）推荐"中国名片"→（推荐卡）张贴在黑板上（教师画的建党百年图框内）

八、教学反思

本课的教学重点是引导学生了解改革开放的历史进程及在各个方面取得的重大成就，话题比较大，涉及的内容也很多。本课充分发挥了教师的主导作用和学生的主体地位，在以下几个方面进行了很好的探索和努力。

一是，重视学生的生活经验，积极发挥学生的主体地位，使学生成为课程资源开发利用的主体。

教学过程中不论是问题的设置还是活动的设计，都从学生的实际需要出发。"捡黄豆"的小游戏及"祖孙三代比童年"的调查活动等，都很好地调动了学生的生活体验。在学习过程中，教师引导学生整理资料、提炼信息，使得学生思维活跃，有话可说。

二是，有效利用多媒体手段，创设情境，拉近教材和学生的距离。

教学过程中，教师借助音频、视频、图片等资料，增强教学的直观性，激发了学生对改革开放这一原本比较陌生且遥远的话题的兴趣，拉近了文本和学生的距离，也很好地调动了学生的感官和情绪。

三是，结合时政热点，促进学生思辨能力的提升。

将时政热点与文本内容相结合是本节课的一个大胆的探索，教师通过"华为事件"引导学生深入思考，体会科技创新对于发展起到的至关重要的作用，促进学生思辨能力提升的同时，引导学生多关注时政。

当然本节课还有许多值得探讨和推敲的地方，比如如何更好地选用视频资源、比如对于大容量的话题如何进行取舍等。在今后的教学中，还需要教师不断地实践、反思。

作者简介：

陈阳，新建路小学教师。她热爱教育事业，热爱讲台，享受课堂上师生平等交流、思维碰撞、共同成长的美妙感觉。她曾荣获"山西省优秀辅导员""区教学能手""杏花岭区时代新人"等荣誉称号。执教的《大家排好队》一课曾荣获太原市小学道德与法治"精致课堂"大赛一等奖、太原市思政课堂一等奖。

《协商决定班级事务》教学设计

杏花岭区新道街小学校

郭 祎

一、教材分析

本课是五年级道德与法治第二单元《我们是班级的主人》中的第二课。教材包含了"班级事务共商定""决定班级事务有原则"和"共同的决定要落实"这三个活动主题。这些内容贴近学生的生活实际，通过民主讨论的方式决定班级事务。要遵循一定的程序，坚持公平、公正、公开、透明的原则并落实在行动中，帮助学生树立规则意识、程序意识和民主协商意识，在观察、分析、联系实际的基础上，指导学生树立集体责任感，人人为班级建设贡献自己的力量。

二、学情分析

本课是学生进入小学高年级后，班级生活的内容。从教材内容角度看，学生从二年级就开始班集体生活的学习。从二年级至今，学生已经学习了如何认识自我，如何处理同学关系，因此学生在班级生活经验的处理上已经有了一定的积累，他们对班级的认识在教材引导下逐步深入。经历了"爱班级—制定和遵守班规—为班级做贡献—参与学校生活—参与公共生活"的过程，从心理发展角度看，学生进入五年级后，开始进入小学高年级阶段。通过低年级阶段的学习适应，这一阶段的学生在生理和心理上与小学中段的学生相比，性格相对稳定独立，意识增强，不再过分依赖老师和家长，他们更愿意与同学交流和分享内心世界，渴望得到家长和老师的平等对待，希望拥有完成任务的能力并认可，与此同时，随着年龄的增长，学校和家庭生活的日益丰富，五年级学生在家庭和学校中开始有更多的机会承担责任。

三、教学目标

1. 情感态度与价值观目标：树立规则意识和程序意识，增加班级认同感，人人为班级贡献力量，树立平等、尊重的协商意识与合作精神。从小树立权利意识，将民主意识具象化。

2. 能力目标：能够按照合理的程序参与协商，并遵守协商的原则。

3. 知识目标：了解班级事务协商的具体流程，积极参与并遵守原则。

四、教学重难点

1. 教学重点

了解班级事务协商的具体流程，积极参与并遵守原则。

2. 教学难点

能按照合理程序参与协商流程，积极参与并遵守原则。

五、教学方法与手段

用讲解法、情景体验法、多媒体教学法等手段进行教学。

六、教学流程

导入新课：

第一，请介绍一下我们的班集体，我们都一起做过些什么事情呢？

第二，那这些班级事务一般是怎么决定的？（板书课题：决定班级事务）

第三，很高兴和这么优秀的班集体一起度过这美妙的40分钟。

【设计意图】谈话导入新课能拉进老师和学生的距离，激发学生们的班级荣誉感。同时教师也能认识到民主决策的好处，并把协商讨论的方式运用到班级的管理中去。

讲授新课：

师：一年一度的"元旦"就要来了，每年的元旦都是我们最欢乐的日子，我们会举办形式多样、丰富多彩的实践活动，让我们一起回顾一下我们曾举办的活动吧。（PPT：活动图片）

【设计意图】通过图片展示激发学生的参与激情，开拓学生思维。

师：今年的元旦活动我们班要怎么设计，才能更有兴趣、更新颖、更有意义呢？让我们共同来协商决定。

师：召开一次严谨的会议前要民主推选主持人，但是咱们今天这次会议的主持人就暂时由我来代替。

【设计意图】针对具体班级事务进行协商，充分给予学生机会，了解民主协商的真正内涵。

师：首先我来宣布会议的主题和第一项议程，提醒大家一些注意事项。

（PPT：1．每组提案内容围绕班级"元旦"活动。2．以6人小组为单位，每组讨论拟定1条活动提案。3．将提案写在提案卡上，并派出1名提案人介绍交流。4．提案要具体可行又丰富有趣。5．小组内每位同学都要发言并有分工。6．提案纸书写要字迹清晰、简洁扼要）

师：大家可以按照一定的格式来陈述你们组的提案，有请提案人，请另一位组员将提案按序号贴到黑板上（教师适时提问小组内其他成员，你发言了吗？你们组有不同意见吗？怎么解决的？）

（PPT：陈述提案的格式）

【设计意图】增强仪式感和秩序感，让学生体会民主选举中严格而规范的过程。

师：你更喜欢哪个提案？为什么？

师：请你回顾一下刚才的协商讨论你遇到了什么问题，有什么感悟？在班级协商讨论时我们要遵循什么原则？

【设计意图】从实践中发现问题，探究问题的根源，并努力寻找解决问题的途径。懂得协商班级事务不仅仅是遵守程序就可以做到的，过程当中还可能会出现各种各样的现实问题，这就需要我们在协商过程中遵守一定的原则，因为原则能够帮助我们解决一些特殊的问题。

师：（总结）民主讨论能为班级创设宽松和谐的氛围，让每个人畅所欲言，发表自己的意见，倾听，尊重每一位同学的意见。

（板书：人人参与）

师：大家的提案都很棒，但我们不可能每个都执行，应该怎么办？投票是既能民主又能集中意见的最好方式。

师：在投票之前，我想请大家先解决一个问题，所有同学都应该拥有同样的权利吗？

（PPT：学生不同意见）

师：不记名投票。在你认为最棒的提案后面画圈，只可以选择1个提案，多选或少选则选票当场作废，不填写选票视作弃权。请将选票折叠，每组同学依次将选票投入票箱。

（PPT：投票音乐）

师：（总结）绝对平等的选举权是我们每个人最重要的政治权利，也是我们国家文明和民主的象征。我们的班级选举正是这一民主权力的体现。

（板书：平等公正）

五年级（1）班针对元旦相关的班级事务展开了讨论。经过提案—协商—投票决定以后，作出了班级的最终决策。但是小林对于投票的结果产生了怀疑，他觉得班委没有真实统计票数，我们也没看到票箱里的每一张选票。一点也不公平……这该怎么办？

师：有请2个唱票人、1个监票人、2个计票人，请唱票人唱票后将选票交给监票人，监票人默记选票张数，计票人在提案后面画正字计票。

（结束后计票人宣布总票数，确保准确无误没有重复唱票）

师：如果说刚刚我们通过全班讨论、民主选举，知道了协商决定班级事务要人人参与、平等公正，那么刚刚的公开唱票让你明白了协商决定班级事务还应该遵循什么原则吗？

总结：讨论和决定班级事务应该坚持公开透明，这样才能保证班级事务的决定过程处于全班同学的监督之下，有利于推动班级工作的健康运行。

（板书：公开透明）

【设计意图】通过充满仪式感的亲体验，感受民主权利及班级协商的具体流程，了解协商的重要性。

总结回顾：

师：经过了分组讨论、评议提案、投票唱票，我们最终确定了这次元旦实践活动的内容。下一步，我们还将运用协商的方式，决定活动举行的时间及各部门的负责人等，运用协商的方式解决更多的班级事务。

（板书：分组讨论、评议提案、投票唱票。协商）

师：让我们一起回顾一下班级会议需要遵循的原则和程序吧。

（PPT 班级大事共商议，开会务必有程序；表达意见要充分，提案发言重参与；耐心倾听讲秩序，大会表决形式多；平等公开更透明，共同决定共落实）

【设计意图】回顾课堂知识，梳理整节课脉络，再一次点出本节课重点。

拓展延伸：

师：小强在参加了班级元旦活动方案讨论会后，给好朋友发了一条微信。假如你是小强的朋友，你会怎么给他回这条微信呢？请你思考一下，我们下节课交流。

【设计意图】以学生自身生活实际引发思考，为下节课做铺垫。

七、板书设计

协商决定班级事务

提出提案　　人人参与

讨论提案　　平等公正

投票唱票　　公开透明

八、教学反思

"双减"政策吹响了回归教育初心的号角，不仅要求教师的课程设计和教育观念要做出改变，也要求学生的学习行为与习惯和思维方式要做出改变，同时还要唤醒全社会去思考学校教育的定位。

"双减"之下我们的道德与法治学科如何发挥学校立德树人的阵地作用？如何构建更生态、更高质量的育人新格局？我深刻认识到：我们的道德与法治课堂上的学习是有丰富思维和促使思维发展作用的学习，为每一个孩子的成长赋能，让他们成为更好的自己，同时培育学生多元化能力的生成，达成学校培育具有领袖气质的未来人的育人目标。

在这样的契机之下，我孵化了这一课，我不仅希望孩子们了解班级协商的过程和步骤，明白班级协商要遵循的原则，更希望让孩子们在这节课当中充满仪式感，产生沉浸式的体验。以课堂为载体，持续地自我发现问题，在真实情景中解决问题，创造条件让学生迸发思维火花，产生精彩观念，连接课堂与生活实践，赋予孩子探究的双眼，亲身的体验，促进他们更热情、更自由、更鲜活灵动、更富有创造性地投入对生活的探索中。

体验民主协商的过程，将民主、权利、尊重平等的理念根植于学生内心并在课堂上真实生长，从而提高综合素质，培养独立人格、自由思想、创新意识，助力学生精神成长。在复杂、变动不羁的时代，道德与法治课堂有自己的使命、理想和追求，需要我安静的、专心完成素养导向下的教育变革。

作者简介：

郭祎，杏花岭区新道街小学校道德与法治学科教师兼大队辅导员，担任道德与法治专职教师8年。多次参与学科校本教材编写和学科课题研究。她曾荣获山西省优秀共青团干部，太原市小学道德与法治"精致课堂"大赛一等奖，杏花岭区教学标兵等各项荣誉。

《吃饭有讲究》教学设计

杏花岭区新道街小学校

李 靖

一、教材分析

本课是一年级上册第三单元《家中的安全与健康》中的第二课，主要关注学生在家中的饮食生活。吃得安全、吃得健康、吃得文明、吃得有礼貌、吃得有教养，对学生良好习惯的养成有着重要意义。

本课时主要关注吃饭的卫生习惯和餐桌礼仪的习惯，对应教材的第一、第二板块。首先，聚焦吃饭的卫生习惯，从饭前洗手入手。科学的洗手方法是学生生活中必须要掌握的最基本的技能之一，但是实践中给予关注并重视的人却不多。教材分步骤教给学生正确洗手的方法，是对学生基本生活技能的关注，旨在解决学生吃饭时遇到的实际问题。教材再以"洗手"为点，发散学生思维，让学生根据实际情况，深入探讨吃饭时要注意的其他卫生习惯。接着，教材以"吃饭前，吃饭时"的时间顺序推移，引导学生吃饭时要讲究礼仪。

二、学情分析

一年级的学生已经具备了初步的思维能力，能够对自己看到的、听到的进行思考和简单地分析。学习本课，为的是让孩子们在已有的饮食习惯方面进行一次梳理和检查，发现不好的饮食习惯并能努力向好的方向发展；其次关注儿童的饮食生活，教育孩子们吃得安全、吃得健康、吃得文明，吃得有礼貌、有教养，这对于养成学生良好的饮食生活习惯有着重要意义，也是对传统文化中关于饮食文化的践行和消化，更加是要让孩子们向着高素质、高水平的新时代人、新文明人的引领。

"吃"是学生日常生活中最平常但也是最重要的事。它和学生的生活息息相关。学生的饮食习惯来源于学生的生活和家庭，个体差异非常大。随着家庭经济水平的提升，学生成长环境较为优越，家长尤其是祖父母一辈对孩子的饮食习惯并不注意。

在卫生习惯和餐桌礼仪的养成上，家长虽然嘴上强调，但是往往忽略认真教给孩子"怎么做"。家长多以孩子年纪小为由，包办代替，导致孩子行为上的缺失。本课时的教学，除了要让学生知晓行为对错，还要让学生感受这些行为背后的含义，产生实践的愿望，促使习惯的养成。

三、教学目标

1. 初步了解有关饮食健康的常识。
2. 逐步养成良好的饮食习惯：不挑食不偏食、吃饭讲文明有礼貌。
3. 学用餐基本礼仪 。

四、教学重难点

1. 教学重点

逐步养成良好的饮食习惯，如不挑食不偏食，吃饭讲文明有礼貌。

2. 教学难点

学会用餐的基本礼仪。

五、教学方法与手段

用创设情境、小组合作等方式来进行教学。

六、教学流程

（一）课前游戏

师：大家好，很高兴今天能和大家上一节道德与法治课。课前老师有两个谜语，大家猜猜看？

身体细长，兄弟成双；

只会吃菜，不会喝汤。

（谜底：筷子）

【设计意图】以猜谜语作为课堂的开端，有利于学生们能积极地从形式上开始喜欢上这节课，而且谜底筷子也是本课教学的重点学习对象和衔接整堂课的钥匙，与孩子们的生活息息相关，也让他们不生疏、有话说。

（二）情景导入

师：同学们表现得真棒！这筷子啊，可是一样神奇的东西，它不仅仅是一件器具，更有丰富的文化内涵在其中。大到一个国家的饮食文化，小到一个家庭的一顿饭，都是特别有讲究的。

今天我们就一起学学关于筷子、关于饮食的事情。请大家和老师一起读课题：《吃饭有讲究》。

【设计意图】筷子，在中国人眼里，已经不仅仅是一种器具，更多人赋予它很多的象征意义和讲究。两根小小的棍子，巧妙地运用杠杆原理在餐桌上大显身手，实在是神奇。另外筷子的标准长度是七寸六分，是中国的传统定制，代表人的七情六欲，一双筷子使用时活动的一根为阳，不动的一根为阴，拿起一双筷子时意念上是控制七情六欲，阴阳相济，即为养生。

以筷子为引，就是对饮食文化、传统文化的深刻怀念与继承。

（三）学习新知

师：关于筷子的故事有很多很多，需要我们认真来学习。我们先来看一个有趣的关于筷子的小故事。（播放视频）

师：看完视频，你从中看到了什么呢？

生：看到了老爷爷在给小宝贝喂饭。

生：我看到小宝贝品尝到了美味，十分开心。

师：是啊，我们每个人小时候都是这样，在长辈的悉心照料下，一点一点成长起来。从一开始的喂饭，到后来的自己吃饭，经历了很多很多，你瞧，关于筷子的故事又来了。（播放视频）

【设计意图】两段视频的观看，不仅仅是一种简单的故事介绍，更是对筷子文化的逐步了解。从牙牙学语时的筷子尖第一次品尝味道，到后来的自己动手拿筷子、用筷子，是一个成长的过程，很容易引起学生的共鸣和联系。而且能够在观察中发现更多平时自己没有重视和在意的细节。

师：看完这段视频，你又发现了什么？

生：小姑娘学习用筷子很认真。开始不会用很伤心，后来会用了就很开心了。

师：是啊，那小时候是谁教你们用筷子的？谁能简单和大家聊聊吗？

生：小时候是妈妈教我的……

生：我是爷爷教的……

师：同学们说得都特别好，今天老师也准备了筷子，想不想我们现场来动动筷子啊？那咱们说说，吃饭前都得干什么啊？

生：洗手。

师：好，大家都知道饭前要洗手，那谁和我们分享一下，你是怎么洗手的啊？

（生答略）

师：说得不错，但是还有些问题。正确的洗手对于每个人都特别重要，如果不能做到坚持正确洗手，就会让细菌通过手进入嘴里，自然就生病了。

师：今天，老师要教你们"六步洗手法"，只要你按照这6个顺序来洗手，保证你的小手干干净净的。

师：（示范）首先把手弄湿，打上肥皂或者洗手液，然后就要开始喽。一搓手掌，二洗手背，三擦指缝，四扭指背，五洗手腕，六转大弯，最后冲干净，拿毛巾擦干。

师：记住了吗？我们再来一次。看看哪一组做得最好、最认真。

【设计意图】讲授"六步洗手法"，对于一年级的学生而言不算难，而且很多学生在幼儿园时就学到过，但是能在平时坚持下来的并不多。这和家庭教育是息息相关的，作为教师，能做的就是给孩子们一个好的、远大的理想和目标，不断激励和指导孩子们去成长、成熟。所以此处的洗手首先是教师示范，学生跟读联想；其次在小组内练习，互相学习；最后找"小老师"来现场实践，其他同学观察发现。通过反复的联想与卫生小博士的提醒，帮助孩子们建立良好的洗手习惯和卫生意识。

（四）动手操作

师：手洗干净了，咱们就开饭了。老师已经为大家准备好了碗筷和饭菜，就在小组桌子上的手提袋里，先听我的要求，只能动手，不能动嘴，快速摆好。然后用最端正的坐姿告诉老师。

师：我们现在来做一个"糖果大逃生"的游戏。

介绍规则。

小组一起玩。

注意观察学生们的表现，选择表现好的进行表扬，不好的予以制止、教育。

【设计意图】本游戏主要通过孩子们的真实表现来引起大家的思考。有些就餐时的礼仪，说说都会，但是在生活中往往是做不到。这样的场景一般都在家里，不好搬到课堂上进行分析展示，所以专门设计"糖果大逃生"的游戏，让孩子们先玩再想，从而在最真实的环境中去反思自己的行为。

师：刚才大家在动筷子的时候，有的站起来、有的爬起来，你们平时吃饭就是这样吗？（教育学生吃饭的时候要注意礼仪、文明）

师：让我们再回到餐桌上来，当美味佳肴都摆上了桌。却又一双筷子孤零零地放在一边，你们知道这双筷子是做什么的吗？

生：给大家夹菜用的公筷。

师：对，这双筷子就是公筷，当你在餐桌上要给别人夹菜时，就要用到公筷，这样更卫生、更文明。筷子的故事又来了，让我们大家一起再来看看，对了，有一位老爷爷啊，特别喜欢吃、也特别讲究吃，就让老爷爷和大家一起来吃这顿大餐吧！同时咱们也要比一比，看看哪位小朋友最听话、最守纪律，老爷爷一定会奖励他的，好，请大家一会儿边看边等。

【设计意图】仔细观察教材就不难发现，在本课的配图上，都有涉及"公筷"的内容。对于公筷的讲授是非常有必要的，随着社会的进步和大家文明意识的提高，用公筷这样的文明行为是值得大力提倡的，但是就中国人的饮食习惯而言，还是很难普及的。不过这并不妨碍在孩子们幼小的心灵里埋下一颗种子，等他将来长大了，一定会有所受益的。

（教师退，化装成老爷爷上场）

师（打招呼）：小朋友们，大家好！李老师请我来和大家一起吃大餐，你们准备好了吗？

老爷爷随机进入某个小组，教孩子们要请长辈先入座，并起立表示欢迎。

说完后起身，再进入另一个小组，检查孩子们是否理解。

【设计意图】教师简单装扮成老爷爷，肯定是瞒不过一年级的孩子，但是这样的设计，让已经上了20分钟课的孩子们倍感新奇，而且乐于表达自己的所见所感，相比老师的生硬说教，效果要好很多。而且装扮过后，也让孩子们知道，在以后的生活中如果遇到类似的场景，可以学以致用，实践起来。

（五）观察发现

老爷爷入座：小朋友们，咱们中国人吃饭可是有很多的讲究和规矩的，这些都是餐桌上的礼仪。刚才的故事中你有什么发现？

生：餐桌上要等长辈先动筷子！

师（老爷爷）：是啊，当大家在一起吃饭时啊，就要等我们老年人先动筷子，你们才能动，要听长辈的话。

师（老爷爷）：看到孩子们这么听话，老爷爷还想和大家玩一个游戏，名字叫"超级变变变"。

（老师现场脱下假发，带上大头儿子的头饰）

师（大头儿子）：嗨！大家好！你们认识我吗？我是你们的好朋友大头儿子啊！

表演：

　　大头儿子回家吃饭的场景：

　　①不等家人，自己开饭。

②饭前不洗手。

③挑食。

④吃饭狼吞虎咽。

⑤浪费粮食。

教师表演完，脱下头饰，重新变回老师。

师：刚才啊，我们的好朋友大头儿子在吃饭，他说自己是个吃饭有讲究的人，你们同意吗？你们发现了什么？

生1：不等家人，自己开饭。

生2：饭前不洗手。

生3：挑食。

生4：吃饭狼吞虎咽。

生5：浪费粮食。

……

【设计意图】又一次变化，实质上是对餐桌礼仪的一次找错练习。其表演的场景就是孩子们生活中最常犯的错，也是家长们常常说的问题。但是道德与法治课要求，还是要加强正面引导。如果直接出示学生们在就餐时出现的问题，往往会对当事的学生产生不良的影响。所以通过卡通人物"大头儿子"就轻松解决了这个问题，让孩子们在轻松愉快的氛围中发现问题、提出建议，从而达到了总结全课、温习深化的效果。这是一次很好的教育和检查，也是本课的高潮部分。

（六）总结延伸

师：你们发现得真多，相信大家在以后就餐时也都能注意到这些问题，成为一个"就餐文明星"。

师：在课后设计了一个作业，每位同学来完成一份表格。每天吃饭的时候来给自己打分，选出咱们班的"就餐文明星"。

好！下课！

【设计意图】布置作业也是对于学生上课收获新知识的一次巩固和深化，毕竟在课后的实际生活中，还是要让孩子们逐步去改正和进步。养成一个良好的生活习惯绝不是一朝一夕的事，但是通过坚持和努力，家校合作、齐抓共管，一定能让孩子们有进步和成长。

七、板书设计

作业布置：

争做就餐文明星

＿＿＿＿年级 ＿＿＿＿班 姓名＿＿＿		周一		周二		周三		周四		周五	
		做好 给笑 脸 tú 红色	做不 好给 哭脸 tú 红色	做好 给笑 脸 tú 红色	做不 好给 哭脸 tú 红色	做好 给笑 脸 tú 红色	做不 好给 哭脸 tú 红色	做好 给笑 脸 tú 红色	做不 好给 哭脸 tú 红色	做好 给笑 脸 tú 红色	做不 好给 哭脸 tú 红色
吃饭前	好好洗手,教教家人6步洗手法,帮助家人摆碗筷	☺	☹	☺	☹	☺	☹	☺	☹	☺	☹
吃饭时	声音小、不说话 不看电视不贪玩 细jiáo慢咽不挑食	☺	☹	☺	☹	☺	☹	☺	☹	☺	☹
吃饭后	吃完饭帮家人收拾碗筷,不做jù liè运动	☹	☹	☺	☹	☺	☹	☺	☹	☺	☹

八、教学反思

本课讲的是一年级上册道德与法治第三单元第二课《吃饭有讲究》中的内容。"吃"的内涵十分丰富，一提到"吃"，很多学生就提起了兴趣，但对怎样吃是文明的，一年级的学生就不知道了。针对学生们在现实生活中暴露出来的不讲卫生、不注重礼仪、营养不均、偏食挑食、浪费粮食等问题，本节课，我从学生的年龄特点出发，从兴趣入手，针对"如何吃得好、吃得有讲究"这一主题，让学生在原有生活经验的基础上得到提升和发展。

我认为本节课整体上是成功的，通过游戏活动、表演发现，能够明显从学生们身上看到他们都在思考、在成长，这是最难能可贵的。无论是带来脸盆和水让孩子们亲身实践，还是装扮成老爷爷、大头儿子进行游戏和讲授，很多时候孩子们的表现是最真实的。比如在看完第三段关于筷子的视频故事后，我戴上假发和粘上胡子，走进教室，走到孩子们中间，就会有很多孩子愿意把自己的座位让出来让我坐，还会轻轻用手扶一下我，这是让我非常感动的。还有在大头儿子的表演中，孩子们看得很仔细，当我摘掉头饰，变回老师的时候，孩子们马上举起了小手，有话想说，想要给"大头儿子"提些意见，当然在给别人提意见的同时，也是对自己的一种反思和检查，相信孩子们在以后的生活中，遇到类似的场景一定能有所触动、有所思考、有所成长。

本节课的不足之处在于节奏较快，对于反应和表达稍缓的孩子来说，有些跟不上。整堂课会让人感觉就是善于表达的孩子们的舞台，难以关注到其他孩子的表现。所以这也是严重影响本节课最终效果的重要因素。我想还是要放慢脚步、不要着急进行下一个环节，而要重视各个层面上学生的表达和展示，哪怕说错了、不在点儿上，也要增加整堂课的参与程度。

最后，我感觉在道德与法治学科的教学中，能让孩子有快乐的生活体验，也是非常重要的。因为只有在快乐的体验过程中，孩子们才能真正成为课堂的主人，才能真正地讲真话、做真事，才能渗透好我们的品德教育和道德熏陶，为以后的高品质生活打下基础。

作者简介：

李靖，中小学二级教师。在完成本职语文教学工作的同时，善于创新、开拓更多的领域。他在小学道德与法治学科的研究与学习中，先后取得了区级、市级、省级的多项荣誉，特别是在思政课的研究与探索中，认真专研，取得了太原市"时代新人"优质思政课两届大赛一等奖。

《大家排好队》教学设计

杏花岭区东华门小学校

李　敏

一、教材分析

本节课的教学目的在于，通过实践体验、对比，引导学生树立排好队的意识，认识到排队的重要性和好处，并在实践中掌握排队的方法，并自觉地运用到自己的生活中。

二、学情分析

守规则、懂礼让是人类文明进步的表现，也是对小学生进行德育教育的重要内容之一。小学生在课间活动、发作业本、值日等情况下存在秩序混乱的现象，因此很有必要给学生上好这一课，引导他们养成自觉遵守和维护公共秩序的好习惯，做到在公共场所排队。

二年级的学生已经具备了初步的思维能力，能够对自己看到的、听到的进行思考和简单的分析。学习本课，让孩子们在体验、观察中建立排队的意识，并在学习中不断强化排队的重要性和好处。孩子们也已经有能力通过自己的生活经验和思考，总结出一些排队的方法。

三、教学目标

1. 知识与能力目标：认识公共秩序和人们生活的密切关系，从而懂得遵守公共秩序是维持正常社会的基本条件，是社会文明的具体体现。

结合社会生活实际，了解排队的基本行为规则。

2. 过程与方法目标：在活动中体验集体排队的快乐，懂得遵守排队的基本行为规则。

3. 情感态度价值观目标：感受集体活动中秩序的重要性，懂得在公共场所要自觉排队，做一个讲文明、有教养的人。

四、教学重点

1. 教学重点

认识到排队的重要性，掌握排队的规则，学会如何排队。

2. 教学难点

学习掌握排队的规则，懂得礼让是文明的更高表现。

五、教学方法与手段

创设情境、实操体验。

学生能在真实的情境中体验到排队的重要性，并在实操体验中不断反思、总结、成长，掌握排队的方法。

六、教学流程

课前活动：

今天陈老师要和咱们班同学一起来学习，我们先来玩个课前小游戏。就来玩正话反做的游戏。老师说什么，你就反着来做。

（一）谈话导入，通过实践感受不排队的危害，建立排队意识

出示PPT（太原风景图）。

师： 孩子们，也许你们已经注意到了老师身后的这张城市风景图，这是哪里呢？猜猜看！

生： （齐答）太原。

师： 对，就是我们美丽的家乡——龙城太原。近期太原市上上下下都在齐心协力创建全国文明城市，全市的少先队员也积极参与了"共创文明城市

争做文明少年"的主题活动。作为一名辅导员，老师也想邀请我们学校的少先队员来当文明观察员，用你的眼睛寻找文明榜样或者发现不文明现象，大家愿意吗？

（预设：愿意）

师：好，现在我发布招募令。凡是热爱家乡、行为文明、遵守纪律的少先队员都可以报名参加。在校级文明评比中获得优胜奖章的队员可优先录取。你们瞧，金灿灿的奖章就在这里，想要吗？数量有限，想要的话就赶快来领取吧，快来呀，孩子们！

【设计意图】通过这个环节来检验学生是否有自觉排队的意识。可能就会出现两种情况：一是不排队；二是自觉排队。如果不排队，就为后面的学习做铺垫。由没有排队的意识到建立排队的意识（认识到不排队的危害性及排队的重要性），再到学习如何排队。

学生上台领取。

预设：一哄而上，不排队没有秩序。

师：好，同学们现在请大家回到座位上去。

师：孩子们，文明奖章是奖励给举止文明的孩子的，虽然有些同学手里拿到了奖章，但这是老师奖励给你的吗？不是，是你们自己拿的。那来说一说，你们刚才的表现文明吗？

（预设：不文明，因为表现不好，太乱了，没有排队）

师：刚才大家一哄而上，挤成一堆，如果老师不及时制止同学们，大家预想一下也许会发生什么？

生（答）：略。

师：是啊，这样不排队，没有秩序的行为既不文明又十分危险。

（教师播放视频资料和图片）

师：孩子们，看到这样的消息，你有什么感受？

师：同学们都意识到了排队的重要性，老师真为你们感到高兴。但是生活中仍然有许多人不去排队，因此造成了许多悲剧。如果生活中大家都能自觉排好队，（板书课题）我们的生活又将是怎样的一种情形呢？这节课就让我们一起学习《大家排好队》。

【设计意图】以太原创建全国文明城市活动为契机，将本课学习内容与学生的生活实际紧密相连。通过领取文明奖章的实践活动及相关资料的补充让学生初步感受到排队的重要性。

（二）通过排队领取"文明少年观影体验卡"活动，认识排队的好处

师：这节课，陈老师还给大家带来了一个好消息。近期太原万达影视城正在搞活动，专门开设了儿童电影专场。有很多好看的电影，比如……

师：这么多好看的电影，同学们想看吗？老师这里为大家准备了电影优惠券了，想要的同学就赶快来领吧。

（预设学生自觉排队领票）

师：回想一下我们刚才领优惠券的过程，和第一次上台领徽章相比。你们感觉怎么样？

（引导学生和第一次上台领徽章相比）

（预设：好多了，排队了）

师：那我们刚才是怎么做的？能细细地说说吗？

（预设：排队）

师：你们是怎么排队的？

（预设：一个个排队）

师：可是我们提前并没有安排啊？一个一个的顺序怎么确定呢？

（预设：先来后到）

师：先到的就排在前面，后来的就自觉排在后一个。我们正是按照先来后到的原则来排队的。

师：这样排队就比随意插队乱站要——文明有序。

（预设：文明有秩序）

师：再接着想一想，我们刚才怎么排队的，有注意到吗？一个人和一个人之间还——留有距离。

（预设：留有距离）

师：这样排队有什么好处呢？

（预设：不会太挤，就会更安全）

师（小结）：同学们真棒，不仅已经有文明排队的意识，还善于总结思考。电影票已经拿到手了，现在我们一起出发去看电影吧！

【设计意图】引导学生将两次实践活动进行对比，从不知道排队，到懂得排队，再到总结出排队的好处，学生在参与中思维得到发展。

（三）模拟排队，学会排队的方法

活动一：

排队乘坐公交车，习得方法——沿车身方向排队。

师：哎，万达影城离我们还有一定距离，咱们怎么去呀？选择什么样的交通工具去更合适呢？你们快出出主意。

（预设：学生说坐大巴或公交车）

师：好咧，我们就坐公交车或者大巴车去吧。嘀嘀，车来了。

师（假设为一个老人）：哎哟，好痛。别挤别挤。孩子们，车一来，好多人都一窝蜂地向车门涌去。老师被踩了好几脚呢，面对这样的情形你们认为应该怎么做？

（预设：应该排队，号召大家排队）

师：大家同意这样的做法吗？

（预设：同意）

师：坐车的人太多了，正对着车门排不下，这个时候应该怎么排呢？谁有好办法？

（预设学生：沿着公交车身的方向排）

师：这个主意真好，现在我们就排好队上车出发吧。

【设计意图】通过设计"老人和孩子是否排队"这一话题，让学生明确"先来后到"的原则是人人遵守。并通过图片让学生学会，乘坐公交车时要沿着公交车身的方向排队，依次上车。

活动二：

模拟乘扶梯过程，习得乘梯的规则——左行右立。

师：很快就来到了万达广场。万达影城在四层，咱们怎么上去呢？

（预设学生：可以乘直梯也可以乘扶梯）

师：说得对，我们现在就来体验一下吧。先来坐坐扶梯。

师：谁想尝试呀？呀，这么多同学都想尝试呀，可是场地有限啊，这样咱们先请中间的这两组同学来试一试，其他同学别着急，稍后还有其他活动可以尝试。

师：请听清楚规则：后面的黄线是上梯处，前面的黄线是下梯处。一会儿，同学们从上梯处缓慢前行通过下梯处。要注意扮演好小小乘梯者的角色。其他同学，你们作为文明观察员，也有任务，就是要仔细观察他们在乘坐扶梯时的表现。都准备好了吗？好，开始站队。

师：现在可是在电梯上啊，大家要扶好站好。老师也是一个乘梯者。

（情境表演：模拟乘梯，老师中间插队）

师：哎呀哎呀，前面的让一让，我有急事，让一下，谢谢。

（结束后交流）

师：这些同学已经乘梯完毕，现在文明观察员们，你们来说说他们刚才的表现吧？

（预设：同学们排队了，但是老师插过队，没有按顺序）

（预设：在电梯上穿行很不安全）

师：可是我真的有急事，很着急的。我想生活中同学们也肯定遇到过这样的情况，有的人就是有急事需要先过去，那怎么样就能让像我这样有急事的人，在扶梯上能既快速又安全地通过呢？

（预设：学生自己能想出办法）

生：站在一边。

师：站在哪一边呢？

生：右边。

师：同学们想的办法真好。其实在乘扶梯时有这样一个原则，就是"左行右立"。

师：在很多文明城市，人们在乘扶梯时都是这样做的。

（预设：想不出办法）

师：想不出也没关系，老师教给大家一个办法，我们在乘扶梯时要按照"左行右立"的原则来排队。在很多文明城市，人们在乘扶梯时都是这样做的，方便有急事的人安全快速通过。这样做多好啊，以后咱们也要这样做啊。

活动三：

模拟乘直梯过程，习得乘梯的规则——先下后上，中间下两边上。

师：刚才还有同学提议乘直梯上去，那我们现在就来体验体验乘直梯这种方式。这次我们请两边的同学来参与体验。中间的同学们，这次换我们来当观察员。

（出示道具，请两个同学帮忙扶"电梯门"，请第一组同学先上电梯，第二组同学在电梯外等。其他同学还是文明观察员）

师：老师需要两个同学当助手来控制电梯门。

师：第一组同学们（5个人）你们的电梯来了。请打开电梯门。

师：一组的同学们你们的楼层到了，二组同学（15个人）准备上梯。请打开电梯门。

（出示超载提示声——"滴……滴……滴"）

师：我们电梯准乘10人哦，怎么办呢？

（预设：学生主动走出电梯。表扬这几个懂得礼让他人的学生，把文明奖状奖励给懂礼貌的学生，请他们回到座位上去）

师：好，现在电梯门关上，开始运行。已到四楼，请下电梯。（打开电梯门）模拟乘梯的过程结束，请同学们回到座位上。

师：现在小小观察员们说说，你们刚才观察到了什么？

（预设：自觉排队、先下后上、超载时自觉礼让等下趟电梯，在外排队时，靠右站，左边出）

师：关于怎么上下的问题，在我们生活中有许多地方还会遇到。比如坐公交时我们是前门上，后门下。再比如这个（出示地铁PPT），同学们认识吗？

（预设：地铁）

师：咱们太原有没有？

生：有。

师：你们坐过吗？

生：坐过/没坐过。

师：所以我们都得学会怎么上下地铁。看，这里就有标识线。我们要中间下，两边上。

【设计意图】通过模拟乘梯，再次强化学生的排队意识，并渗透乘梯的一些原则，让学生不仅有排队的意识，更要掌握排队的方法。

活动四：

通过观察，明确排队时要留心标识。

师：我们终于来到了万达影城的四层，观影前我们要买票。这是售票窗口的情形，文明观察员们，仔细观察，说说有什么发现。

生1：有一条黄线提示请在一米外等候。

师：你们在哪里还见过？

生2：银行窗口、安检口等。

（教师出示图片）

师：为什么非得站在一米线以外呢？

（生答略）

（预设：安全、不拥挤、保护隐私）

师：所以我们在排队时，也要注意看清标识，因为这样能让我们办事更高效。

（板书：先下后上）

师：好，现在让我们遵守规则，在一米线外排队买票。

活动五：

话题引出不随意插队的原则。

师：呀，排队的人好多啊，终于快到我们了。哎，一回头，呀，老师看见你啦，看见你啦。赶快赶快站到老师前面，咱们师生这么亲密多好。行不行呀？

生：不行。

师：看来我们不仅自己不插队，我们还不能随意让别人插队。在许多公共场所也有这样的提示语。

师：按要求排队，不随意插队，这才是有序排队、人人公平的体现。

师：现在让我们赶快检票进场吧，我们需要——排队。进入大厅坐座位我们也——排队。终于坐好了，孩子们电影马上就要开始啦，准备好了吗？

生（答）：准备好了。

【设计意图】通过观察，首先让学生认识到原来排队时还应当注意相关标识，然后通过小场景的设置，联系生活让学生明白插队是一种不文明现象，应当抵制，在任何情况下都不可以插队。

（播放视频）

活动六：

话题引出体会文明的最高境界是懂得礼让他人。

师：电影好看吗？就是因为排好了队，我们才这么顺利地看到了好看的电影。可是同学们，在生活你遇到过这样的情境吗？

依次出示图片并讲解：

——下车的时候让年纪大的先下；

——打水的时候让比我们年龄小的先打；

——上厕所的时候让一让比我们更着急的。

师：有过这样的情境吗？说说看。

（生答略）

师：这么多同学都有过，看来在生活中你们不仅懂得遵守规则会排队，还懂得礼让他人，这是更高层次的文明，真了不起！

活动七：

引导学生从校园入手，体会排队与我们的生活息息相关。

师：同学们，今天我们学到了这么多关于排好队的知识，大家准备在校园的什么地方排好队呢？

（预设：进校门、上操、上体育课、上下楼梯、上厕所等）

师：我们是这样说的，也是这样做的。

（播放PPT）

（预设：上下楼梯、课间操、进教室、出入校门）

师：大家在校园中做得这么好，老师相信大家走出校门，在生活中肯定能做得更好。

出示图片：等车、银行取钱、挂号。（集结在一张图中）

（四）总结

师：是呀，虽然只是排好队这么一件简单的小事，但是如果我们能养成这样文明的良好习惯，人人都能先来后到，社会就会彰显公平；留有距离，人人就有了安全的保障；看清标识，我们办事就会更加高效；懂得礼让他人，人与人之间就会更加文明友善，那我们的社会、我们的国家就会是一个和谐的大家庭。

（五）课后延伸

师：这堂课马上就结束了，下面老师布置一个小小的课后作业，就是请同学们和家长一起设计排队宣传画，张贴在你认为需要排队的地方，让更多的人加入自觉排队的行列。创文明太原城，做文明太原人，让我们共同努力吧！这节课就上到这，下课。

七、板书设计

大家排好队

先下后上	公平
保持距离	安全
看清标识	高效
礼让他人	文明

八、教学反思

《大家排好队》是二年级上册道德与法治学科第三单元《我们在公共场所》的第三课。在公共场合遵守规则、懂得礼让是人类文明进步的表现，也是对小学生进行德育教育的重要内容之一。

排队虽说是一件小事，但是跟我们的生活关系紧密，学生也有一定的生活经验。结合学生的年龄特点和本课的教学内容，在教学本课时，我主要是以学生参与体验为主，让学生在真实的情境中，通过实操感受、观察思考等方式来认识到排队的重要性，并在体验过程中能根据不同场合总结出排队的具体方法。

道德不是说教，而是源于真实生活的体验，是社会成员在体验中达成的一种共识。开课时，我结合争创全国文明城市这一社会热点话题，引出学生上台领文明奖章这一活动。然后引导学生去反思活动表现，并通过链接相关的新闻报道，让学生自己反思认识到不排队既是不文明的又是特别危险的行为。随后，我以"看电影"这一主线来设计活动，领购票优惠券—坐车去看电影—坐电梯到达影厅—买票—观影，在每一个环节中都涉及排队的问题。从最初的一哄而上，到相互提醒要自觉排好队，通过观察、思考，学生们自己根据不同的情境，总结出排队的方法，从而使我们在课堂上看到学生们思维的成长和习惯养成的变化过程。这是一种最真实的呈现。

在本课的教学中当然还存在许多需要改进的地方。例如：这是一节以活动体验为主的课，如何更有效地组织活动，并在活动中更机智地引导这是需要在教学实践中不断磨炼的。再比如，关于看清标识线这一环节的处理上，关于"标识线"这一比较专业的术语，应该让学生更准确表述。关于"为什么要看清标识"的话题，处理还不够成熟。

在道德与法治学科的教学中，要让学生有快乐的生活体验，在体验的过程中渗透好我们的品德教育和道德熏陶，才能让学生能够更好地生活、更好地成长。

作者简介：

李敏，中共党员，杏花岭区东华门小学校教师，山西省模范教师，山西省"三晋英才"支持计划青年优秀人才，山西省教学能手，山西省教科研先进个人，太原市优秀少先队中队辅导员、优秀班主任、学科带头人，杏花岭区优秀德育课教师。在加入"苏秀荣名师工作室"期间，她不断提升专业素养，总结、分享教学经验，进行道  德与法治学科的课题研究，做好师徒结对帮扶工作，用一颗质朴的爱心默默奉献于三尺讲台，以实际行动探索出一条新一代学者型教师的成长之路。

《干点家务活》教学设计

杏花岭区北大街小学

贺　帅

一、教材分析

本课依据课程标准"负责任、有爱心地生活"中的第2条"爱父母长辈，体贴家人，主动分担力所能及的家务劳动"，"健康、安全地生活"中的第4条"爱护家庭和公共环境卫生"，"愉快、积极地生活"中的第9条"敢于尝试有一定难度的任务或活动"编写。

本课旨在引导学生以参与家务劳动的形式承担家庭责任，从家务劳动中体验成长和进步的快乐，认识到分担家务是热爱和体贴家人的一种表达方式。重点指导学生认知做家务有很多好处，可以开动脑筋，增长本领，从而激发学生探究把家务做好的方法，还要学会解决做家务过程中遇到的困难。

本课是部编版教材一年级下册第三单元的最后一课。本单元的内容从认识自己和家人间的关系开始，经过体验家人的爱，发现家人间的相互关怀，到学习自己整理自己的物品，再到这一课学着干点家务活，实现了一个升华，就是鼓励学生主动帮助家人做力所能及的事，承担一定的家庭责任。因而，这成为本单元的最高目标要求。

二、学情分析

一年级学生虽然年纪小，生活自理能力和自制能力较弱，但也是家庭的重要成员，也可以分担一些力所能及的家务，这关乎学生的独立成长。部分学生有做家务活的主动性和积极性，部分学生有和家长一起做家务的经历，但是缺乏更多家务锻炼的机会和家长正确的指导。七八岁的儿童对家务活的热情普遍高出我们的想象，通过做家务能让学生产生参与感、担当感，感受到自己的"努力"能够为家庭生活带来美好，意义非凡。他们正处在品德、行为习惯的形成期，针对以上特点，本课将以"模仿、实践、挑战"等多种活动形式，引导学生了解做家务的意义，分享适用有效的做家务方法，在别人的帮助下学会更多做家务的好方法，同时学会解决做家务过程中遇到的困难。

三、教学目标

1. 通过交流学习，初步了解做家务的乐趣。

2. 在活动中，感受家务劳动的形式多样，乐于劳动。

3. 在交流展示中，萌发主动参与到家务劳动中的愿望。

4. 明白坚持主动做家务、分担家务活也是爱家人的表现。

四、教学重难点

1. 教学重点

（1）初步了解做家务的乐趣。

（2）感受家务劳动的形式多样，乐于劳动。

2. 教学难点

（1）萌发主动参与到家务劳动中的愿望。

（2）明白坚持主动做家务和分担家务活也是爱家人的表现。

五、教学方法与手段

1. 情境创设法

利用"小猪佩奇"带领孩子们进行有趣的家务劳动大比拼活动，从而将学习家务活变成新鲜好玩的事情，激发学生学习热情。

2. 动手实践法

游戏比拼的情境之下，鼓励小组内展开充分地交流与展示，将自己生活中有趣的劳动技巧展现给更多同学。

3. 故事感知法

利用低年级同学喜欢的绘本形式，思考家务活究竟应该由谁做？通过思辨，明白家务活主动做坚持做就是爱家人的表现。

六、教学流程

（一）热身游戏

上课前带领学生玩个小游戏，放松一下。

师： 你们玩过丢骰子的游戏吗？谁想上来玩？孩子你看到什么，就做一个什么动作好吗？（擦桌子、墩地、扫地、做饭、洗袜子）

师： 游戏做完了，我们准备上课。

【设计意图】选择与家务活相关的小游戏，让课堂充满活力。

（二）谈话导入

师： 刚才大家猜的这几个动作有一个共同点，就是都属于家务活。今天咱们就聊聊《干点家务活》这个话题。

师： 说到家务活，老师把爱劳动的佩奇请到了课堂上，让同学们和佩奇一起学习，学得好的同学还有机会赢得佩奇勋章。

师： 看，这就是佩奇勋章，想要吗？想要就得靠实力说话！

师： 你们知道老师最喜欢做什么家务吗？老师最喜欢洗袜子。当老师把全家人的袜子都洗干净，夹在衣架上，心里特别有成就感。你们最喜欢干哪些家务活呢？当你做完家务活时，感觉怎么样？

（总结：看来做家务带给我们满满的成就感，累并快乐着，能为家人付出很值得）

【设计意图】谈话导入新课，拉近与学生的距离，同时创设与"小猪佩奇"一同学习的有趣情境。

（三）家务小明星

1．提问谁是班里的家务小明星

师：佩奇建议咱们进行一场海选，选出咱们班的家务小明星，怎么样？

2．海选开始之前播放录音

（播放佩奇的录音：亲爱的小朋友们，大家好，我是佩奇，游戏开始前，我要宣布几条游戏规则，大家要认真听哦！当听到老师说"开始"，才能动手完成任务。当听到老师说"停止"，不论你们是否完成任务，都不能再继续动了哦！当你完成了任务，就要马上举手示意老师哟！小朋友们，游戏规则讲完了，祝你们玩儿得开心，拜拜！）

师：孩子们，游戏规则听清楚了吗？

师：好，先把你准备好的衣服从身后袋子里拿出来，谁的小衣服最听话呀？

3．进入海选第一场——叠衣小明星

师：拿出你的小衣服，平整地铺在桌子上，我们看谁得叠得最整齐。预备，开始……

教师巡视，指出叠得好的一位学生，并让他上台教大家叠衣服。

上台的学生讲叠衣服的方法：第一步是铺平，就是给衣服伸伸手；第二步是两个袖子折回来，抱一抱；第三步是把下面的对折一下，是弯弯腰。如果衣服有扣子，那就是关关门，然后再伸伸手……

师：看这样一件衣服就叠好了，她的办法真不错，他是今天的叠衣服小明星，奖励他佩奇勋章。（咱们一起夸夸他！）

师：我们把他叠衣服的方法总结了一下，下面咱们一起来读一读吧！

生（读）：略。

师：这种叠衣服的小窍门你学会了吗？叠衣服是不是更容易？自己再来试一次吧！

师：老师还有一种快速叠衣服的好办法，请看大屏幕。

（屏幕显示图片）

师：这个办法，借助了用纸片自制的工具，谁想上来试一试？

师：用这个办法，三四秒钟就把衣服叠好了，大家觉得怎么样？

师：叠衣服的方法，想不想再学一招？给我点掌声呀！看看老师怎么叠！

（台上完，台下再来一次）

师：我再到这儿叠一次，刚才没看清的同学，欢迎大家围观啊！

师：想学吗？回家和爸爸妈妈一起研究一下吧！叠衣服的方法这么多，看来想成为家务小明星，还是需要我们多动脑筋呢！

4. 海选第二场——家务小妙招

师：课前，老师请同学收集了一些做家务的小窍门，你们准备好了吗？快把你们的小妙招在小组内和小伙伴们交流一下吧。

（学生交流略）

师：老师刚才听到你们介绍的家务妙招特别好，还有同学带来了实物，咱们不妨请他们来展示一下自己的巧办法吧？

（展示略）

5. 询问学生感觉收获怎么样

（板书：动脑筋，长本领）

生1：很快乐，很有趣，有这么多种形式，我很喜欢这样做。

生2：家务活充满了趣味性，不但让咱们开动脑筋，还能让咱们长本领呢！

……

【设计意图】利用闯关学习的方式，将巧干家务活的意图层层渗透于课堂之中，学生学习轻松，同时激发学生交流更多家务小妙招的热情，感受家务劳动的乐趣。

（四）《朱家故事》

师：接下来，佩奇要奖励机灵好学的你们一个故事，请大家一起进入佩奇的故事乐园。坐直身体听故事啦。

（播放《朱家故事》）

师：听了这个故事，你们有什么想说的？

师：孩子们，你们的爸爸在家做家务吗？今天回家了把这个故事讲给爸爸听听。

师：你们家的家务活谁做得多？你知道她为什么做这么多活吗？

【设计意图】利用低年级同学喜欢的绘本形式，思考家务活究竟应该由谁做？通过思辨，明白家务活主动做坚持做，就是爱家人的表现。

（五）家务活我能行

师：家中需要做的家务活，有很多，你愿意为这个家做哪些家务活呢？拿出你手中的家务活贴纸，把你愿意为家庭分担的三个家务活贴在这张卡片最靠左的一栏。

师：贴好的同学站起来说说，你愿意做的是哪些家务活。

（生答略）

师：你选择的这几个都是你拿手的吗？有没有同学选择了自己不太会做的？

（生答略）

师：对呀，已经会做的咱们得要怎么样做啊？遇到不太会做的呢？

（板书：学着做，经常做）

师：咱们家务小明星终极评选，靠的就是这张卡片，需要回家后爸爸妈妈为你的表现来打分，评分在三颗星以上的就能得到一个佩奇勋章，如果你能发现这种家务活的巧办法还能再得一枚佩奇勋章，一周以后，咱们把挑战卡交回来，看谁赢得的佩奇勋章最多！老师期待你们的表现！

（学生应答）

师：还有一些同学没想好，这些材料课后你们都能带走，现在，咱们先把桌面收整齐，坐端正。

【设计意图】利用学生喜欢的贴纸形式，鼓励学生课后继续做家务，为父母分担家务活。

（六）我的苦恼

师：你们都是爸爸妈妈的好帮手，咱们马上去生活中实践家务本领。大家有没有遇到过，你想做家务可家长不让你做的情况呢？

师：他们为什么不让你做呢？那你是怎么回应的？其他同学来帮帮他吧。（随机演一个）

（启发：大屏幕上这个场景你有没有遇到过呢）

【设计意图】将日常生活中的场景，在课堂上再现，学生进行思辨，明白坚持做家务的意义。

（七）总结

师：孩子们，当家长不支持我们做家务时，我们更应该主动去做，并且要坚持去做。因为分担家务也是爱。让我们在生活中，成为真正的家务小能手吧！

师：最后，老师将一首拍手歌送给大家，作为今天的学习大礼包！大家和老师一起拍手，会读的同学看着屏幕和老师一起读。

（音乐起，屏幕显示）

家务活，不麻烦，

动脑筋，长本领，

大家一起来分担，

会做的，经常做，

不会的，学着做，

分担家务也是爱，

人人参与家美满！

【设计意图】朗朗上口的儿歌，将本堂课几个重要的环节重温，达成教学目标。

七、板书设计

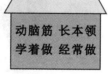

动脑筋 长本领
学着做 经常做

八、教学反思

本课是一年级下册第三单元第四课《干点家务活》中的内容。本单元从认识自己和家人的关系开始，通过体验家人的爱，发现家人之间的互相关爱，到学习整理自己的物品，再到本课，学着干点家务活，实现了一个升华，就是鼓励学生帮家人做力所能及的事情。

做家务对于每个学生而言都是新鲜的，学生基本都是乐于做家务的，可是也不乏一些父母阻止孩子干家务，从而剥夺了孩子体验做家务活时带来乐趣的权利，出现了一批在家几乎不做一点家务的孩子。针对这一问题，本节课我从感受家务活乐趣为切入点，针对家务活要"巧"干，来鼓励学生们回家做家务。同时结合学生们的生活经验以及绘本故事《朱家故事》，让大家交流在自己家谁是做家务最多的那个人，从而令孩子们明白家务活要主动分担，感受到自己作为家庭小主人的责任。

在"我的苦恼"环节，实际上是解决学生在生活中常见的几种"家务烦恼"，这个环节旨在以生活为背景，讨论遇到家人不让自己做家务，应该怎么办。但是自己在课堂教学中，没有能够把这个教学重点凸显出来。还需要在重点内容的渗透上再下功夫。这样学生们才能由课堂感悟回归到生活实践之中，把愿意承担家务的意愿，转换成实际行动。

道德与法治课程，更多的是从学生们的生活实际出发，解决生活中常见的一些问题，鼓励学生们走出课堂，从而在生活中实践自己的经验与所学。

作者简介：

贺帅，太原市教学能手，杏花岭区北大街小学教师，从事教育事业十年有余，性格开朗活泼，待人真诚友善，对教育事业有极高的热情。在教育教学中，她遵循"爱与尊重是教育的出发点"，全心全意为学生服务，注重从兴趣教学入手，根据学生的不同特点，琢磨出多种适合小学生学习的教学方法，并推崇个性和能力的培养，凭借积累的经验和不断地探索，使学生乐学、爱学。

实践篇（劳动教育类）

《年货购买"我在行"》教学设计

杏花岭区小东门小学校

孙晓星

一、教材分析

《年货购买"我在行"》属于小学综合实践活动课程中劳动教育类中的一课。本节的年货购物清单一课，是在学生已经掌握了一定的实践方法，并且学习了统计表等数学知识后设计的。学生在参与制作年货购物清单的过程中，不仅能了解传统节日——春节"办年货"的习俗，还能运用已有知识解决生活中的实际问题。通过本次实践活动可以增进亲子感情、增强对传统节日的了解。

二、学情分析

春节作为中国的传统节日，学生们对春节十分熟悉。但对于春节的必备项目——办年货的风俗却了解很少，家庭参与度也不高。

三、教学目标

1. 学生通过参与"办年货"活动，了解年货习俗，感受中华传统文化，提升文化认同感。

2. 通过创设情境，让学生自己设计家庭的年货购物清单。在小组合作中，提升协作能力。通过和父母共同购买年货，增强亲子关系。

3. 学生根据所学的统计知识，在具体情景中制作合理的年货购物清单，绘制统计图，体会利用数学知识解决实际问题的快乐和劳动的乐趣。

四、教学重难点

1. 教学重点

设计并制作家庭年货购物清单。

2. 教学难点

如何设计合理的家庭年货购物清单。

五、教学方法与手段

使用PPT资料展示、学生填写调查表、小组汇报交流等方式进行教学。

六、教学流程

（一）导入

今天我们社会实践课的主题是"传统民间习俗——办年货"。

（用PPT介绍办年货的由来）

祖辈、父母的C位年货（课前学生填写《那些年的年货——C位调查表》，了解祖辈、父辈的年货物品），学生汇报。

揭秘不同年代的C位年货好物。

（通过用PPT图文展示，师生一起回顾）

小小资料袋：

　　　60年代——年货是好米白面；

　　　70年代——年货是鸡鱼肉蛋；

　　　80、90年代——年货是电视机。

　　　21世纪的年货是……

说说你心中的C位年货有哪些？

1. 以小组为单位，讨论并填写我心中的年货有哪些？（组内完成表格）

2. 分组汇报我心中的C位年货。

【设计意图】通过穿越年货演变史的环节设计，让孩子们了解不同年代的

C位年货是什么，特别是祖辈、父辈的C位年货，了解传统习俗的发展历史。填写自己心中的C位年货，为后续设计合理的年货购物清单做准备。

（二）购物清单——我帮忙

（情景代入学习）

轩轩同学在办年货时遇到了麻烦，他收集了全家的C位年货，但要买的西太多，预算价格只有300元，大家如何帮忙设计购物清单？

1. 选择年货物品我帮忙

（PPT展示收集的年货物品和单价）

小组讨论筛选物品。

分组汇报说明理由。

帮助轩轩同学设计合理清晰的购物清单。

2. 清单设计我帮忙

小组讨论购物清单表的必要内容。

学生汇报，师生共同罗列。

各组成员组内合作，绘制特色购物清单。

分组展示（有选择地进行）。

【设计意图】本环节让孩子们在具体的情景中，通过参与并帮助轩轩同学解决购物清单罗列和筛选的难题，有效突破本课难点——选择合理的购物清单物品。通过讨论，有效筛选出合理的年货物品。学会对自己中意的"物品"断舍离，并兼顾家庭成员购物需求。小组共同完成绘制清单任务，不仅培养了学生协作能力，也能有效提高活动效率。

（三）控制预算——我在行

帮助轩轩同学控制预算，完成购买年货任务。

1. 不超预算共帮忙

（1）控制物品数量我帮忙

指答学生汇报控制方法。（控制每种物品的数量）

（2）小组计算并填写购物清单，确定购买物品及数量

第一，计算。

第二，汇报问题。

第三，完成任务的小组提出解决方案。

（3）其他组内更改购买数量，有效控制预算

2. 各组展示购物清单设计成果

第一，分组展示

第二，师生评价

第三，选出"最佳清单设计奖""最团结小组奖""最强预算小组奖"……情景代入，播放轩轩的感谢语音。

【设计意图】这一环节的设计和前面环环相扣，让学生在连贯的情景中，掌握控制预算的方法。本环节运用数学知识和方法来解决控制预算是一个难点。展示和评价环节，通过师生汇报、共同评价，筛选出优秀的购物清单。颁奖环节要针对不同层次的学生和小组，对学生的实践过程和成果都给予肯定，为后续实践活动奠定基础。

（四）巩固方法——我最强

师生共同梳理总结，教师指导小结，学生汇报。

汇报制作购物清单的方法。

师生共同梳理制作步骤。

【设计意图】课后小结环节能有效梳理制作方法，进一步渗透方法指导。为下一环节的任务布置奠定基础。

（五）任务布置

第一，设计并制作你们家的年货购物清单。

第二，根据清单和家人一起完成购年货的任务。

第三，根据购买年货物品清单，分类制成条形统计表，分析一下自己家的购物清单统计图，哪一类花销最大？哪一类花销最少？看看还可以怎么调整和改进？

【设计意图】任务布置环节为孩子们后续实操提供机会，让每一个孩子在亲自、独立设计自家的年货购物清单中"大展拳脚"。通过实践增进家人间的感情，增加孩子在生活中的家庭参与度。

七、板书设计

年货购买"我在行"

穿越年货演变史　　　　　　　　了解年货发展史

设计、制作购物清单　　　　　　罗列清单项目

　　　　　　　　　　　　　　　　筛选购买物品

　　　　　　　　　　　　　　　　确定购买数量

　　　　　　　　　　　　　　　　制作购物清单

　　　　　　　　　　　　　　　　控制购买成本

八、教学反思

　　本课《年货购买"我在行"》，依托具体购买年货情景，设计了"穿越年货演变史"、购物清单"我帮忙"、控制预算"我在行"、巩固方法"我最强"和任务布置五个活动环节。每个环节环环相扣，层层递进。让学生在真实的任务情景中，有效地完成合理设计年货购物清单的任务。第一环节——穿越年货演变史，让孩子们通过收集资料和课堂学习，了解年货演变历史和不同年代的C位年货；第二环节——购物清单"我帮忙"，通过帮助轩轩筛选年货物品、学会有效取舍年货物品；第三环节——控制预算"我在行"，在具体预算是300元的限定条件下，进一步让孩子们在小组合作中学会控制物品的数量和总价，并有效填写年货清单；第四环节通过展示、评价和梳理总结，师生共同整理了制作清单方法，学生不仅学习了优秀小组的方法和经验，也为课下自主实践完成自家的年货购物清单奠定基础。分层、分类评价肯定了所有学生的努力过程，为孩子们后续实践带来了信心。

　　但本课在教学过程中也存在缺憾。第二、三个环节学生用时较多，导致后续的评价、讨论环节过快，需要在后续的课堂教学中继续调整完善。活动过程中，学困生由于前期数学统计知识不扎实，导致小组合作中参与度较低，还需在课下继续辅导，并在任务布置环节提高能力。

作者简介：

　　孙晓星，2005年毕业于太原师范学院计算机科学与技术专业。现就职于山西省太原市杏花岭区小东门小学，杏花岭区综合实践活动学科教研中心组成员。任教13年以来工作兢兢业业，有丰富的数学教学和综合实践活动教学经验。曾荣获"杏花岭区综合实践技术比武一等奖"、全国论文二等奖等。

《种子的奥秘》教学设计

杏花岭区新建路小学校

刘　鑫

一、教材分析

2020年《关于全面加强新时代大中小学劳动教育的意见》一经发布，大家便将目光放在了"劳动教育"上。结合教育家苏霍姆林斯基的观点："劳动素养包括劳动创造活动的智力充实性和完满性、道德丰富性和公民目的性。"劳动教育正式走进小学阶段，成为小学生需要掌握的一项技能。劳动不仅能够帮助学生的智力得到发展，让学生的才能和爱好得以展现，同时也是一种人格教育，引导学生懂得尊重劳动和劳动者，进而认识到生活的真正幸福来源于劳动，明白"劳动最光荣"的深刻含义。

在此基础上，结合"中央农村工作会议"中指出的："一粒种子可以改变一个世界，一项技术可以创造一个奇迹。要舍得下气力、增投入，注重创新机制、激发活力，着重解决好科研和生产两张皮问题，真正让农业插上科技的翅膀"以及《综合实践活动课程指导纲要》中指出的："综合实践活动是从学生的真实生活和发展需要出发，从生活情境中发现问题，转化为活动主题，通过探究、服务、制作、体验等方式，培养学生综合素质的跨学科实践性课程。本课程面向学生完整的生活世界，引导学生从日常学习生活、社会生活或与大自然的接触中提出具有教育意义的活动主题，使学生获得关于自我、社会、自然的真实体验，建立学习与生活的有机联系。要避免仅从学科知识体系出发进行活动设计"来进行劳动教育课。

二、学情分析

考虑到城市里的孩子感觉播种、收割似乎离他们很远，因而教材选编这一主题，正是要引导学生留心生活、观察生活，特别是走进农村生活，了解种子的传播方式、萌发和生长的条件，真实地感知生命力的强大；培养学生的观察力、动手的能力、收集信息的能力、合作学习的能力、综合分析的能力；激发学生热爱大自然、探索大自然，通过劳动去验证自己猜想的情怀与强烈欲望。

基于以上思考，我决定选取《综合实践活动·研究性学习》四年级下册中《种子的奥秘》一课，并在其中贯彻劳动教育理念，引导学生在课堂学习中，了解小小种子中蕴藏的无限奥秘。鼓励学生动手劳动，尝试种种子，同时心中也埋下一颗探索希望的种子。

三、教学目标

1. 了解劳动教育的含义，产生爱劳动的意识。

2. 在动手实践的过程中观察种子，用生动优美的语言赞美种子。

3. 体会到农民种植的不易，感受到劳动者的伟大，进而理解"劳动最光荣"的含义。

4. 体会"一粒种子可以改变一个世界，一项技术可以创造一个奇迹"的含义，激发学生的劳动意识和热爱自然、探索自然、改造自然的情怀。

四、教学重难点

1. 教学重点

体会到农民种植的不易，感受到劳动者的伟大，理解"劳动最光荣"的含义。

2. 教学难点

体会"一粒种子可以改变一个世界，一项技术可以创造一个奇迹"的含义，激发学生的劳动意识以及热爱自然、探索自然、改造自然的情怀。

五、教学方法和手段

用谈话法、观察法、演示法、小组合作等方式进行教学。

六、教学流程

（课前谈话）

师：孩子们初次见面，听班主任老师说我们班的孩子观察力特别强，也很擅长劳动，教室总是被你们打扫得干干净净，究竟是不是这样呢？我来考考大家。

师：请看大屏幕，看到这幅图你想到哪首古诗？（出示《悯农》）你是怎么看出来的？

（预设：图中有农民，田地，农民还在流汗劳动，头上有太阳）

【教学评价】你抓住了图中关键信息知道了答案，真不错！接下来让老师听听你们美美地读。

师：那这幅图呢？（学生可能回答不上来）提示：你从图中看到了什么呢？（有牧童，老人，杏花村……）对，这首诗对应的古诗正是《清明》。让我们一起背诵下吧！清明，预备起……

师：孩子们，通过读图，我们可以获得很多有效信息，这是一种学习的好方法！（板书贴：读图获取信息）你们的观察力真是强，相信大家也会带着这种敏锐的观察力上好这节课的，上课！

（一）创设情境，导入新课

俗话说："清明前后，种瓜点豆"，对于勤劳的农民伯伯来说，清明可真是个播种的好时节啊！这不，来自东北的张伯伯，山西的李伯伯，云南的王伯伯正忙着准备播种呢！可是他们却都愁眉苦脸的，怎么回事呢？让我们来听听他们都在说什么……

（大屏幕出示三位农民伯伯的话）

师（提问）：张伯伯在哪里？你能用东北方言朗读吗？来自山西的李伯伯在哪里？谁会说山西方言？王伯伯呢？谁来？

师：农民伯伯们的烦恼，你们都听明白了吗？原来他们想让你们帮忙来挑选一下种子呀！你愿不愿意接受这个挑战？

（生答略）

师：好，老师先替农民伯伯谢谢你们这帮热心又爱劳动的孩子！

【设计意图】通过阅读三位伯伯的语言，创设比较真实的情景，引导学生意识到帮农民伯伯解决选种子的问题也是热爱劳动的一种表现。

（二）活动一：找种子

1. 过渡

师：挑选种子之前，我们是不是应该先认识认识它们呢？

（PPT显示橘子、苹果、甜瓜）

师：你们在哪里见过它们的种子呢？

生：果实里。

师：种子到底藏在果实的哪里呀？让我们一起动手找一找吧！

2. 课件出示活动要求

活动要求：

　　小组合作，利用工具找出植物的种子。

　　仔细观察种子，填写活动记录单。

　　特别提醒：使用工具时请不要把尖锐的一端对准自己或者同学。

　　时间：背景音乐《悯农》唱响2次后停止。

3. 展示交流

师：孩子们，你们找得那么投入，老师真不忍心打断，不过，我更期待分享你们精彩的发现！哪个组先来？

（同步展示小组种子照片）

某一小组的两位成员同时上台展示，一位介绍，一位拿种子。

师（评价）：你们的语言真丰富，观察很仔细，别的组还有补充吗？

　　　　你们组抓住种子的颜色、大小、形状，介绍得非常具体。

　　　　你们组用形象的比喻，把××种子的特点介绍得多么生动呀！

　　　　……

师：同学们，种子藏得这么隐蔽，都逃不过你们的火眼金睛，再次验证了我们班孩子敏锐的观察力！同学们，你们用生动、优美的语言，赋予了这些小小的种子以生命、以灵魂，让它们绽放出了璀璨的光芒。

（课件出示三位农民的影像）

师： 农民伯伯们听到你们的赞美，都心花怒放，乐不可支。瞧，他们正频频点头，为大家的表现点赞呢！农民伯伯也欢迎大家能来到他们的农田劳动，亲自种下帮他们选好的种子。（课件出示大拇指）

（三）活动二：选种子

1. 过渡

师： 同学们，认识了种子之后，就可以选种子了。不过选种子之前，我们先来猜一猜：种子的生长会跟哪些因素有关呢？为什么？

生： 水，阳光，空气，土壤，当地的气候条件……

2. 猜测

师： 你们的猜测到底对不对呢？接下来，让我们亲自来验证一下。

请从资料袋中任选一种种子，从文本信息中提取信息展开研究。

小组合作，以思维导图的方式提取关键词，并填写完整。

时间：背景音乐《春天花开》播放2次后停止。

师： 思维导图，你们会做吗？会啊，那我来考考大家。（板画——椭圆）这里面写什么？对，中心词（画四个分支，问这又是什么）对，它叫一级分支。一级分支之后就该画二级分支了。

3. 展示交流、评价指导、方法渗透

巡视中相机指导，找几个小组上台展示。

（板贴方法：抓关键词、写有效信息、勾画批注）

4. 合作修改

小组合作，二次修改，展示成果。

5. 检查

出图验证三处地方种子选取是否正确。

（四）科技农业，走向思政

展示几组现代科技农业照片，师做介绍。

【设计意图】利用图片的形式，引导学生感受科技的力量，带给传统农业翻天覆地的变化。

生谈感受。

出示："一粒种子可以改变一个世界，一项技术可以创造一个奇迹""劳动最光荣"。

师： 同学们，今天我们揭开了种子的奥秘，也明白了身为小学生的大家能做的劳动就是好好学习，帮助家里人做些力所能及的事情。相信明天你们一定能够用劳动的力量，用科技的力量，改造世界！

七、板书设计

种子的奥秘

——利用思维导图提炼信息

抓关键字
勾画批注 } 从文本中提取信息
写有效信息

劳动最光荣

八、教学反思

提到种子，对于孩子们来说并不陌生，但种子究竟长什么样？对于城市里的孩子，种子等同于水果或是植物里的籽，尤其是在找玉米的种子的时候，孩子们很是细致地将胚芽找出来，认为这就是玉米的种子，却忽视了玉米粒才是真正的种子，单将胚芽找出来是无法将玉米种出来的。同时考虑到中国自古以来就是农业大国，身为担负祖国未来希望的孩子们，也应该对农业有简单的了解，激发孩子们了解自然、探索自然、动手尝试的兴趣。也通过创设情境让孩子们进行职业体验，过一把当农民的瘾。其实对于"种子的奥秘"这个单元来说，学科融合是一大特点，尤其是考虑到身为语文教师，在探索种子的奥秘时，可以用优美的语言赞美种子，学习在文本中提取信息的方法，因此在备课时将以上两点作为教学目标。

综合实践活动课程本身的特殊性，促使教师对自身的角色定位有了新的认识，即要求教师是学生活动的组织者、合作者、参与者，综合实践活动需要教师的有效指导，于是我采用启发性、指导性、开放性相结合的方法进行教学。先以观察寻找为切入点，学生通过动手从给的果实中寻找种子，观察到了种子的样子，并用较为优美的语言形容种子的样子。再通过创设情境"帮农民伯伯选种子"，锻炼学生从文中提取信息的能力，尤其是采用思维导图的形式进行提取，更是一目了然。最后再切合当下提倡的思政课因素、劳动教育因素，以习近平总书记关于科技农业的一句话和关于劳动的名言，对学生进行思想方面的教育，引导学生意识到身为小学生的他们能够做到的劳动有哪些，明确劳动范围很广，好好学习也是劳动的一种。

当然通过教学，也发现了一些问题，如小组建设有待加强，小组合作时显得有点乱，有些同学不知道该如何参与其中，甚至在初次试讲时发现个别孩子把发下去的果实当作零食吃了，由此进行反思，在备课时应该考虑得再全面一些，设想到多种可能出现的情况，在进行学生动手活动之前应该讲清楚要求，让学生清楚要求后再动手操作观察。对学生发言后的评价也有待加强应对，有时候会只关注自己的教学进行到哪个阶段了，而忽视学生的回答，未能及时给予针对性评价。教学过程中学生是真正的主体，教师应该是根据学生的学习情况而进行指导帮助，由开始的示范引导，到后面的放手让学生自己尝试实践，在遇到问题时给予指点，让学生们能跳起来摘苹果，而不是把苹果送到学生手里，或是让学生根本够不到苹果。在设计用思维导图从文本中提取信息时，难度有些大，仅是简单地告诉中心词、一级分支、二级分支，学生在动手画的时候不知道应该画些什么，这个环节耗时较多，也未能达到预想的效果，应该以其中一种果实为例为学生提供范例，学生再动手画时会更有方向，也能体会到中心词、一级分支、二级分支这些专业术语。

在以后的教学中，我会继续努力，潜心钻研教材，多向经验丰富的教师学习，继续将劳动教育渗透到平时的教学中去，不断提高自己的教学水平！

作者简介：

刘鑫，本科学历，中小学二级教师，任职于太原市杏花岭区新建路小学。2013年参加工作，她工作踏实，团结同事，关爱学生，积极参与学校组织的各项教学活动，努力提升自己，将新的教学理念带到课堂中来。曾获得太原市杏花岭区综合实践活动学科教学标兵称号。人生格言是：在教育的百花园中，百花吐艳离不开园丁爱的奉献；在金秋的硕果园里，硕果累累离不开耕耘者心的浇灌。

《择菜洗菜我能行》教学设计

杏花岭区杨家峪街道淖马小学校

高警英

一、教材分析

本课以"择菜和洗菜"为活动主题，贴近学生生活，便于学生学习。指导学生根据不同的蔬菜种类用不同的择菜洗菜方法，学会如何洗菜和择菜，进而激发做家常菜的兴趣和探究欲望，体会劳动光荣，初步养成热爱劳动的态度。

二、学情分析

择菜和洗菜对于三年级学生来说并不陌生，有基本的生活经验和劳动意识。但是学生对不同的蔬菜要选择不同的择菜和洗菜的方法认识不够，做家务的主动性和积极性不强，家务技能有待提高。

三、教学目标

1. 知道根据不同的蔬菜种类选择合适的择菜和洗菜的方法。

2. 学会择菜和洗菜的方法。

3. 在活动中激发参与家务劳动的积极性。向榜样学习，以辛勤劳动为荣，懂得家务活要经常做，学着做，要有好方法。

四、教学重难点

1. 教学重点

（1）知道根据不同的蔬菜种类选择合适的择菜洗菜的方法。

（2）学会择菜洗菜的方法。

2. 教学难点

（1）在活动中激发参与家务劳动的积极性，向榜样学习，以辛勤劳动为荣。

（2）懂得家务要经常做，学着做，要有好方法。

五、教学方法与手段

用情景教学法、讨论法、任务驱动法、多媒体教学、小组合作等方式进行教学。

六、教学流程

（一）出示山西美食，吸引兴趣

你知道山西的哪些特色美食？

教师出示介绍山西特色美食的图片。

【设计意图】以家乡美食进行导入，吸引学生的兴趣，做好教学铺垫。

（二）设置情境，讲解说明

今天，小明家里来了外地客人，热情好客的妈妈决定露一手，做个山西特色美食——豆角焖面。好吃的焖面是怎么做出来的呢？出示做焖面的视频。

择豆角洗豆角比赛活动要求：

小组合作，先将一小袋豆角洗净。

择成小段放到干净的盆中，如有虫害将其去除。最后要将厨余垃圾扔到垃圾桶中，将桌面处理干净。用时最短且豆角处理干净组获胜。

活动时间为5分钟。

比赛结束，评出获奖小组。

【设计意图】创设做焖面情景，了解操作的程序、要求，懂得劳动的意义。

（三）采访交流，淬炼操作

记者采访环节：化身小记者采访获胜的人。根据学生的采访，教师引导得出是因为经常在家做。

除了经常做还要有好方法，好方法也能帮助我们更好地劳动。蔬菜可以根据择洗的方式分为五类：根茎类、瓜果茄类、鲜豆类、叶菜类、菌菇类。不同种类的蔬菜择洗的方法不同。刚才我们择的豆角属于鲜豆类，鲜豆类的蔬菜择洗的方法是什么？看视频来学习。根据视频和刚才学生的回答，教师和学生一起总结鲜豆类择洗方法：要先冲洗再去除两边丝状物。出示视频。介绍每种蔬菜的择洗方法。

【设计意图】设置小记者采访环节，在交流引导中得出劳动要点。

（四）项目实践

1. 小组派代表来挑选年夜饭

2. 出示活动要求

学生按抽到帮助做年夜饭的顺序来帮妈妈择菜洗菜。

小组合作。按任务单上提示的方法，学习不同的蔬菜选择不同的择菜洗菜方法。

活动时间为10分钟。提示使用蔬菜刨刀时要注意安全，厨余垃圾要放到垃圾桶中。

【设计意图】设置真实的劳动任务，引导学生在实践过程中探索知识，发展学生的自主探究能力，培养学生小组合作学习的能力。

（五）反思交流

遇到不会处理的蔬菜时要学着做。小组派代表分享每种蔬菜的择洗方法。填写劳动评价表，分享自己的感受。

【设计意图】学生在交流反思中成长，发挥评价的育人导向和反馈改进功能。

（六）榜样激励，激发热情

师：刚才我们用辛勤的劳动帮助妈妈做了香喷喷的年夜饭。妈妈的脸上露出了欣慰的笑容。劳动带来了美食，我们来品尝一下劳动的美食吧。出示美食图片。每种蔬菜都有不同的吃法，而且它们营养丰富。多吃蔬菜既能帮助我们提高自身免疫力，还能有力抗击病毒。相信你们在学校、在家里都能做一个爱吃蔬菜、多吃蔬菜的小朋友。

师：劳动不仅能带来美食，还能带来很多东西。袁隆平爷爷用劳动让全中国人民吃饱饭，钟南山爷爷用劳动让病毒无处可躲，清洁工叔叔阿姨们用集体劳动让我们生活的环境更加美好，其实榜样就在我们身边。正是一位位可爱的同学们让我们的校园、教室更加美丽整洁。劳动是艰辛的，但是却能带来好的结果，今天我们学习了如何择菜洗菜，懂得了不同种类的蔬菜择洗的方式不同，我们要经常做，要有好方法，要学着做。只要你付出劳动，就会得到你想要的。平凡的劳动孕育着伟大，希望同学们可以做一个爱劳动的好孩子。不仅课上要做，课下更要做，用劳动记录表记录你一周的劳动吧。可以自己评价，也可以让家长或同伴进行评价。

【设计意图】指导学生学习榜样的高尚精神和优秀品质，努力向榜样看齐。

七、板书设计

择菜洗菜我能行

经常做

好方法　不同种类用不同方法

学着做

八、教学反思

教学内容贴近学生生活，学习兴致高。导课环节用山西特色美食导入，充满地域色彩。之后进行趣味择洗豆角比赛，在课堂中形成相互学习、相互交流的良好氛围，给常做家务、会做家务的学生大显身手的机会。选择小记者采访环节可以更好地提供向榜样学习的机会，在采访中学生能更深刻地明白要"经常做，要有好方法"，促使擂台赛活动的目标真正落实。然后设置真实的"我来帮做年夜饭"的任务来驱动真实的体验，贴近学生生活，参与兴致高。教师提供支架，学生通过小组合作的方式，自主探究择菜洗菜的过程，尊重学生的主体地位，体会家长做年夜饭背后的辛劳与喜悦，在劳动中真正体会到劳动的价值和意义。最后进行榜样激励，激发学生劳动的热情。本节课也有很多需要提升、完善的地方，如要注意评价的多元化，增强创新性，让学生在体会劳动的辛苦中形成一定的技能。

作者简介：

高警英，本科学历，中共党员，任教于山西省太原市杏花岭区杨家峪街道涧马小学。任凤英名师工作室成员，曾作为新教师代表进行语文课堂教学展示，获太原市童心向党颂百年辉煌思想道德教育活动优秀组织奖。她活泼开朗，特别喜欢和孩子们打交道，永远怀着纯洁饱满的热情，不断要求自己成为一名知行合一的教书匠。

《我是小小工程师——KEVA 创意工程搭桥》教学设计

杏花岭区后小河小学校

尹伟伟

一、教材分析

桥，是一种生活中经常见的事物。我们以 KEVA 为载体，基于 STEM 教育理念，为学生开展搭桥的劳动实践活动。引导学生综合运用所学科学、技术、工程、数学（即 STEM 教育）等学科思维，在实践中反思技术要领，从而培养学生的想象能力、操作能力、跨学科知识运用能力、批判思维能力以及在实践中不断追求精艺的工匠精神。

二、学情分析

学生在语文课中学习过赵州桥，在生活中也见过各种各样的桥，有一定的生活经验作为基础。在搭建中，学生已经掌握一些基础搭建的方法，为搭建桥提供了基础保障。

三、教学目标

1. 能通过观看桥梁的图片和视频，对桥梁的基本构造中的拱形结构有初步了解。

2. 能在搭建过程中，加深学生对辛勤劳动、诚实劳动、创造性劳动理念的认同，能养成积极参与、通力合作的态度，培养不怕失败的坚毅品质。能在小组活动中，领悟到团队合作的重要性。

3．能将所学到的数学、科学中有关于计算和桥的结构的知识运用到KEVA搭建过程之中。能积极动手操作实践，熟练掌握多种操作（基本搭建方法）技能，综合运用技能解决搭建中的问题。

四、教学重难点

1．教学重点

能在KEVA创意工程搭建中对数学和科学课上关于计算和稳定性的知识进行体会、理解与运用，能在活动中通过小组合作领悟到团队合作的重要性。

2．教学难点

能通过不断挑战任务调动学生的多种器官，激活大脑的活动水平和能力，进行创造性劳动，培养不怕失败的坚毅品质。

五、教学方法与手段

使用观察法、讨论法、直观演示法、自主探究法、图片（基本搭建方法）、多媒体课件、希沃授课助手等方式进行教学。

六、教学过程

（一）真实任务，引出主题

在学生了解KEVA的基础上，课件出示挑战任务：太原市图书馆三楼将要进行"桥"的特色展，目前向社会征集桥的模型。

学生纷纷介绍自己了解到的太原的桥。

教师出示太原的桥的照片和视频。

小组商量准备搭建什么样的桥。

【设计意图】本环节以太原市图书馆为依托，为学生呈现真实的任务，结合生活中见过的桥，通过已有的生活经验和已掌握的基本搭建方法完成任务。

（二）交流想法，动手搭建

活动一：

方案设计：

小组讨论要搭建什么样的桥。在设计自己的创意桥时，提前了解搭建的难度、使用目的等，考虑人员的分工。时间2分钟。

师：（小结）你觉得方案设计得如何？

（生答略）

师：我们需要在接下来的实践环节进行检测。

【设计意图】通过小组讨论，明确小组任务、各自分工是什么，确保每一个学生有事做，为下一步更好地合作打下坚实基础。

活动二：

尝试搭建（要求）：

要具有桥的基本特征，有拱形设计的可以加分；能横跨河面，尽量做到造型美观；桥面整体能通过两辆车，桥下能经过小船；按要求使用学具，否则扣分；时间12分钟。

在搭建过程中，完成任务评价单，组长和老师进行评价。

【设计意图】这是根据课程设计与活动需要而设计的情境化学习空间。每组一块展板，上面有一条河，桥需跨河而建，以现实需要引发学生思考。

经验反思：如何做到呈拱形？如何保证高度？……

生阐述想法，交流搭建思路或遇到的问题等。（希沃授课助手同屏呈现）

【设计意图】在搭建过程中，学生会遇到各种各样的问题，如桥梁坍塌或者小组合作意识不强等。通过活动中捕捉到的镜头，呈现出学生在搭建中遇到的问题，并交流解决的办法。

活动三：

完善改进：

在原有基础上进行完善改进；要求同活动二；时间5分钟。

【设计意图】在交流反思之后，学生有所启发，在原有的基础上进行改进，真正让学生的想法付诸实践，让学习真实发生。

（三）搭建思路，收获经验

师：这节课我们经历了设计方案、尝试搭建、经验反思和完善改进四个阶段，这就是我们项目施工的一般思路。其实不仅桥是这样，任何一种生活中的建筑或工程都是如此，这就是搭建的魅力所在。

师：除了身边的桥，你还知道我国哪些著名的桥梁？

（学生交流，选取有代表性的赵州桥和港珠澳大桥）

小结：其实这些大桥背后，还有很多默默无闻的设计师。

相信通过今天的活动，同学们在下一阶段中的表现会更出色。

【设计意图】通过整理，学生能够明白项目施工的一般流程，并认识我国古今有代表性的桥梁，加深对桥文化、劳动价值以及工匠精神的理解。

（四）活动延伸

小组录3分钟的视频，介绍自己的设计理念。我们两周以后送到太原市图书馆进行参展。

七、板书设计

我是小小工程师

设计方案

尝试搭建

经验反思

完善改进

八、教学反思

以KEVA作为劳动材料，如何做一节关于劳动教育的课呢？经与任老师多次交流，决定以桥的KEVA搭建为主题。具体如何落实，便需要我们更进一步讨论。

思考中，沈旎老师的来信对我们帮助极大。沈老师给予我们多方面的建议，大致如下：

一是，任务的真实性与挑战性。沈老师建议任务设计成太原展区搭建拱桥模型，使任务更具真实性。同时，可在形状方面突破，提供实际桥面的宽度及高度，让学生自主测量，并按比例尺缩小。评价时，可从能跨过小河、能并行几辆小车、桥下能行什么样的小船等角度来分析，给学生充足的时间来理解情境，进行测量、计算等，这样的任务才具有挑战性。

二是，学习支架的提供。需要为学生们提供场景模型（画有河道的大写生板，模型小车，模型船，尺子等）还需要提供搭建的这座桥的多方位图片，以及如何拼接KEVA几种方法的图片或视频。最好可以以图片或视频方式投放到各组，让孩子们在需要时能随时重复提取使用。

三是，交流阶段的方向感。搭建后的交流阶段，在引导学生反思时要找到核心的问题和难点，比如拱是如何形成的，如何保证高度，如何保证宽度，增加跨度用了哪些方法，为了"像"做了哪些工作等。交流中聚焦的问题要围绕从真实任务中提取出的"要求"展开。

在经过与沈老师的线上讨论之后，在任老师的带领下团队成员对课程进一步精心设计，打造出最终设计，这一过程也令我收获颇多。

本次KEVA搭建活动本着让学生"做中学，玩中学"的理念，在"四真"教学法的指引下，学生亲身实践，在不断地构建、试验、探索、思考、解决问题中理解抽象的知识。同时在真实的情境中，不知不觉培养了学生的动手、想象、创造、表达、协作、反思的技能，提高了分析问题、承受挫折、团队合作的能力，从而使学生最终具备综合解决问题的能力。

作者简介：

尹伟伟，中共党员，任教于杏花岭区后小河小学，中小学二级教师，国家二级心理咨询师，心理健康辅导员，曾获太原市教学能手、数学竞赛（中国区）"优秀指导教师"、杏花岭区学雷锋志愿服务"先进工作者"、杏花岭区"最美时代新人""优秀团干"等称号，多篇论文获得一等奖。

《未来校园——KEVA创意工程搭建》教学设计

杏花岭区新道街小学中车分校

赵祥瑜

一、教材分析

《大中小学劳动教育指导纲要》指出，在学科专业中有机渗透劳动教育是实现劳动教育的途径之一。KEVA创意搭建是一门集创意和实践于一体的课程，课程设计充分发展学生的动手实践能力和创新思维能力，培养学生团队合作精神，让学生在创意搭建中感受团队合作的乐趣，在交流分享中体验成功的欢乐，从而真正地体会到创意工程搭建的独特魅力。这与劳动教育的实践育人理念是一致的，同时注重让学生学会分工合作，也与《大中小学劳动教育指导纲要》中提出的引导学生"体会社会主义社会平等、和谐的新型劳动关系"目标相同。所以，本课通过模拟搭建的形式，引导学生初步熟悉校园建筑的特点，感受劳动的趣味。

二、学情分析

六年级的学生对于校园建筑非常了解，作为临近毕业的学生，《未来校园》的主题活动对于他们来说，是非常具有吸引力的一个主题设计内容。前期的基本搭建中，学生掌握了KEVA搭建的基本技法，完成初步搭建是一个相对容易完成的任务，但是这次的落脚点在"未来"上，需要学生将自己的设计理念融入创造中，无论是外观还是建筑功能等，都有新的挑战。

三、教学目标

1. 能够熟练掌握创意工程搭建的基本技法。

2. 能团队合作进行设计和创作，充分发挥想象力和创造力，完成规定主题要求的创意工程搭建项目，培养小组探究能力、团队合作能力和语言表达能力。

3. 能通过动手实践学会多角度发现问题、思考问题和解决问题，培养创新意识和爱校爱生活的态度。

4. 能在活动中树立正确的劳动观念，培养完成一定劳动任务所需要的设计、操作能力及分工合作能力。

四、教学重难点

1. 教学重点

熟练运用搭建技法，在规定时间内完成作品搭建任务。

2. 教学难点

合理分工，在小组合作下完成作品搭建和展示。

五、教学方法与手段

运用多媒体课件、KEVA木条、任务单来进行教学。

六、教学流程

（一）热身活动

1. 热身活动

热身挑战赛活动要求：

每人用20块KEVA积木搭建任意一件作品。

至少运用3种搭建技法。

时间：3分钟。

2．收获分享

（内容略）

3．活动视频

（内容略）

【设计意图】 学生在一个学期的KEVA课程实践中，已经熟练掌握了基本的搭建技巧。课堂一开始的热身活动既能有效进行搭建方法的回顾，唤醒记忆体验，感受成功的乐趣，又能很快让学生进入活动状态，为新的搭建行为做好准备。

（二）创意搭建

你理想中的校园应该是什么样的呢？是啊，现代化的校园一定是充满魅力的，老师这里也收集了一些现代化校园的图片，希望为你的设计带来灵感。

1．头脑风暴

请各团队打开信封，在五分钟内完成简易设计书。

2．团队施工

活动要求：

校园建设布局合理，建筑美观，搭建稳固。

尽可能使用多种搭建技巧。

建筑主体超过四类且至少有一栋建筑高于50厘米。

时间20分钟。

3．作品展示

活动要求：

小组选择自己喜欢的方式介绍建筑作品。

介绍中要包括建筑名称、特点、功能、造型等方面。

时间在3分钟以内。

【设计意图】 真实的任务引起有意义的学习。在这节课，我用学校重建的话题来为学生创设真实的任务，进行校园重建的意见征集。临近毕业，学生对于未来和成长有着自己独特的感受，用自己的知识和能力为校园做贡献容易激发学生的课堂参与热情，进而大家可以看到，学生对于母校的留恋和对未来校园的期待都融入了作品搭建中。在搭建活动中，遵循先设计构思再尝试搭建的思路，让提前规划的理念逐步渗透在学生的搭建意识中。同时，明确的活动要求既是搭建作品评价的标准，也能为搭建过程提供指向，保证搭建活动的顺利进行。整个搭建环节一方面考验学生的搭建技巧和能力，另一方面培养学生的交流表达能力，更重要的是让学生通过动手实践学会多角度发现问题和思考问题、解决问题，培养探究能力、团队合作能力和创新能力，树立爱校爱生活的态度。

（三）小结

有些小组的作品没有完成，在接下来的活动中可以继续完善。每一份作品都充满了对校园的情感和期待。瞧，请看这幅图片，想知道图片背后的故事吗？这样的设计改变了他的人生，让他的未来充满了自信。孩子们，生活是多元的，也许我们不经意的创意和设计，会带来意想不到的收获，相信你们的智慧，相信你们的双手，希望大家在未来的人生道路上走出属于自己的独特风采。

【设计意图】真实的故事引发学生的情感共鸣。我们都知道动人心弦的故事有很多，但是没有什么比身边人的故事更容易引起共鸣。一位小同学的经历让学生真实地感受到我的创意设计不是空的、假的，在未来的某一天也许真的会实现，那种能在母校留下自己智慧创作的骄傲是多么的吸引人啊！

七、板书设计

未来校园

——KEVA 创意工程搭建

布局合理

建筑美观

创意十足

八、教学反思

《未来校园》一课是在 KEVA 课程中深挖劳动教育内涵，尝试将劳动教育和 STEAM 课程相结合。学生在尝试和实践后，基本能熟练掌握搭建技巧，将自己的创意想法在作品中体现出来。这节课的亮点之一是真实的任务引起有意义的学习，让劳动不仅止步于"劳动"这么简单。在这节课，我用学校重建的话题来为学生创设真实的任务，学生对于母校的留恋和对未来校园的期待都融入了作品搭建中。此环节的活动方式注重设计制作和职业体验两大方式的运用。设计制作是让学生将自己的创意、方案付诸现实，转化作品的过程，注重提高学生的技术意识、工程思维、动手操作能力等。在搭建活动中，遵循先设计构思再尝试搭建的思路，让提前规划的理念逐步渗透在学生的搭建意识中。同时，明确的活动要求既是搭建作品评价的标准，也能为搭建过程提供指向，保证搭建活动的顺利进行。职业体验是让学生化身项目团队，注重让学生获得对职业生活的真切理解，发现自己的专长，培养职业兴趣，形成正确的劳动观念和人生志向，提升职业生涯的规划能力。

校园重建意见征集稿

头脑风暴	你理想中的校园是什么样的？
规划草图 （温馨提示：把你们的整体规划图画下来，并标注每一座建筑的名称哦）	

作者简介：

赵祥瑜，杏花岭区新道街小学中车分校，中小学二级教师，教育硕士，任凤英名师工作室成员。曾荣获"三晋英才青年优秀人才""太原市教学标兵""太原市教学能手""太原市骨干教师"等称号。

《厨神争霸展身手　山西面食魅力多》教学设计

杏花岭区北大街小学校

李晨霞

一、教材分析

《中小学综合实践活动课程指导纲要》提出：综合实践活动是从学生的真实生活和发展需要出发，从生活情境中发现问题，转化为活动主题，通过探究、服务、制作、体验等方式，培养学生综合素质的跨学科实践性课程。该课程由地方统筹管理和指导，具体内容以学校开发为主。

二、学情分析

山西面食作为地方传统特色文化的代表，历史悠久、种类繁多，称为"世界面食之根"，蕴含着山西人的智慧和情感。地域特色下的本土资源，是孩子们最宝贵的课程资源，小学生结合已有的生活体验，对面食已有大致了解，但对其深刻的文化内涵及工匠精神技艺的传承还需在实践活动中有更深的体会。本次活动以"山西面食"为主题，在如此得天独厚的氛围中，孩子们在"晋味小厨房"实践、体验、创新、提升、传承……

三、教学目标

1. 能通过信息搜集，掌握收集和整理资料的多种方法，学会保存并使用过程性资料。

2. 结合生活经验和信息处理结果，了解山西面食的类型及特点。

3. 能通过教师提供的多样的学习支架，理清不同类型山西面食的制作过程与方法，并运用简单的工具进行实践操作。

4. 能与同学分工协作，共同完成面食制作任务，尝试创新，并将技能运用于日常生活中。

5. 通过课前与家人共同制作一碗面的亲子活动，深切体会山西面食的文化内涵，增强传承地方特色文化的意识。

四、教学重难点

1. 教学重点

能与同学分工协作，共同完成面食制作任务，并将技能运用于日常生活中。

2. 教学难点

深切体会山西面食的文化内涵，增强传承地方特色文化的意识。

五、教学方法与手段

运用多种学习支架，进行小组比拼。

六、教学流程

（一）创设情境，走进"晋味小厨房"

自编山西莲花落导入山西面食相关内容，在"小厨房"这样的模拟情境中引出活动主题。

（二）"厨神争霸赛"，开启自主探究学习之旅

1. 我是山西人，面食猜猜看

比赛规则：

一组两人，一人比画或描述，一人猜。

60秒内猜出多者胜。

胜组在下一环节获优先选择权。

2. 我是小厨师，点啥能做啥

比赛规则：

运用学习方法、工具制作一种面食。

时间：12分钟。

分享学习过程。

多元化评价。

注意安全。

（三）回顾亲子活动，感受山西面食文化的深刻内涵

回顾课前和家人制作一碗面的经历，从时间上感受做成一碗面的复杂过程。

讲述《一碗面的故事》，从亲情中感受山西面食文化的独特内涵。

传承增强工匠精神的意识，在生活中实践并运用。

【设计意图】学生利用已有生活经验及课前调查所得，对大屏幕中的面食进行"你来比画我来猜"的活动，以游戏的形式调动已有的信息储备。学生利用教师提供不同的学习支架，如iPad、手机、图纸等，每组根据上一环节得分高低随机选择工具袋，利用不同的学习方法，自主合作探究完成一种面食的制作。尝试创新，并将技能运用于日常生活中。最后环节由人—面—情的自然过渡，突出实践育人的特点，加深情感体验。

七、板书设计

厨神面食争霸

小组评比　成果展示

八、教学反思

面中乾坤大，教学无止境。怎样将这节课的固有框架"打破"，呈现别样的课堂，生动的体验。通过群策群力，这节课的第三个版本，"破框"后的教学模式成型了。

《山西面食——厨神争霸》已然不是一节课，而是大展身手的厨房、游戏通关的赛场、享受知识的乐园……晋味小厨房"厨神争霸赛"的第一个游戏是带领学生们进入课堂，浸入其中。摇身一变成为小厨师，开始对山西面食欢乐地探索。第二个环节则提供不同的学习支架，在结合生活体验的基础上创造性地制作一种面食，体验其中的制作之乐、合作之快感、多样学习之欢愉。

这次课程，我在设计各个环节时都有不小的收获。在课堂活动评价环节，小组成员对其他同学的面食作品进行深入分析和研究，对面食制作过程的方法、思想、创意、体验、收获等进行多元化评价。课程过程中，全程在小厨房的氛围中进行，利用轻松的游戏及竞技活动，培养兴趣，提炼经验。教学时利用不同学习支架实践、操作的过程，增强了学生的探索意识、动手能力、创新能力，学会总结经验。孩子能体会制作面食的过程，感受生活中每碗面蕴含的深情。山西面食文化代代相传。

在这次课例的反复磨课、做课的过程中，我对教材的把握，对过程性方法的指导，对过程性跟踪，对活动结果的评价，对教学的分析反馈和评价能力都得到了提升。学生经历了问题解决、体验感受、合作探究、情感提升，提高了自主探究、合作创新的能力，提高了传承地方特色的意识。

我还在课堂中融入了杏花岭区综合实践活动学科提出的"四真教学法"的理念。入课直接聚焦山西面食的代表——煮制面食，视频学做刀削面，提炼学习方法；学生尝试、改进并自主学做不同的煮制面食。真实的任务驱动、真实的体验，课堂还给了孩子。课堂进行积分式评价，学生自己评价。让课堂评价显性化，增强趣味性，淡化个别差异性。这节课还有很多不足，例如，在评价环节，可以将评价标准显性化、细致化；评价权利广泛化，不是集于少数人，而是更加广泛的公平化……

从"厨神"诞生的喜悦中回神，我用自己奶奶的《面的故事》将学生们的思维和目光引到生活中，每个人都吃到的那碗面里有什么呢？它是家人的爱、牵挂、呵护？它是自己的思念、回报、传承？这碗面里有很多……问题给了学生，让他们自己去思索，去体验。而我，不是带他们进入这节课的老师，我只是那个让他们把目光沉到我们生活中常见却往往最易忽略的物、事、人上的引路者。我希望这节课不囿于课堂，而是伸向广阔的生活，体悟触手可及的情感、感受山西面食的魅力、触摸中国文化的神奇……这些，就是孩子们上完这节课后自己决定去做的事了。

作者简介：

李晨霞，太原市教学能手，中共党员，第三届"蓝宝石"杯一等奖。现就职于山西省太原市北大街小学。教龄六年。

《山西面食争霸》一课在全国综合实践活动学科年度培训中展示精彩。

她的教学风格真实、轻松、有效，可以培养学生自主学习、实践探索、解决问题等能力，从而进行有效教学。欣赏每一个孩子，用心浇灌，用爱育人，这是她的育人理念。

《生活自理我能行——学会整理》教学设计

杏花岭区北大街小学校

郝华杰

一、教材分析

时代育人要求德、智、体、美、劳五育教育，其中劳动教育受到了极大的重视。不论是2020年出台的劳动教育指导纲要，还是习近平总书记在全国劳动模范表彰大会上提出的相关要求，都揭示了劳动教育的重要性。怎样培养高素质的劳动人才？在学校开设劳动教育课符合了时代育人要求。劳动能够创造社会财富，同时也能够推动社会的创新。新时代通过加强劳动教育，培养出具有创造力的劳动者，这是劳动者素质的一次莫大的提升，也是开设这一主题课程的根本原因。2020年教育部印发的《大中小学劳动教育指导纲要（试行）》指出，劳动教育的内容主要包括日常生活劳动教育、生产劳动教育和服务性劳动教育。日常生活劳动教育要让学生处理个人生活事务，培养良好生活习惯和卫生习惯，强化自立自强意识。综合实践活动课三年级上册第三单元主题就是"人与自我——生活自理我能行"。学会整理，是孩子们常用、应会的一项生活劳动技能。

二、学情分析

三年级学生初次接触综合实践活动课，学习兴趣浓厚，喜欢通过各种途径查找资料、乐于参加各种实践活动。经过一段时间的学习，孩子们研究性学习能力有了较大提高。

三、教学目标

1．能了解生活中自理服务的项目有哪些。

2．能主动学习，学会整理书桌的方法并将其应用到生活中；掌握整理这一项技能，进行学习迁移，在生活中整理其他事务。

3．能通过视频学习、多次尝试、小组合作，体会整理技巧让生活更便捷的乐趣，在生活中能积极探索并实践。

4．能服务自我、帮助他人，树立自己的事情自己做的劳动意识。

四、教学重难点

1．教学重点

通过现场指导、多样化学习方式，学会基本的整理方法及技巧；从学习整理、帮助他人整理的活动中感受劳动的乐趣。能延伸到其他事情中。

2．教学难点

能感受到家人为自己付出的不易，不仅主动做自己的事，还能帮助他人、服务他人。

五、教学方法与手段

课前约定。

口号：魔力魔力，变变变。

整理箱子及衣物。

小组合作比拼。

六、教学流程

（一）一人比画一人猜

请两个小组的同学合作进行活动，一个人比画常见的家务劳动的动作，另一个人猜。

视频资料：

牛牛的小烦恼——家里很乱。（请你帮他来整理，引导学生说出"学整理"的主题）

（二）我的书桌我做主

视频里的小同学是怎么整理书桌的？结合他人的经验，学习整理的方法。

1. 小组合作

给资料袋里的物品分类。观察书桌，合理利用抽屉、书架隔层、桌面等空间，将物品按类别放在合适的位置，使桌面整洁。

2. 小组尝试并交流整理方法

老师进行现场指导。学生倾听、观察，找出方法。

3. 学习迁移——用整理方法整理卧室、家、教室

好习惯伴终身——牛牛利用这些方法整理好了自己的家，他的自理能力得到了提升。21天自理能力习惯养成计划表——这节课结束后尝试去做。

（三）衣服折叠大比拼

冬天了，衣服怎么叠更省时省空间？

同学们示范叠衣服。

收纳师来帮忙。视频学习，小组合作。试错、改进。

【设计意图】通过游戏形式增强学生对生活中常见的家务劳动的了解，知道生活中需要自己做的事情有很多，通过在生活中的体验，让学生在实践中提出问题，探索并解决问题。这节课的任务就是帮助牛牛学会整理，增加劳动的责任感。结合生活经验提出整理的技巧，把这样的技巧放到实践中去。生活中和我们关系最密切的能用到整理方法的就是整理书桌。在这个环节，给孩子们提供了微型书桌及物品，通过小组合作的方式，实践操作，夯实整理办法。

（四）活动评价

优胜组获得了"收纳大礼包"。把这些奖品分享给其他小组，一起用小工具来整理你们的教室！

我们能用心、用情、用爱把自己的每件事做好，回报家人的爱。

【设计意图】实践活动中的评价该怎么落到实处？本课我是这样设计的：首先，课程教学与评价一体化，突出发展导向。评价方式是魔力瓶获得魔力值，每个环节胜出的小组可以获得相应奖励以便用在下一环节中。如第一环节胜出的奖品是收纳工具；第二环节胜出的奖品是学习支架。其次，聚焦学生的合作探究与精彩表现，做好写实记录。评价学生的活动过程而不是活动结果，在实践中团结协作、坚持不懈，有创新思维能勇于探索等，也会获得魔力球。再次，凸显学生的自我反思，建立档案袋。本课只是"自我服务"这一主题下的一环，我会在课堂结束后，在生活中继续延伸关于自理能力的活动，指导孩子建立活动档案袋，进行自我评价、同伴互评等多元评价。通过评价引领进步和反思，提高综合能力。鼓励学生熟悉的事情帮着做，帮助其他同学可以让其将自己的事做得更好。掌握更多劳动技能，帮助他人，服务社会！让劳动真正充满魔力，做光荣、崇高、伟大的"劳动者"！

（五）课后延伸

实践并完成《21天生活自理习惯养成表》。

利用学到的整理衣服的方法去整理衣橱。

七、板书设计

生活自理我能行

——学会整理

巧妙分类　　摆放整齐

合理分类　　及时收纳

好习惯　　伴终生

八、教学反思

《学会整理》这一课强调真目标、真任务、真体验、真发展，学生们面对的是生活中的真实任务。游戏闯关形式增加了学习兴趣，提高了效率。课堂上大量的时间都交给学生。这次的教学设计，让我深刻地体会到方法指导主要是需要对学生活动中有问题之处提出指导，教学需要破框，在综合学科中需要破的"框"不仅仅是指导方式，我想还有活动环节设计、教学资源运用、教学内容的选择等多方面的"破框"。

同时我也要关注学生。提问题要小而具体，要朝教学目标去。如"你感受最深的是什么""你想到了什么"这样的问题大而抽象，不能迅速聚焦教学重点。我会在以后的综合实践活动教学设计中注重从学生角度出发。

以劳动观念、劳动精神、劳动能力、劳动习惯为特征的劳动素养的提升，是一个循序渐进、逐步积累的过程，我要用好综合实践活动这门"实践"课程，加强其与劳动教育的统筹设计、整合实施。这有助于充分发挥学校课程的优势，落实关于"懂得劳动最光荣、劳动最崇高、劳动最伟大、劳动最美丽的道理，长大后能够辛勤劳动、诚实劳动、创造性劳动"的教育要求。

作者简介：

郝华杰，中共党员，杏花岭区北大街小学党支部书记、校长、山西省基础教育教学成果特等奖获得者、山西省学科带头人、山西省教学能手。曾先后在国家、省、市、区级赛讲中多次获奖，应邀在省、市、区讲学、做观摩课、示范课50余次，所撰写的30余篇论文、教案等或发表或荣获省、国家级奖励。

《我们去研学旅行——导览图作用大》
教学设计

杏花岭区锦绣苑小学校

成　娜

一、教材分析

本课是属于综合实践活动中自然考察探究领域的内容。它是在我校以太原市动物园为综合实践活动基地的基础上，立足于学生已有的知识和经验，引导学生从事有益的活动，研究、解决或试图研究、解决他们自己认为感兴趣、有价值的问题。本节课引导学生由导览图获取需要的信息，能够正确运用导览图辨别方向，选择最佳路线，其关键就是让学生去尝试，去探索，去经历，去感受。通过活动，使学生在情感、能力和认识诸方面得到全面和谐发展。

二、学情分析

我校四年级学生在之前多次参加学校组织的"动物园综合实践活动"的基础上，能够对动物园有大致的了解，对动物园综合实践活动充满了兴趣。学生能够划分活动小组，在组长带领下进行小组合作，但合作中选择正确的方式方法还有待于进一步学习。

三、教学目标

1. 学会看导览图，并从图上获取所需要的信息。
2. 能够正确运用导览图辨别方向，选择最佳路线。

3．学会使用导览图解决具体的问题，具备一定的解决实际问题的能力。

4．具备一定的独立解决问题的能力和与他人合作的能力。

四、教学重难点

1．教学重点

能够运用导览图辨别方向、选择最佳路线。

2．教学难点

学会使用导览图解决具体问题，具备一定的解决实际问题的能力。

五、教学方法与手段

用情景教学法、激励竞争法、小组合作交流等方式进行教学。

六、教学流程

（一）导入

师：同学们，你们喜欢研学旅行吗？从今年寒假开始，我看到大家都疯狂地迷上了这种新奇的旅行活动。谁愿意分享一下你的研学体验呢？你去哪儿研学旅行了呢？

（生答略）

师：在所有的景点都会有景点导览图。大家可别小看导览图，他可是有很大的作用呢。那么今天就让我们一起研究导览图吧。

【设计意图】教师以在学生中开展过的综合实践研学旅行活动导入，一下子拉近师生之间的距离，充分调动学生的积极性，再出示学生见到过的导览图开启本课的学习。

（二）活动一：识导览图

师：今天让我们一起走进太原动物园，开始今天的研学之旅吧。一进动物园的大门，我们就可以看到一张很大的动物园导览图。从图中你了解到哪些信息呢？

（生答略）

师：动物园里有哪些动物呢？请选择三个你喜欢的动物，用彩笔圈出它们居住的场馆。

师：从我们学校出发到动物园，西北门是最方便快捷的入口，当我们站在西北门入口处时就已经明确了自己的位置，说说你喜欢的动物在你的什么方位？

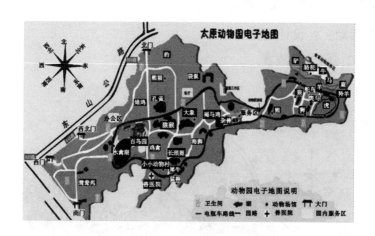

【设计意图】教师引导学生在观察动物园导览图的基础上，了解导览图的相关信息（如：位置、方向、图例、道路等）。该活动以学生独立完成为主，在动笔圈画的过程中初步了解导览图是以图文结合的形式呈现的，通过导览图可以明确位置、确定方向。

（三）活动二：选择线路

任务卡1：个人挑战赛。

师：设计一条合理的参观游览路线图，可以看到你刚才所选择的喜欢的动物。

师：谁愿意分享你设计的路线图？说一说你这样选择线路的理由。

【设计意图】教师引导学生独立选择一条合理的参观游览路线图来看自己喜欢的动物，在上一环节的基础上得以进一步深入。在分享的过程中学生能够表述清楚自己选择路线的理由。

（四）活动三：设计线路

任务卡2：团体挑战赛。

要求：

要去的动物场馆在哪里呢？请学生一起来猜一猜。

各小组从指定位置出发，到达目标景点，设计出游览路线。

路线不重复的情况下途经至少五个动物场馆，每多游览一个动物场馆加一分，最多加三分。

请在10分钟内完成本任务。

小组设计游览路线。

师：从大家刚才的活动中，我发现大家都很投入。哪个小组愿意汇报展示一下设计的线路图呢？

（生答略）

【设计意图】教师引导学生小组合作设计一条合理的参观游览路线图，从不同的地点出发，经过规定数量的动物，最后到达指定场馆。本环节由个人挑战过渡到团体作战，学生在小组合作的同时大胆表达自己的想法，积极参与到课堂活动中来。

（五）小结

师：同学们，研学旅行看似是走走看看，但是想要真正在研学旅行中开展深入的活动我们还真离不开这张小小的导览图。学会认识并运用导览图不仅仅是在游览动物园时发挥着巨大的作用，我们还可以凭借它游览祖国的名山大川，甚至是走遍世界都不怕。

下阶段任务：各小组带上设计好的路线图进入到大象馆，进行实地考察，做好考察记录，分享研学心得。

【设计意图】教师总结本次活动，说明导览图是研学旅行的好帮手，起着大作用，同时为下节课的活动做好铺垫。

七、板书设计

我们去研学旅行

——导览图作用大

图文结合明确位置，确定方向

选择线路

设计线路

八、活动反思

《我们去研学旅行——导览图作用大》一课所选择的内容是根据学校作为动物园基地校和学生年龄特点而设置的。本节课引导学生由导览图获取需要的信息，能够正确运用导览图辨别方向，选择最佳路线，其关键就是让学生去尝试，去探索，去经历，去感受。通过活动，使学生在情感、能力和认识诸方面得到全面和谐的发展。

课堂教学中以学生参与过的研学旅行进行导入，一下子拉近了师生之间的距离，开启了本课的话题导入，随后引出导览图，通过与数学学科之间的整合，水到渠成地了解了导览图的方向、图例等基本内容。之后设计了两次活动，从个人挑战到团体挑战，教学过程中各个环节紧紧相扣，层层递进，将课堂交给学生，让学生在活动中有所得，在合作交流中有所收获。

作者简介：

成娜，杏花岭区锦绣苑小学教师、太原市骨干教师、杏花岭区教学能手，在太原市第四届教师"个人课题"中荣获优秀成果奖。她在教学中能够注重学生知识的形成与探究过程中获得方法的积累，使学生学会自主学习；在形式上多采用小组合作交流、共同探究发现等方式来进行学习；注重培养学生从现实情境中发现问题并用所学知识解决问题的能力。

《中国结》教学设计

杏花岭区柏杨树街小学校

张东霞

一、教材分析

本课是根据《中小学综合实践活动课程指导纲要》中推荐的3—6年级劳动技术设计制作活动主题《奇妙的绳结》来设计的。它强调学生亲身经历各项活动，在"动手做""探究""设计""创作""反思"的过程中进行"体验""体悟""体认"，在全身心参与的活动中，发现、分析和解决问题，体验和感受生活，发展实践创新能力。中国结是我国特有的民间手工编织艺术，变化丰富多彩，能体现出中国人民的智慧和文化底蕴。学生既可以动手制作中国结，又可以感受中华传统文化的博大精深。

二、学情分析

五年级的学生，已经具有了一定的自主学习能力。他们都见过中国结编织的手镯、挂饰等，但对于它的历史文化内涵却了解较少，对它的编法也不熟悉。在教学中，应充分发挥学生的自主能动性，在实践操作活动中，还要渗透中国文化自信的思政内容。

三、教学目标

1. 知识与技能目标

能初步了解中国结的发展历史，感受中国结之美。了解并学习中国结常用的编制技法。

2．过程与方法目标

能通过观察、讨论、实践，制作简单的中国结，培养动手能力、合作能力以及发现并解决问题的能力。

3．情感、态度与价值观目标

能通过活动了解中国结的文化内涵和寓意，感受中国结所代表的团结的民族精神，激发民族自豪感。

四、教学重难点

1．教学重点

初步了解中国结的历史，制作简单中国结，培养动手能力。

2．教学难点

了解中国结的文化内涵和寓意，感受中国结所代表的团结的民族精神，激发民族自豪感。

五、教学方法与手段

采用引导探究式的教学方法，以图解和视频作为学习支架，引导学生自主动手实践，发现问题，思考改进，解决问题，以多元化评价渗透思政教学目标。

六、教学流程

（一）寻中国结之踪

1．读诗猜谜

出示谜面"一缕红丝线，交错结龙凤。心似双丝网，中有千千结"。

2．点出学习内容——中国结

出示中国结。谈话：你在哪里、哪些时候见过中国结？（过年、结婚、车饰、服饰）

不止饰品，中国结元素还在生活中随处可见，出示中国结商标、徽标、路灯、建筑的图片。

3. 出示加了中国结的国潮卫衣

思考：国潮卫衣仅简单加了中国结的装饰，为什么大受中外年轻人追捧呢？

国潮服饰

中国结已经成为中华文化的代表符号之一。如今祖国日益强大，我们也要对中国文化更加自信。

4. 出示点睛之语

"文化自信，是更基础、更广泛、更深厚的自信。……代表着中华民族独特的精神标识。"

【设计意图】引导学生从真实生活出发，思考中国结使用的场景和作用。引入习近平关于"文化自信"的语段，初步激发对中华优秀传统文化的热爱之情。

（二）溯中国结之源

师：让我们做中华文化传承的小使者，一起去了解中国结的历史，探寻引领中国潮的秘密吧！

（观看视频了解中国结的历史）

小结：中国结始于上古，兴于唐宋、盛于明清，中国的历史有多长，结艺的传统就有多长，一根小小的丝绳，它已流传几千年了。

师：这些中国结颜色鲜艳，造型各异。猜猜这里每一个结饰都有怎样的寓意？这几种结可以挂在哪里？送给谁呢？（出示双鱼结、双喜结、寿字结图片）

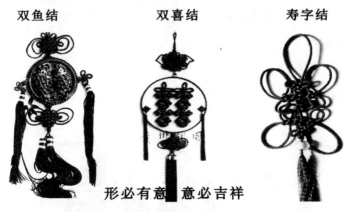

双鱼结　　双喜结　　寿字结

形必有意　意必吉祥

师：你发现了中国结的寓意都与什么有关？（出示双钱结，团锦结、盘长结等图片）

小结：中国结象征着美好和幸福，每一个结饰都传递着祝福，是我们对美好生活的憧憬和向往。

【设计意图】追根溯源，了解中国结的历史。欣赏结艺之美，感受寓意之深。

（三）学中国结之技

1. 看图解学习

出示吉祥结的图解，仔细观察它有什么特点？
（上下一致，左右对称，正反相同，首尾可接）

这么多图片，怎样看着图解才能编好这样一个结呢？

有序观察，找出规律，学会看图。第一次挑战借助图解制作。

吉祥结

挑战要求：

请按照图示的步骤文字和图片尝试制作图解中的1—7。

遇到困难的地方可做出标记，并与同伴小声商量。

活动时间5分钟。

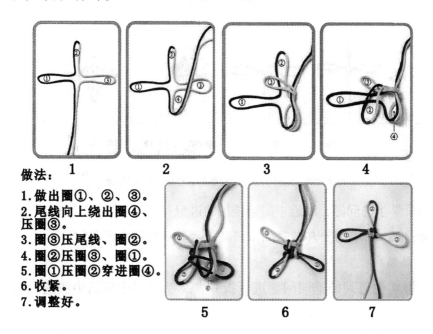

做法：

1. 做出圈①、②、③。
2. 尾线向上绕出圈④、压圈③。
3. 圈③压尾线、圈②。
4. 圈②压圈③、圈①。
5. 圈①压圈②穿进圈④。
6. 收紧。
7. 调整好。

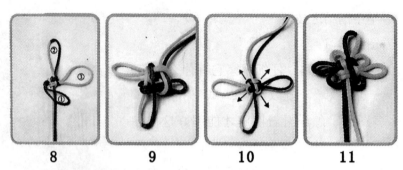

8　　　　　9　　　　　10　　　　　11

8.仿照以上做法。

9.以压、压、压、穿的方式再做一次。

10.调整、拉紧。

11.根据线的走向把小线圈拉出。

2. 看视频学习

观看视频分步示意动图，吉祥结编法主要有五步：摆、压、穿、拉、抽。

看视频动作

摆环　　　压环　　　穿环　拉环　　抽环

再次挑战：继续制作一个完整的吉祥结，限时5分钟

预设学生的问题，渗透中国结精神的讲解。

师：说说你在哪个环节遇到了问题。打算如何解决问题？

（生答略）

根据学生遇到的不同问题进行指导，总结板书中国结中所蕴含的民族精神。

第二次挑战，总结经验：再看视频动手改进，并完成图解的8—11，限时5分钟。已完成的同学可帮助其他同学完成。

【设计意图】分级挑战，现场采访引导学生总结经验，再次尝试，提升学生能力，巧妙突破教学难点。

（四）悟中国结之情

（将学生作品拼接贴在黑板上）

师： 大家刚才编织的吉祥结，现在组成了什么？

生： 中国地图。

师： 编完这个小小的吉祥结，你有什么收获？

（生答略）

师：（小结）挂在这里的每一个中国结，象征着我们每个中国人就是一条红线，从四面八方汇聚而来，紧紧拧成一股绳，织成了一个大大的中国结。这让你想到了什么？

（播放音乐）

中国结承载了中华民族不忘初心、团结一心的精神，所以才经久流传！那一个个小小的中国结，其实饱含着浓浓的中国心和深深的爱国情。

（板书）

老师带来了一首小诗，我们一起来读。

中　国　结

我，原本是一根红绳，
一双双心灵的巧手，
将我编织成五彩的祝福。

我有一个"头"，
她的名字听起来很美，
叫中国，
那曲曲折折紧紧缠绕着的，
是我的身体，
那叫中华儿女，
紧紧相依。

我还有一个梦想，

就是祝愿天底下的炎黄子孙

心心相连，永不离弃！

别看我只是一个小小的结

其实，在我的身上，

凝聚了中国心，

饱含着中国情，

书写着中国梦！

【设计意图】由中国结组成中国地图，感受成功的喜悦，在潜移默化中渗透了思政教学目标，再以朗诵诗歌的形式，将学生的爱国情感推向高潮。

（五）创中国结之新

活动拓展：

师：我们作为新时代的少年要在传承中创新。这些是将中国结与服饰、编发相结合的作品，如果请你来做设计师，你会将中国结元素与生活中的哪些方面结合呢？

【设计意图】拓宽学生思维，激发爱国情怀，更新学生观念，以创新的视角去传承传统文化。

七、板书设计

中国结

不忘初心   不离不弃

有始有终   团结一心

工匠精神   坚持不懈

中国心   爱国情

八、教学反思

纵观整节课，全由学生通过合作自主完成，以赏结、议结、学结、创结为主线展开学习活动，以学生为主体，通过图解、视频为学生搭起学习支架，尝试制作反复实践，再进行方法指导，学生不但学会了制作中国结，还能发现问题，经过不断思考、实践，最终体验到学习的快乐和成功的愉悦，使课堂焕发出生命的活力。

整节课也突出了综合学科的"四真教学法"，即"真目标、真任务、真体验、真发展"。通过中国结，让学生感受到了我们中华文化的魅力，无形中培养了他们的爱国主义精神，使他们从内心深处热爱自己的民族、国家、文化，在潜移默化中完成了立德树人的最终目标。这次活动在学生心中种下了一颗文化的种子，让他们从小接受中华优秀传统文化教育，走文化自信的道路。

作者简介：

张东霞，中共党员，本科学历，中小学二级教师。杏花岭区柏杨树街小学的一名语文兼综合教师。参加工作十五年来，她一直奋斗在教育工作的第一线，用心做事业，用爱做教育，曾荣获"杏花岭区优秀班主任"称号。她的综合实践活动课程教学设计曾入选教育部课程资源征集活动。她还多次获市级、国家级奖项。

《中国速度承载伟大的中国梦——KEVA积木创意搭建》教学设计

杏花岭区大东关小学校

张菲菲

一、教材分析

《综合实践活动·研究性学习》五年级上册第四单元是关于以"中国梦·我的梦"为主题的自我成长单元。实现中华民族伟大复兴，是中华民族近代以来最伟大的梦想，这个梦想凝聚了几代中国人的夙愿，体现了中华民族和中国人民的整体利益，是每一个中华儿女的共同期盼。本节课以当下热点——"中国梦""中国速度"为切入点，开展教学。运用探究、合作、体验等方式，用KEVA积木搭建医院。让学生尝试着从设计医院开始，到初次搭建，再到改进优化，并最终完成搭建。培养学生的合作、思考、创造、表达、反思等核心素养。

二、学情分析

本课搭建应急医院，难度中等，学生都有过搭建积木的经历，并且能搭建普通建筑。本次授课知识点为中国梦、疫情下的中国速度，学生们之前都有所了解。

三、教学目标

1. 学生能自主设计医院并初次搭建，再改进优化，最终完成搭建。

2. 小组合作完成任务，加强团队协作精神。

3. 培养学生遇到问题后自己解决问题的能力。

4. 体会中国速度，感受中国力量，理解它们背后的中国精神，初步感知实现中国梦需要我们每个人的努力。坚持学习为本，薪火相传。为实现中华民族伟大复兴而贡献自己的力量。

四、教学重难点

1. 教学重点

尝试让学生从设计医院开始，到初次搭建，再到改进优化，并最终完成，用 KEVA 积木搭建医院。

2. 教学难点

在搭建过程中，培养学生的合作、思考、创造、表达、反思等核心素养。

五、教学方法与手段

教学方法：讲授法，讨论法，直观演示法，现场教学法，任务驱动法。

教学手段：学乐云网络授课平台、PPT 幻灯片等。

六、教学流程

（一）教学环节一

师：同学们，你们都有什么梦想呢？

（生答略）

师：把我们每个人的梦想汇集起来就是我们伟大的中国梦！

师：2020 年全球爆发了新冠疫情，我们伟大祖国仅仅用了 10 天时间就建成了武汉火神山医院。

师：老师给大家带来一段武汉火神山医院的建造视频，看完后请你用一个词来概括你此刻的心情。

（播放视频）

师：这么快的速度，奇迹的背后是什么呢？

师：我们的人民就是用这样的中国精神，成就一个个中国速度，造就中国奇迹。这一个个中国速度承载的是我们每个人祈盼和平、幸福、健康的中国梦！现在，让我们一起回到激情澎湃的10天，发扬我们特有的中国精神，搭建一个应急医院吧！我们一起看看能否挑战成功，好不好？

【设计意图】本课以谈谈自己的小梦想为切入点，引出中国梦。通过观看火神山建造视频，让学生比较直观地感受中国速度。随后让学生思考中国速度、中国奇迹背后是什么？根据学生的回答，升华到中国精神。点明这一个个中国速度承载着的是我们的中国梦，正是有这样的中国精神才能实现我们伟大中国梦。

（二）教学环节二

1. 初级任务——搭建一座应急医院

（1）小组合作说说设计构思并完成搭建。

（2）要求搭建最少3种功能的建筑物。

（3）活动过程要发扬团结合作的精神，合理分配任务。

（4）活动时间10分钟。

2. 小组活动

（教师对活动过程给予指导）

3. 活动反思

（1）小组任务是否按要求完成？

（2）遇到什么问题？如何解决的？

带着我们刚才的反思，进入我们的终极任务。

【设计意图】出示初级任务，要求学生设计并搭建医院。给予充分的时间让学生完成任务。在完成的过程中，教师给予指导。小组活动的设计充分发挥了学生的主体性，让学生在实践中发现问题，尝试解决，最后进行反思、总结。

（三）教学环节三

出示终极任务：

小组合作，对医院进行改进和优化。

活动时间：8分钟。

教师总结：回顾搭建过程，我们从设计思路开始，初步进行尝试搭建，随后我们根据活动过程，进行了经验反思，最后通过改进，成功完成了任务。

【设计意图】出示终极任务，学生根据自己小组的情况，进行反思，并对医院进行改进和优化，最终完成任务。

（四）教学环节四

师：老师给大家带来一张图片，大家看后静静地思考一分钟，你是图中的谁？这次表现如何？下次活动中你想成为图中的谁呢？

师：其实不管你是其中的哪一个角色，都在为了一个目标而付出努力，每一个角色都值得我们尊重和敬佩。

【设计意图】出示这幅合作盖房子的图，让学生在思考的同时进行隐性评价。最后教师总结，不管哪个角色都值得我们敬佩。

（五）教学环节五

师：我们的中国速度不仅仅体现在疫情时期，更体现在我们祖国建设的方方面面。他们都承载着时代发展的梦想，承载着强国梦，孕育着人民对幸福生活的希望，串联起中华民族伟大复兴的中国梦。

师：大家是祖国的未来，要好好学习，坚持学习为本，薪火相传，用我们的双手创造更多的中国奇迹。

【设计意图】总结本课，回归主题。中国速度承载强国梦想，作为祖国的未来，能做的就是学习为本，薪火相传，为实现中华民族的伟大复兴而努力奋斗。

七、板书设计

中国速度承载伟大的中国梦

劳动人民的前仆后继　　　　　　　　　　设计思路

白衣天使、人民军队的舍身忘我。　　　　初次搭建

建筑工人不分昼夜　　　　　　　　　　　经验反思

　　　　　　　　　　　　　　　　　　　改进优化

八、教学反思

本节课以当下热门词汇"中国梦""中国速度"为切入点，成功导入课堂。播放火神山建造视频，学生更直观地体会到中国速度，符合小学生的心理特点。随后在真实的情境下提出任务，学生跟随教师运用探究、合作、体验等方式搭建医院，从设计医院到初次搭建，再到反思改进优化，并最终全部完成搭建。整个教学过程，师生能够达到共振。本节课以学生为中心，学生自己反思出现的问题，自主解决问题。同时采用了隐性评价法，让学生自己反馈这次活动的表现，思考下次准备怎么做。在课堂教学过程中，针对学生创新，能及时生成，紧扣主题，并得以升华。此外，整节课以学生为主体进行教学，充分提高了学生遇到问题解决问题的能力；增强团队意识和动手实践能力；加强和提升民族自信心与自豪感；理解并体会中国速度背后的中国精神、中国力量，真正做到"立德树人"，为实现中华民族伟大复兴好好学习。

作者简介：

张菲菲，大学本科，中共党员。她荣获"太原市教学能手""太原市第二届时代新人优秀教学设计二等奖""杏花岭区教学标兵""杏花岭区新秀课堂大赛一等奖""杏花岭区第二届思政课教学能手""智慧云平台微课比赛一等奖""杏花岭区时代新人说演讲比赛优秀奖""杏花岭区小手拉大手共创文明城主题教育活动优秀个人"等称号。

■

思考篇

有故事的教育才美丽

杏花岭区小返中心校

苏秀荣

2019年1月我参加太原市时代新人说第二季大型讲述活动时，演讲的主题是《我是一名乡村教师》，演讲后电视台的人告诉我，台下坐着的许多观众都被感动得流泪了，他们说我是个有故事的人……

实际上，在我们的生活中，每天都面对着各种各样的事情，但是随着时间的流逝，那些所谓的事情也终究被淡忘。事情只有在辛苦的付出后才可能会积淀为刻骨铭心的故事，就像只有用汗水浇筑的花才会开出不一样的花朵一样。我认为，教师这一职业的魅力就是那一个个的故事，有故事的教育才美丽。

歌声里的回忆

童年记忆中，我的第一课是从歌声里起步的。当时我们是复式班教学，一年级和三年级同时上课，破旧的校舍、高高低低的桌椅、刚用墨汁涂过的黑板……这些对我而言，都不算什么。我最好奇的是讲桌上放着的那个有着红黑相间的格子外皮、黑白键排列，还有几排精致的黑色小键的叫作手风琴的乐器。

给我们上课的张玉生老师在黑板上写满了粉笔字，要求三年级同学抄在本子上，说那是歌词，而我们则是跟着唱就行了。"一条大河波浪宽，风吹稻花香两岸，我家就在岸上住，听惯了艄公的号子，看惯了船上的白帆……"在手风琴的开与合之间，优美的旋律便萦绕在我们的耳边，我的上学生涯就在这优美的歌声中拉开了帷幕。张老师是民办老师，负责教我们一、三年级的所有学科，他普通话说得不标准，唱得可能也不太专业。但这些都不影响我对音乐的喜爱。后来，我们还陆续学了《歌唱祖国》《少年先锋队队歌》《童年》《年轻的朋友来相会》等歌曲。说实话，我的学习成绩不太好，还经常因为写不完作业被留下来。但是我却精心在意地把每次学唱的歌词都认认真真地抄到本子上，并配上贴画，在班级里被广泛传阅。

也正是从那个时候开始，"祖国"慢慢走入了我的心中。门前那条大河是祖国，五星红旗迎风飘扬是祖国，我和我的祖国一刻也不能分隔……今年国庆期间，《我的祖国》这首歌曲再次被广泛传唱，我脑海中却总是想到拉手风琴的张老师，想到那抄得满满一黑板的歌词，想到那一个个充满童趣的故事。熟悉的旋律，剪不断回忆，难忘的时光，都在歌声里。

因热爱而付出

日本著名经营大师稻盛和夫有一条人生成功方程式：工作的结果＝思维方式×热情×能力。这其中思维方式可能是最重要的，这个分值可以是正的也可以是负的。是怨天尤人、得过且过，还是思想端正、积极向上，直接关系到最后的工作结果。当年毕业分配的时候，我极不情愿到小返乡，认为城市的机会更多一些，条件也会优越很多。但是，当背起行囊来到这儿，在破旧的瓦房校舍里上课，直面那些家庭相对困难的孩子们的时候，我才真正认识到了"教育"的意义，感觉到了教育的神圣。

因为热爱三尺讲台，所以才会与一拨又一拨孩子为伴，看到那些在操场草坪上自在打滚的小家伙会发自内心的喜欢，分享他们成长的快乐，体会他们别样的童年；因为热爱教育工作，所以才会潜心钻研教学方法，走南闯北四处求教。鬓角已染霜，却依然像小学生一样去学习，把读书作为教师最好的修行；因为坚守乡村学校，所以才会在城乡之间奔波。雨后察看围墙、清理积水。雪后清扫积雪，铺卷地毯。维修管道时被喷了一身水，泥泞的小路上卷着裤腿去家访……因为热爱，所以付出。因为喜欢，所以值得。

2020年国庆档电影《我和我的家乡》中有一个单元是《最后一课》。范伟老师饰演的老范，看上去有点"傻"。他是个美术老师，放着城里优越的生活不过，偏要支教乡村，一待就是10年。晚年，疾病让他记忆混乱，仪容不整，经常晕倒，连儿子都认不出，可他唯一忘不了的是当年支教的最后一课。他满头白发，行动迟缓，说话颠三倒四，但还记得对孩子们最后的交代："小花你的鞋底没纳好，下课来找老师，老师帮你纳。""你啊，老师下课就不去你那吃饭了，告诉你爸，你好好学习，就是给老师最好的礼物。"其中有一个情节特别让人难忘：学生姜小峰画了一幅画，题目是《我的学校》，由于没有颜料，只能画成黑白的，并向范老师描述着画中各部分应有的颜色。范老师为了让孩子的"梦"呈现，涂出颜色，冒着瓢泼大雨回住地去给小峰拿颜料，他跑啊跑，拿到颜料后，拿扇子挡着生怕雨淋着，又往教室跑，摔在了桥上，颜料掉进了河里。孩子们看到了这一幕从教室里涌了出来，抬起头来的范老师，脸上满是雨水……看到此处我不禁潸然泪下，范老师让我看到了曾经教过我的老师的影子，也看到了正在为师的自己的样子。

我一直在想，范老师从城市走向乡村，从国内走向国外，经历何其丰富，为什么最后时刻呈现在脑海中的是在乡村任教的最后一课？也许只有一个答案，那段时间是其人生经历最丰富且付出最多的时候。他热爱那片土地，否则不会在记忆模糊时依然轻车熟路；他热爱那些学生，否则不会铭记这最后一课。

我特别喜欢太原市时代新人集体创作的一首诗歌《我的热爱，大声说出来》，"风里去，雨里来，我的身影一直都在。有无奈，有感慨，我抖落一身尘埃。是什么让我执着前行，是什么让我初心不改？……"

"她在丛中笑"

一位多年不见在医院工作的朋友，到学校为孩子们做体检，她对我说："苏老师，在学校当老师真好，每天和孩子们在一块儿，都不显老。"其实，显不显老倒不一定，但是老师们走上讲台时的激情澎湃，却真的是青春焕发，像换了个人似的。曾经听到过一个新闻，四川成都师范学院法学教授李志平，眼睛高度近视，并患有梅尼埃病。从教30多年，已将近退休，一天正在给学生上课的她获知母亲去世的消息，仍强忍悲痛，坚持把最后一节课上完。我想，这就是为什么有人将教师称之为"太阳底下最光辉的职业"的原因吧！这也让我想到了自己的一个故事。

那是刚刚开学，孩子们都按我的要求上交了新作业本。我在清点时发现有一个本太旧了，虽然包着去年用过的旧书皮，但是褶皱得特别厉害，本子下面拿铅笔写着"小月"（化名），因为字太小了，不仔细看，根本看不出来。小月的妈妈智障，生活不能自理，爸爸刚又患了脑血栓，给这个原本就困难的家庭雪上加霜。因此我格外关注她，还让她当了我的科代表，尽可能让她感受到班级的温暖。

可是，第二天交作业时却出了"意外"——

"老师，作业本少了一本。"小月着急地告诉我。

"不可能呀，刚刚还数得好好的。"我让她重新再数一次，还是少一本。

"查一查，是谁没交？"

她在那儿一本一本地点着。"老师，是梁云飞。"她怯怯地回答。

……

她走以后，我在批阅作业的时候发现，那本很旧的本没了，但确实是少了一本。于是我再次查看了小月的本子，还是那个旧书皮，但却包着崭新的本子。在本子后面的内页，我意外地发现写着"梁云飞"。

事后，我买了个新本，换了个漂亮的书皮，在书皮上写上了"小月"。日子就这样过去了，几天后，我收到了小月工工整整写的作业，里面夹着一张小纸条，上面写着："老师，谢谢……"

如今的小月，大学毕业后通过公务员考试，成了某机关的职员，我为她感到高兴。而像她这样，通过学习改变了自己命运的学生还有很多。守一隅天地，教一群学生，默默付出，静待花开。"待到山花烂漫时，她在丛中笑"，这是多少教师工作的真实写照啊！

昨天晚上正在备课，手机一响，我看到了这样的信息："老师，是神圣而光荣的职业，您让我成为自信且不怕挫折的人，您让我明白，学习并不是一种负担，而是一种快乐和责任，感恩节到了，吉星宇祝您健康快乐幸福！"这是一个正在上九年级的学生。看着这简短的文字，想着她上小学时的样子，我欣慰地笑了。中国教育学会副会长郭振有说过："教师有没有文化主要不在于教师的职称、职位，而在于教师有没有高尚的师德、丰富的学识、生动的个性、感人的故事在学校里流传。"

我，品味着我的教育故事，甘之如饴，寂静欢喜。

作者简介：

苏秀荣，1995年参加工作，中小学高级教师，36岁被评为山西省特级教师，2014年被评为全国模范教师，2018年被评为山西省三晋英才拔尖骨干人才，杏花岭区小学道德与法治学科苏秀荣名师工作室主持人、太原市青年讲师团讲师。他还曾获"山西省中小学教学名师""山西省创新型校长""国家级课题优秀主持人"等称号。近年来，他先后主持并承担了《小学特色学校建设》《基于学生核心素养构成之基础——学生阅读能力培养与提升》《农村小学绿色课程开发的实践研究》等国家级和省级课题5项，在省级刊物发表科研论文30余篇，应邀在省、市做专题讲座60余场。

小学党史教育和道德与法治课融合教学策略

杏花岭区北大街小学校

李　晔

根据党在中国特色社会主义新时代的教育方针，当代中国马克思主义将"立德树人"确立为我国教育的根本任务，即培养一代又一代拥护中国共产党领导，拥护社会主义制度，立志为中国特色社会主义奋斗终生的有用人才。

道德与法治是一门活动型综合课程，其内容有机融合品德和规则教育，爱国主义、集体主义和社会主义教育，历史与文化、国情教育，地理和环境教育，生命与安全教育，民族团结教育等。党史教育在小学道德与法治教材中不同学段、不同章节、不同篇幅都有所涉及。因此，道德与法治课在落实学科本位任务的同时，融合党史教育可谓一举两得，相得益彰。

本文所谈的党史教育，主要是指向学生传递党史知识，使他们充分了解中国共产党艰苦卓绝的革命和建设历程，产生对中国共产党的深厚感情。党史教育和道德与法治课融合教学，是指找到小学党史教育与道德与法治教材的衔接点、渗透点、拓展点，在道德与法治教学中潜移默化地影响学生的认知和行为，有效提升小学生的政治认同、思想认同、情感认同，树立正确的理想信念，厚植爱国主义情怀，真正做到"学史明理、学史增信、学史崇德、学史力行"。

在小学道德与法治课教材中，很多内容都和爱国爱党存在联系。道德与法治课教师要深入钻研教材，采取合理措施进行优化，从而对学生完成有效引导。

一、基于教材，呈现爱国爱党显性教学元素。

五年级下册第三单元《百年追梦　复兴中华》的内容体现党史教育特别集中、鲜明。但由于篇幅所限，教材浓缩了重要事件，例如，在讲解"中国共产党党旗和党徽"这部分内容，教材仅仅100字左右。党旗、党徽是中国共产党的象征和标志。见微知著，对党旗、党徽发展演变进程的理解就是对中国共产党百年光辉历程的重温，从而帮助我们更加深刻地认识到"我们党的百年历史，就是一部践行党的初心使命的历史，就是一部党与人民心连心、同呼吸、共命运的历史"。教学时，我们要把显性党史教学元素放大，可补充介绍：在各个不同时期下，党旗和党徽的不同内容展现了当时的革命形势，是共产党历史的无声见证者。从建党"萌芽期"，到2002年11月14日，中国共产党第十六次全国代表大会通过了关于《中国共产党章程（修正案）》的决议，首次增加了"党徽党旗"一章，伴随着中国共产党从产生、壮大到领导中国人民走上社会主义建设道路的奋斗历程，中国共产党的党旗党徽也逐步得到发展与完善。

再如二年级上册第一单元《欢欢喜喜庆国庆》一课时，9月30日是中国烈士纪念日，借此组织开展"革命先烈事迹故事会"，表达对先烈的崇敬和怀念。教师还可以通过多媒体播放《开国大典》的视频，激发学生的爱国意识，明白新中国来之不易。影像视频直观生动，使人如临其境；故事壮烈，催人泪下。

教学中多处有基于道德与法治教材的拓展点，使实施党史教育有了依托，有了抓手。

二、源于教材，挖掘爱国爱党隐性教学元素。

爱国爱党，是从爱家乡开始。道德与法治（统编版）教材二年级上册第十三课《我爱家乡的山和水》蕴含着隐性党史教育元素，教学时要充分挖掘、点透。在学习这一课时，教师引导学生介绍自己家乡的山与水，自己儿时的回忆以及发生的事情，了解家乡是生我养我的地方，激发学生对于家乡的热爱、赞美之情。同时，也要让学生来分享自己家乡的新面貌。感受到正是中国共产党的英明领导、致富政策，带领全国人民实现了第一个百年奋斗目标，人民过上了美好幸福的生活。课堂上不仅激活了学生对家乡的记忆，还挖掘出美好背后的原因，从心灵深处升腾起对党的敬意。

爱国爱党隐性教学元素优化了教学内容，丰富了学生的认知，提升了思想觉悟。

三、活于教材，拓展爱国爱党实践教学元素。

聆听红色故事，感悟红色之旅。五年级下册第三单元《百年追梦　复兴中华》第十课《夺取抗日战争和人民解放战争的胜利》，讲述了全民族坚持抗战、战略反攻、日本投降等基本史实，探究中国抗日战争胜利的原因及伟大意义。从全国局势角度阐述，山西的革命老区，也有红色足迹遍布这片沃土，老一辈革命者和三晋儿女用鲜血和生命铸就了气贯长虹的太行精神、吕梁精神。学校可以组织学生"跟着课本去研学"，到晋商博物院、太原解放纪念馆、山西国民师范旧址革命活动纪念馆等地参观，生动且具有教育意义的社会实践，成为移动的课堂。

课堂小天地，天地大课堂！在场馆参观活动中，学生真听真看真感受。一件件饱经沧桑的历史文物、一张张珍贵的历史照片、一份份难忘的历史回忆，无不生动展现了那段砥砺奋进的光荣历史，让学生们的心灵受到血与火的洗礼，对党的光辉历史有了更加深刻的理解和认识。

四、高于教材，梳理爱国爱党史实教学元素。

党史大写着中国人的政治观念，丰富了本民族的信仰，是一部彰显近代中国人精神的教科书，也是德育课程的宝贵资源。

中共党史是政党史，是专史。在教学中，教师指导学生绘制思维导图，先绘制中国共产党自成立到作为执政党不断发展至今的四个历史时期的时间轴：从1921年7月中国共产党建立至1949年10月中华人民共和国成立，是新民主主义革命时期；从1949年10月至1978年12月党的十一届三中全会召开，是社会主义革命和建设时期；从1978年12月至2012年11月党的十八大召开，是改革开放和社会主义现代化建设新时期；从2012年11月至今是中国特色社会主义新时代。

党史是一个整体、一个系列，也是一个色彩斑斓的百科全书。无论哪个阶段、哪个方面，都有很多各种视角下的故事。自强不息、主权在我，艰苦奋斗、绝处逢生，舍生忘死、精忠报国，同心同德、愚公移山……生动展现出中国共产党信仰的精神特质和坚定信念历久弥坚的品质特征。这些大事件真实、鲜活、具象、生动，可以标注在相应的时期内。历史是最好的教科书，党史是最好的营养剂，对历史的每一次回眸，都是一次思想的洗礼。

道德与法治课，是思政教育的主阵地。我们要结合学生的年龄和实际，源源不断给学生提供党史"知识之泉""精神之钙"，使学生的爱国爱党意识得到全面强化，树立为祖国未来发展而努力的志向，以史为鉴，传承红色基因，以更加昂扬的斗志努力学习，为实现中华民族的伟大复兴奋力前行。

作者简介：

李晔，杏花岭区北大街小学副校长，中小学高级教师，党员，本科学历，山西大学教育硕士，国家二级心理咨询师。先后获得"山西省教学能手""山西省学科带头人""山西省教学名师""山西省优秀辅导员""太原市优秀教师""杏花岭区最美时代新人"等荣誉称号。《小学群文阅读特色课程实践研究》获得山西省基础教育优秀成果二等奖，太原市基础教育优秀成果特等奖。她现在主持着"十四五"省级思政课题《党史教育与小学道德与法治课教学融合的策略研究》。

教育魅力，如琢如磨

——读《教育魅力》之感

杏花岭区小返中心校

李变玲

2021年9月下旬的一天午后，我们同事几个在操场上唠嗑，不经意间聊到新来的小冀老师。胡老师说："一年级的温思诚小朋友和她说，一年级的同学都是冀老师的粉丝"。当时的我十分惊讶，惊讶于仅仅6岁的孩童竟也在用"粉丝"这样时髦的词语表达他们纯真的内心，更惊讶于才入职不到一个月的年轻小伙子竟然有如此的吸引力。我就在想，这小冀老师是有怎样的魅力让这帮孩子如此追捧。偶然间，在淘宝看到了于漪老师的《教育魅力》这本书，便把它买了下来，从中我对教育魅力有了全新的认识。

魅力，顾名思义，就是极能吸引人的力量。《国家中长期教育改革和发展规划纲要（2010—2020年）》第一次在国家层面提出教育魅力这个词，对教师素养提出了新的要求，"教师要关爱学生，严谨笃学，淡泊名利，自尊自律，以人格魅力和学识魅力教育感染学生，做学生健康的指导者和引路人"。

书中叶澜教授对教育魅力的阐释是："教育的魅力不只是要求好教师，而是每个教师都要坚信自己所从事的事业要你去创造。教育的魅力是创造的魅力，是创造生命发展的魅力。教育的魅力不仅仅限于教师已形成的人格与学术。还有一个很重要的方面，教师应是不断追求自己生命的发展和完善的人，在帮助别人完善的同时，不断发展和完善自己。这样的教师在我看来可能是比较有魅力的。"

在中国，从古至今教师一直被人们敬重仰望。先秦诸子的独创与借鉴；两汉时期的勤勉与批判；魏晋时期的务实报国；隋唐五代的勇敢与个性；宋朝时期的穷理谱新；明朝的寓教于乐；清代的匡时济世；民国的兼容并包……回望历史，种种优秀教师的魅力跨越时光的洪流来到我们眼前，是那么闪耀夺目。教师的教育魅力与国家和时代息息相关，习近平总书记说到"三寸粉笔，三尺讲台系国运；一颗丹心，一生秉烛铸民魂"。李玉刚的歌曲《万疆》"红日升在东方，其大道满霞光，我何其幸生于你怀，承一脉血流淌……"我们何其有幸生于华夏，又是何其有幸成为一名新时代的人民教师。

一、崇尚教育满怀热忱

尼采说过："要提高别人，自己必须是崇高的。"教育是培养人的活动，是用一种人格去塑造另一种人格的事业，言传身教，身体力行，潜移默化，一个优秀的教师一定是一个拥有崇高思想境界的教师，一定是一个拥有人格魅力的教师。尊称为至圣先师、万师之表的孔子主张"为政以德"，他的私学教育中，道德教育居首要地位。他要培养的"贤才"，首先是道德完善的人。他提出"敏于事而慎于言""讷于言而敏于行"。言行一致，以行践言，这是孔子教育品格中极具现代意义的方面，放射着恒久的魅力。

"春蚕到死丝方尽，蜡炬成灰泪始干。"人们常常把教师比作春蚕和蜡烛，云南华坪县民族中学校长张桂梅同志的思想和行为已经远远超越这一比喻。1997年，张桂梅到云南华坪县民族中学教书，为让失学女孩返校，她踏遍华坪大山深处挨家挨户走访，"跟我走吧，在我那睡，在我那吃，自己下好决心，把书读出来，在山里面不走出去，这怎么生活"。这几句话让多少人泪目，"跟我走吧"短短的四个字改变了一个孩子的一生，改变了2000多名山区女孩的命运。2021年"七一勋章"颁授仪式上她说道："只要还有一口气，我就要站在讲台上，倾尽全力、奉献所有，九死亦无悔。"她的故事被写入了《中华人民共和国简史》。

在我们学校，被评为最美乡村教师的荣老师，每天依靠服用索米痛片（去痛片）坚持工作，哪里脏、哪里累，哪里就总有她的身影，我常和她开玩笑说"你是打不倒的铁人"；2018年开学第一天，学校胡老师由于手伤，不能再继续担任四年级语文老师，家长们两个多小时站在操场上深情挽留；2020年因疫情影响，我们居家防护线上上课，为了不耽误学生们学习，曹宏老师带着电脑在医院边治疗边上课……一幕幕温馨难忘的画面，足以见证小返教师精神在新时代绽放的教育魅力。

二、拥抱美好悦纳多元

我国最早的教育专著《学记》中说："能博喻然后能为师。"所谓"博喻"即指广泛地启发、诱导、晓谕学生，没有丰厚的知识储备是不可能做到"博喻"的。

于漪老师已是92岁的老人，躬耕教学事业70载，她这样理解当老师："教师一个肩膀挑着学生的现在，一个肩膀挑着国家的未来。""做一辈子教师，一辈子学做教师"是于漪老师留给我最深刻的印象。她结合几十年的教学经历，给广大教师指出了三条路径：重要的理论反复学，紧扣一点深入学，拓宽视野广泛学。每次外出学习聆听教育前辈专家的讲座时，不仅仅获悉到教育的时代信息、专业的学识素养，更仰慕于他们那颗追求教育精进的求知欲和饱满的激情。在苏校长的带领下，我们逐渐成为爱读书、爱思考的人。

三、走进心灵　相约友爱

教育专家李镇西老师说道："最好的关系就是教育。"李老师深深打动我的一个重要原因，便是他始终如一和学生进行心与心的交流。他可以和孩子一起过年，一起玩雪、拼字照相，真正融入学生生活，在一次次的对"师爱"理解中留下了精彩的生命瞬间。每当想起自己的读书成长过程，总会想起胡万保老师，想起在那个条件艰苦的20世纪90年代，带领我们开荒、种地、收割谷子的画面……在漆黑的夜晚，常常把我们住校学生带到他家，围坐在不大的热炕头上一起观看电视节目的场景。12月15日下午少年宫活动结束后，我和荣老师走进体育组等待托管课后查堂，两名三四年级小同学走进来，小冀老师递给他们几颗糖，还说"谢谢你们的帮忙"。此时，我想：原来他的魅力不仅仅是年轻帅气，更多的应该是和学生间的平等交流，亦师亦友。

苏霍姆林斯基告诫我们："要像对待荷叶上的露珠一样，小心翼翼地保护学生的心灵。"只要我们放下架子，蹲下身子，真诚地走进孩子们的世界，就能走进学生的心灵。

教育魅力是一种使命，是一种担当，更是一种精神。就如同于漪老师说的那样，"生命与使命同行"。作为教师，在工作之余，更要不断提高自己、充实自己，努力让自己成为一名有魅力的教育者，引领学生散发恒久的光辉。

作者简介：

李变玲，1976年1月出生，中共党员，中小学一级教师。1995年参加工作以来一直工作在自己成长的家乡，杏花岭区最为偏选的小返中心校。

在她的心中早已种下一颗勤奋创新、为人师表的种子，带着对教育的热爱，如春雨般，于无声处浸润着教育教学的点滴。

作为一名中青年教师，她在教学工作上，刻苦钻研，大胆尝试，不断创新，多方面地吸取好的经验和方法，她倡导的"211"课堂模式使得课堂上学生们学得轻松，并且学生的学习能力和素养都有不同程度的提高。

"路曼曼其修远兮，吾将上下而求索。"今后的教学中她将不断努力，不断精进自己的业务水平，用踏实、勤奋书写自己的平凡之路。

改变思维方式，让教育更灵活

—— 《做一个聪明的教师》读书心得体会

杏花岭区新道街小学中车分校

王　慧

利用闲暇之余，我细细品读了《做一个聪明的教师》这本书，感触良多，想和大家一起分享。当拿到这本书的时候，绿色封面犹如春天的一抹新绿，清新淡雅，而书名中红色醒目的"聪明"二字向读者传递出本书的宗旨：从思维方式角度切入，和老师们一起学会"认识自我"。书中新颖的前言阐述、90 个案例点评，深入浅出地诠释了思维方式对教师的重要性。教育的特点在于灵活，教育的关键在于体验，如何拥有良好的思维方式，做一个聪明、睿智的教师，只学教育的基本理论是不够的，需要我们在活生生的案例中去体会、去感悟并用于我们的实践，而这本书就起到了指导、引领的作用。

下面我就带大家一起走进她。

本书的作者叫王晓春，是北京教育科学研究院基础教育研究所退休教师。他的主要研究方向为教师观念更新、语文教学改革、家庭教育等。

本书分上下篇两部分，上篇主要剖析了教师的各种常见不良思维方式，重在"破"；下篇则主要是研讨和推荐王老师认为比较科学的思维方式，重在"立"。作者的教育表达朴实、诗意、形象而充满激情。他擅长把理性的思考倾注于可读性较强的教育案例中，在一个个曲折动人的故事里，作者的教育思想、教育机智、教育技巧、教育情感……全都融会其中，发人深省。

王晓春老师在这本书中对聪明人的界定是：聪明人其实就是善于思考的人，他们往往有良好的思维方式。由于教师面对的是学生，是孩子，老师在孩子们面前面对很多问题时省去了思考，思维方式往往是表面的、单向的、独断的。所以，我们应先改变自己的思维方式，不断更新教育理念，改变积淀。

书中提到了很多思维误区，其中一种是"迷信师严"，教育是一种复杂的、科技含量很高的工作，怎一个"严"字了得，我深有感触。其案例呈现是：有6名同学无故没有出早操，班主任老师很生气，把他们叫到操场罚跑，结果6名同学又说又笑，稀稀拉拉，一副无所谓的样子，班主任虽然在旁边监督，队列仍然如故。魏书生先生在对学生违纪时如何采取更恰当的教育方式上指出，碰到违纪学生时让他们做几件好事，使他们自己接受教育。王老师在面对没戴红领巾的学生，做法是带领上他们去校园里捡垃圾，捡完后，再让他们洗手，这样做效果非常好，不戴红领巾的同学越来越少，原先校园里的一些卫生死角总是无人问津，现在通过做好事的办法，校园内干净整洁多了。但王老师也提到学生违纪是难免的，采取一定方式的教育也是很有必要的，魏书生先生对犯错误的学生通过唱一首歌、做一件好事、写一份情况说明书的方法进行处罚，显然从心理上讲，愿意接受的学生比较多。魏老师的做法有创意，但也只是惩罚的一个变种。惩罚可以这样做，但不能都这样做，惩罚不光是为了惩罚本人，还是为了教育那些潜在的违规者。所以，有时也是需要"寒光闪闪"。因此，王老师赞成提倡甜药，不放弃苦药的做法。在以前，学生调皮犯了一些错误时，我一定会把他们狠狠批评一顿。看了这个案例后，当我再碰到调皮学生时，想到王老师在书中说的，我提醒自己要变得"聪明些"，不再是简单、粗暴的批评，而是根据不同的情况采取多样的教育方式，在整个过程中让学生认识自己的错误，从而受到教育。

书中还提到一个案例，事件中的孩子像极了我的学生，我带这个班也有五年了，作业写完后孩子们会把作业心照不宣地交到教室后的橱柜里，但总有一两个孩子问我，作业交到哪里？每次，我都不耐烦地回答他们。其实我心里知道这些孩子是想引起老师和同学们的注意，让大家知道自己作业完成得很快，想得到老师的表扬，可越是这样，我就越是故意表现出不予理睬的态度。看了书中王老师的分析，我知道了我这是进入了"不妥协主义"的思维误区。孩子的每个举动背后都有着自己的心理驱动，当学生的情感需要得不到满足时，师生关系就会日渐疏离。面对这些孩子，我为何不能接过他的作业本，仔细翻阅一下后大声夸赞"这位同学的作业完成得又对又快，字还写得很漂亮"呢？这样既满足了孩子的情感需求，对其他同学也起到了督促的作用。

　　书中的一个个案例解开了我在工作中的很多困惑。我曾因为学生的问题而烦恼，也因遇到教学中的困惑而头疼，但当我拜读完王晓春老师的这本书后，我的内心多了一份坚定。工作中遇到困难是正常的，关键是我们要以怎样的一种思维方式去解决它。王老师多次提到遇到困难要"对症下药"，强调深刻分析问题的原因，而不能绕开原因直接进入"解决问题"这一环节。在遇到学生与学生的矛盾时，我们老师应做一个"防火员"，而不单单是"灭火员"；在面对师生关系时，我们老师应提高说服能力，不能一味地"逆耳"，有时也要"顺耳"……这些方法给我的成长之路铺满阳光，当然要想成为一名聪明的教师，在这些方法的指导下对自己的行为形成反思意识，要有"解剖自己"的认知冲动，这就回到了本书的宗旨"认识自我"。

　　最后，我想用王老师在书中对教师提出的几点建议结束今天的分享。

　　有新的想法，一定要写出来；没有新的想法，那就别写。要多想少写。

　　留出时间用来读书和思考。

　　平日工作中，凡是习惯性的言行，都要问一句：为什么总是这样？不这样行吗？

作者简介：

　　王慧，中共党员，本科学历，中小学二级教师，现执教于杏花岭区新道街小学中车分校。从教以来，她爱岗敬业，关爱学生，因材施教，不断更新教育理念并实践于教学中，课堂上树立学生主体观，重视学生核心素养的培养。她曾获得"太原市优秀班主任""杏花岭区师德标兵""杏花岭区优秀教师"等荣誉称号。

教育孩子的三根支柱

——《陪孩子终身成长》读书心得

杏花岭区迎春街小学校

王　丽

作为父母，也作为教师，我们的生活就是和孩子打交道，"你必须成长，才能帮助孩子成长"。这是樊登在《陪孩子终身成长》封面上的一句话，它提醒着父母和教育者，教育孩子是一辈子的事情，在这个过程中，你与孩子是互相陪伴的关系，是共同成长的一种状态。

这本书中最重要的就是提到了，如果要陪孩子长成有生命力的森林，你必须要给予孩子成长过程中需要的三根支柱，那就是无条件的爱、价值感、终身成长心态。无条件的爱，为孩子提供幸福和勇气，让孩子内心充满力量；价值感决定孩子能飞多高；终身成长的心态让孩子积极面对生活。

一、无条件的爱，让孩子内心充满力量

无条件的爱是指对孩子的爱里没有交换，没有恐吓，也没有威胁。教育孩子是复杂体系，不是简单的模仿。我们首先要接纳不完美的自己，再接纳不完美的孩子，对孩子少些期待，给予孩子无条件的爱，这样孩子才能体会到，即使犯错了，父母和老师依然是爱她的，如果孩子知道自己被父母和老师无条件地爱着，他的一生不管遇到什么困难，都走得过去。

无条件的爱不是溺爱，是可以批评的，爱孩子无条件，但有原则。如果孩子从小到大都没有接受过批评，没有规范，他的不安全感就会增加。在他内心不知道行为的边界在哪里，长大后容易通过其他方式寻找归属感。但如果需要批评孩子，就不要放大、过度发挥。要就事论事，简单明了，让孩子

把犯错当作学习的机会。

二、价值感决定孩子能飞多高

有人曾说过：人一生在追求两个感觉，一个是归属感（无条件的爱可以带来归属感），一个是价值感。让孩子知道自己是有价值的，是有能力的，他的自尊水平才会高，自律性也会更强，才会有动力去做事情，主动去追求成为一个厉害的人。反之，如果一个人自尊水平低，他就会觉得"我是没用的"，这样的孩子失去了人生目标，生活缺乏意义感，很容易自暴自弃，变得叛逆。

怎样才能让孩子有价值感？王阳明讲"需在事上磨炼"。通过给孩子做事的机会，在孩子表现出对家庭和集体有所贡献的时候，给予鼓励。为人父母，为人师，不能一天到晚否定孩子，浇灭他心中的火花，需要点燃孩子，多去发现亮点并及时鼓励，帮孩子建立价值感。而在鼓励孩子的时候，也得注意方式，正如谷爱凌的妈妈谈及教育时所说，要少表扬孩子的聪明，多表扬孩子的努力。

三、终身成长的心态让孩子积极面对生活

《陪孩子终身成长》这本书中，把终身成长叫作"美德背后的美德"。就是几乎所有你能看到的美好的品德，背后都是终身成长型的思维方式，所有错误的思维方式、行为习惯、品格，背后所代表的都是固定型的思维方式。

一个人一旦有了固定型心态，就会活得很累，做任何事都在意别人怎么看他。如果一个人具有终身成长的心态，他就会觉得每一次都是学习的机会，即便做错了，也可以从中积累经验教训。终身成长的心态，让孩子不只盯着结果看，还能享受奋斗的过程，每天愉快、轻松的生活。

如果人遇到挫折第一反应是害怕，那就不能很好的发展，主要就是缺乏终身成长的心态（美德背后的美德）。怎么建立美德背后的美德，家长不要给孩子贴标签，尤其是负性标签，不要拿孩子和别人家的孩子比，这样会让孩子只想追求赢的感觉，抗挫折能力差，不敢挑战，不敢创新。家长要有容错

心、有耐心。当孩子做了一件事情，不单单是肯定事情的结果，更要肯定行为背后的动机和过程，用长镜头看待孩子的成长，有陪着蜗牛慢慢走的耐心，让孩子自己逐渐成长得更强大。

作为父母和老师，你是希望孩子将来活得累，活得煎熬，活得整天向别人证明自己，还是希望他能知道从每件事情中都能学到东西，轻松、愉悦地体验人生？这是截然不同的两条道路。孔子讲："君子不器"，告诉我们不要用固定的眼光看待世界。让孩子用成长的眼光看待自己和世界，在面对问题的时候，把解决问题看作自我成长的机会。对于父母和老师也是一样，要用发展的眼光看待孩子。

最近在2022年北京冬奥会中认识了谷爱凌，都说她是天才少女，但是除去自身的天赋和努力外，我看到了在她身后有一位伟大的母亲。谷爱凌的母亲就是有一种陪孩子终身成长的教育理念和心态，并付诸了行动，谷爱凌妈妈从北京大学—斯坦福大学毕业，爸爸从哈佛大学毕业，爷爷从斯坦福大学毕业，谷爱凌觉得自己一定也要上斯坦福大学，但是妈妈跟她说："你不一定要上斯坦福，最重要的是一辈子都不能放弃学习"，享受过程，享受知识本身带来的愉悦，远比结果更重要，世界上没有完美无瑕的人，最重要的是一辈子都要去学习。毕竟，个人的那点经验与整个知识系统来说是沧海一粟，那沧海一粟如浮萍般风雨飘摇，需要随时吸收新知识的能量，才能心如磐石般面对风雨。

不仅如此，在孩子的成长过程中，谷爱凌的妈妈也从未偷懒。谷妈自己热爱滑雪，但从来没有要求孩子成为一个职业的滑雪者，她传递给孩子的信息是妈妈热爱运动，妈妈只做好榜样的工作，而不是简单的说教。谷爱凌在妈妈潜移默化的影响之下，对各项运动都保持着很大的热爱和好奇。谷爱凌去训练，妈妈开车单程需要4小时，每天往返8小时，从小到大，母亲从来没有缺席谷爱凌的训练和比赛。母亲用自身的实际行动教育孩子什么是自信、什么是坚持、什么是梦想、什么是责任……

所以，成长，我们每个人都在路上，放长眼光，在成长的过程中成就更好的自己和孩子！

作者简介：

王丽，中共党员，中小学二级教师，太原市教学能手，现任杏花岭区迎春街小学语文教师兼大队辅导员。作为一名青年教师，她用心经营教育，用爱温暖童心，引领孩子沐浴阳光，引导孩子浸润书香。"生命因阅读而幸福，教育因执着而精彩"是她的教育信条。

《爱的教育》读书心得

杏花岭区小东门小学校

程雅君

最近，在工作室的推动下，重温了由意大利儿童文学家亚米契斯耗时20年完成的《爱的教育》。

一、结缘

《爱的教育》，我是一口气读完的。虽然它不是共情、催泪的典范，但也许是因为自己今年执教四年级，而本书主人公安利柯恰好是一名四年级的小男生，也许是因为自己是一位孩子的母亲，更也许是被那平凡而细腻的笔触中体现出来的近乎完美的亲子之爱、师生之情、朋友之谊、爱国情怀所吸引，万发缘生，为师为母为女，只那么一个偶然，便与此书结了缘。

二、述说

《爱的教育》是一本儿童读物，它以日记体小说的形式，从一个四年级的孩子——安利柯的角度，用一个个小故事从三大部分穿插而成。

在10个月中所记的日记里，包含了同学之间的爱、姐弟之间的爱、子女与父母间的爱、师生间的爱和对祖国的爱。这本薄薄的小书，文字不多，但其内蕴却无比深厚与沉重。它用朴素平淡的语言，塑造出一个个貌似渺小，但实际上却很不平凡的人物：老铁匠、老泥瓦匠、买菜妇女、买炭人、卖柴人、老铁匠的儿子、老泥瓦匠的儿子等。他们有的家庭贫困，有的身有残疾，当然也有一些是沐浴在幸福中的。他们从出身到性格都有迥异，但他们身上却都有着一种共同的东西——对自己的祖国意大利深深的爱，对亲友的真挚之情。这里面不能忽视的是每个月老师读给那群少年听的"精神讲话"。这些平凡的人物，能激起读者心中强烈的感情，对青少年以后的成长具有深远的影响。

这一个个小故事，不仅使书中的人物受到熏陶，同样让我这个外国读者也被其中所体现出的强烈的情感所震撼。而面对我们的教育，爱应该是教育力量的源泉，是教育成功的基础。夏丏尊先生在翻译《爱的教育》时说过这样一段话："教育之没有情感，没有爱，如同池塘没有水一样。没有水，就不成其池塘，没有爱就没有教育。"爱是一次没有尽头的旅行，一路上边走边看，就会很轻松，每天也会有对新东西的感悟。其实，在我看来，《爱的教育》更是一本大众读物，它适合每一个有童心、有爱心的人阅读。它用最平实的语言告诉我们，爱在哪里？

三、发现爱

爱在同伴的鼓励喝彩中。你看，体育课上，大家都和猴子一样爬上了横木，只有奈利：他脸发青，汗珠大颗大颗从额头滚下来，但他还是坚持往上爬，同学们不停地为他喊加油，终于他爬上了横木。同学们高呼："奈利，好样的！"爱还在安利柯和妈妈的拥抱中，在内心对祖国的深深眷恋里。

"爱"是我们每个人经常挂在嘴边的一个字，可是我们常把爱想得无比华丽，而忽略我们周围纯朴的爱：如父母对子女无微不至的爱、老师对学生的循循善诱、朋友间的互相安慰……这些往往都被我们视为理所当然，而没有细细地加以体会。但如果你能静下心来对之加以体会，你会感觉到：人生，这是一个多么美好的过程啊！

四、努力爱

《爱的教育》在诉说崇高纯真的人性之爱就是一种最为真诚的教育，而教育使爱在升华。这本书，让我对爱有了重新认知和理解。爱是这本书的主题，你可以从字里行间看到爱己、爱他、爱国多维度的爱。爱是一种魔法，也是一种能力，如果能把爱读进心里，那一定是一件非常幸福的事情。

虽然，每个人的人生阅历不同，但是你会从《爱的教育》中，体会到曾经经历过的那些类似的情感，可我们对此的态度行为可能不同。它让我感动的同时也引发了我对于爱的一些思考。爱，像空气，每天在我们身边，因其无影无形常常会被我们所忽略，可是我们的生活不能缺少它，其实它的意义已经融入生命。就如父母的爱，恩里科有本与父母共同读写的日记，而现在很多学生的日记本上还挂着一把小锁。最简单的东西却最容易被忽略，正如这大爱中的亲子之爱，很多人都无法感受到。爱之所以伟大，是因为它不仅仅对个人而言，更是以整个民族为荣的尊严与情绪。爱是一种感受，是一种信仰。作为一名教师，我们的爱是细碎而平凡的。作为一名教师，我们的爱是真诚而了不起的：因为里面有扎实的教学基本功、高度的责任感、精深的专业知识以及一颗纯粹为他们好的爱心。

爱，不单单是欣赏优秀的学生，更是"怀着一种责任把欣赏与期待投向每一个学生"。爱，"不应是居高临下的'平易近人'，而是发自肺腑的对朋友的爱"。爱，不应是对学生的错误严加追究，而是用博大的胸襟来对学生的宽容。爱，也不应是对学生的纵容，而是"必然包含着对学生的严格要求，乃至必要的合理的惩罚"。爱，不只是关心学生的学习、生活、身体，而是要"善于走进学生的情感世界""理解学生的精神世界""学会用他们的思想感情投入生活，和学生一起忧伤、一起欣喜"。爱，不仅仅是只对自己所教的这几年负责，而是"对学生的成长以至未来的一生负责"。爱，"不仅仅是对自己所直接教的学生的爱，还包括所有——外班的、其他年级的，甚至外校的学生的爱"。爱，不是用一颗成年人的心去包容一颗颗童心，而是"需要一颗童心"，用童心去碰撞童心。爱就是"一份纯真，一份庄严，一份责任感"，就是民主，就是平等，就是把"童年还给童年"，就是为学生的"美丽人生"奠定美好的开端。只有这样的爱，才是真正的爱，只有这样的教育，才是真正的教育。

爱是生命最美的教育，爱是教育力量的源泉，爱是教育成功的基础。珍惜爱，感恩爱，回报爱，希望我们每一个人都停泊在爱的港湾。希望这本书里，有你，有我，还有他，愿爱住在我们心里。

作者简介：

程雅君，2009年毕业于太原师范学院，大学本科，教育学学士学位，2011年至今执教于杏花岭区小东门小学，现为中小学二级教师。

2009年7月在省级刊物发表论文1篇，2012年6月获校级"优秀辅导员"称号，2018年3月获区级"中小学班主任综合素养提升工程"优秀学员称号，2018年12月获省级"十三五教育科学规划课题优秀成果评选活动"二等奖，2019年4月获太原市学科竞赛特等奖，2019年4月获太原市小学道德与法治第七届"精致课堂"大赛一等奖，2019年5月获杏花岭区"教学能手"称号，2020年10月获山西省委宣传部"寻味书香，拥抱小康"征文活动指导二等奖。

《原声家庭》读书心得

杏花岭区迎春街小学校

宋芳朴

读了美国苏珊·福沃德和克雷格·巴克的作品《原生家庭》一书，我的心灵受到了很大的促动。该书通过大量真实案例分析了各类"有毒父母"的所作所为，以及他们对子女造成的伤害。同时，本书不仅给予受伤子女挣脱的勇气和力量，还传授了具体方法，帮助他们摆脱原生家庭的负面影响。

在读这本书的过程中，我深深理解了家庭教育对孩子的重要性。我们经常说孩子是父母的镜子，孩子在家庭里受过什么样的教育，就会成为什么样的，所以在家庭中对孩子所用的语言应该是慎之又慎的，因为孩子在对语言信息以及非语言信息的吸收方面，就像是海绵吸水一般——完全不加选择地全盘接收。他们倾听父母的言谈，观察父母的举止，并且模仿父母的行为。他们接触不到任何家庭以外的参照标准，于是在家中获取的关于自身及他人的信息便被孩子当作普世真理，深深铭刻于心。比如当我们看着孩子磨蹭、拖拉，你会很生气，你会在生气时说："你怎么那么磨蹭，做事总是拖拖拉拉，将来什么事情都会做不好的！"你生气时说的话将会成为孩子今后的发展方向。纵观当下我们的家庭教育是出了问题的，有很多家长关心的是孩子的学业、成绩，忽视了现代孩子们的心理健康以及教育。我个人认为一个人将来是否成功，真正的要素是心里是否强大，是否健康，他是否有足够的能力去应对这繁杂的社会。所以父母的榜样作用对于孩子的自我认同感的形成至关重要。一个孩子在家庭中接受的教育、经验和情感体验都会对其人格、价值观和行为产生影响。例如，一个人在成长过程中如果经历了不良的情感互动，可能会导致他在成年后出现情感问题；而一个温暖和支持性的家庭环境则有助于个人形成健康的人格和情感关系。

作为一个有两个孩子的母亲，我深深地思考一个问题：父母总是会无意间给孩子的心灵造成一些伤害，那我们怎么克服这些行为来做一个有爱的父母呢？这本书里提出在过去二十年里，父母角色历经了翻天覆地的变化，曾经应该承担的所有义务同样适用于现在的父母。我们现在的父母也应该这样做：

我们必须满足孩子物质上的需求。

我们必须保护孩子，使其免受身体上的伤害。

我们必须满足孩子对爱、关怀以及更深层次的情感的需求。

我们必须保护孩子，使其免受感情上的伤害。

我们必须在道德伦理方面给予孩子正确的引导。

当然这样的清单还可以继续写下去，但是这五项是称职的父母必须履行的基本职责。现在的教育，其最终目的到底是什么，我个人认为是成为孩子自己，每一个孩子从出生开始都带着自己的天性，我们当父母不要去破坏它，而是要保护它。当孩子愿意做一件事的时候我们当父母的一定要支持他，即使会耽误一些学业，也可能是父母不希望做的事，我们都要尊重孩子，鼓励他，最终孩子做的差强人意，或没有做好时，我们当父母的大可以会心一笑，表示没关系的，下次一定能做好。教育是一件与时俱进的事，在过去的高考思维模式下上好的大学可以改变人生已经是教育的1.0版本了，我们现在教育应该往2.0的版本走了，就是爱与自由，我们当父母的应该好好爱你的孩子，欣赏他，赞美他，给他足够的安全感，这样的孩子才是健康的、积极向上的。

总之，家庭教育是所有教育中最重要的教育，我们当父母的如果不会教育孩子大可不必说各种各样的大道理，可以用真心去爱孩子，去用爱滋养他们。

作者简介:

宋芳朴,中共党员,太原市杏花岭区迎春街小学英语教师。从教以来,立足三尺讲台,以爱滋养学生。工作认真负责,勤于钻研,教学成绩历年来保持优秀。多年来读书的好习惯让她成为心灵有温度,生活有情趣的好老师。她曾获太原市杏花岭区"英语教学能手"、杏花岭区"四有教师"等称号。

藏在巴学园里的教育奥秘

——《窗边的小豆豆》读后感

杏花岭区迎春街小学校

朱文兰

　　《窗边的小豆豆》这本书，总是让我越读越有味，越读越有趣，越读越受启发。因为我发现，那个永远消失了的巴学园里藏着一个教育奥秘：那就是，真正的基于孩子心灵成长的学校教育理想模式。

　　作者黑柳彻子没有理论，没有讲解，没有说教，没有案例，她仅仅是用朴实的语言，通过孩子的视角讲述了自己真实的一段经历，讲述了一些孩子和一个小学校长的故事。但这故事促使该书成为日本销量第一的书籍，每3个家庭就有一本，而且被翻译成35种语言，常年位列各大畅销书排行榜前列，仅中文简体版就已突破1100万册的销量。

　　她从小就是一个特别淘气的小孩子，小学一年级就因为捣蛋影响全班同学，被学校劝退。父母不得已把她送到了全校学生只有50多名的"巴学园"，巴学园里有一些小儿麻痹或先天疾病的小朋友。这样的孩子是不是很难成才呢？但就是这样的孩子，在父母足够的关爱下，在恩师小林宗作不停地说"你真是一个好孩子"的鼓励下，在巴学园里快乐成长。长大后成为日本最有名的主持人和畅销书作家，而且是联合国儿童基金会亲善大使。不仅是她，据她后来采访，她的那些巴学园的同学们长大后也都因为巴学园的生活经历而获得了不同程度的成功。

　　巴学园里到底具有什么魔力？让我们一起走进巴学园吧。

　　巴学园是由教育家小林宗作创建的一所小学校。它的大门是用矮矮的活树做成的，还长着绿绿的叶子。它的教室是用废旧的电车改装而成。校园四周种了各种各样的树木，作为围墙，花坛里开满了各色花朵。这种崇尚自然崇尚童趣的校园特点，给小豆豆们带来了无穷的快乐。

校长小林宗作老师尤其令人不可思议。他对每个孩子都倾注了爱。

初次见面，校长就跟小豆豆说："跟老师说说话吧，说什么都行，把想说的话全部说给老师听听。"结果他就整整听小豆豆说了四个小时的话，而且一次也没有打哈欠，一次也没有露出不耐烦的样子。他也像小豆豆那样向前探着身体，专注地听着。听完之后，用温暖的大手摸摸小豆豆的头，说："好了，从现在起，你是这个学校的学生了。"就这样，与众不同的校长先生用他博大、特有的对儿童理解的爱，在小豆豆的心里播下了理解和爱的种子。让小豆豆感受到了大人的尊重。

小豆豆上厕所喜欢回头往下看，有一次不小心把钱包掉下去了。为了找钱包，小豆豆用一把长把舀子，一下一下往外舀，上课铃声响了，她也不理会。污物堆成小山，污水流了一地。小林宗作校长两次经过这里都没吭气，第三次停下问了问原因，然后说："弄完以后，要把这些东西都放回去啊。"说完这句话就走了。一般说来，大人们看到小豆豆做的事一定会说："在干什么蠢事呢""太危险了，快停下""我来帮你吧"。但只是说一句"弄完以后，要把这些全都放回去"的，除了小林宗作校长外，恐怕不会有第二个人。因此，小豆豆的妈妈不由得赞叹"真是一位了不起的人"。经过这件事情以后，小豆豆上厕所时再也不回头往下看了，而且她觉得校长先生是一位"可以真心信赖的人"。这就是小林先生的爱的声音，一种真正的、智慧的教育家之爱。

在小林校长的眼里，每个孩子都"真是一个好孩子""大家都是一样的"。他用特别的教育方式，一点点让巴学园里那些被普通学校拒之门外的孩子们，学会理解与爱。他也用自己的方式，保护孩子们的自信心和童心。他总觉得，"以后孩子们能够在别人面前，清楚、自由、毫不羞涩地表达出自己的想法，是绝对必要的"。他精心设计的"钻鲤鱼比赛""跑台阶接力赛"等运动会项目，使身体特殊的高桥不再觉得身体矮小而自卑，成年后依然能记住得第一名时的自信。运动会比赛胜利的奖品居然是各种蔬菜，应该是有利于孩子们和家人一边吃自己努力得来的蔬菜，一边高兴地谈论运动会，并从中体会到别样的意义吧……种种细节中，我们能够体会到巴学园的教育奥秘就是关爱和理解、尊重和信任、顺应天性、合理引导、亲近自然。

巴学园里的教学模式也是充分尊重和遵从了学生的身心发展规律和学习教育原理。小豆豆和伙伴们在巴学园里可以从最喜欢的科目开始一天的学习，多半是自习的形式。如果遇到自己不懂的问题，可以到老师那里请教，或者请老师到自己的位置上来。老师会耐心地讲解，在了解和尊重学生个性的基础上因材施教。这种教学方式是否和我们现在倡导的自主学习和翻转课堂大有同工之妙呢？

如果大家学习都非常努力，上午就能把一天的学习计划完成了的话，下午一般就可以去散步了。在自由的田野中，孩子们学会观察，学会思考，并在玩耍中学到理科和文科知识……这是不是又和我们现在提倡的学科综合、阳光活动、研学活动等教育理念一致呢？

所以说，巴学园就是孩子们阳光向上快乐成长的伊甸园。黑彻柳子和她的同学们真是无比幸运，她们在巴学园里快乐学习，健康成长，得到德、智、体、美、劳全方面的发展。

（巴形图案）

这就是巴学园的巴形图案，你们看是不是和道家的太极图十分相似？这表达了校长的心愿，就是希望孩子们能够在身体和心灵两方面得到和谐的发展。

长大后的小豆豆和其他巴学园的学生都在各自的领域里过着相对成功而又快乐的生活。他们都说，这在很大程度上和当年的在巴学园学习有关，和小林宗作校长有关。虽然巴学园只存在了几年就毁灭于战火之中，但他们永远怀念着那个曾经给予他们爱和快乐的巴学园，怀念那个给予他们爱和快乐的小林宗作老师。《窗边的小豆豆》这本书的第一页上就写着"献给小林宗作老师"。

可惜，巴学园之后再无巴学园，而且在我们当前的社会形势和教育发展模式中实在也不可能再创造巴学园这样像梦想一样、童话一样的学校了。但是，藏在巴学园里的教育奥秘依然值得我们深思，那就是，关爱和理解，尊重和信任，顺应天性，合理引导，亲近自然，这永远是教育的最好方法。愿我们每一位教育工作者都能够用这种爱的力量为我们的祖国培养出更多的身心健康德才兼备的社会主义接班人。

作者简介：

朱文兰，杏花岭区迎春街小学语文教师，兼任班主任、道法教学等，太原市优秀教师，具有28年的语文教学和班主任管理经验。她在教学中最大的特点是顺着作者的思路和学生开展互动教学，在教学过程中授人以渔；喜欢把当前的社会新闻、国内外形势讲给学生，润物细无声地渗透思政教育；她在班级管理中把学生当成自己的孩子来关爱，把家长当成朋友来交往，得到了家长的信任，被学生誉为"多功能百变老师"。

默默耕耘　静待花开

——读《给教师的一百条新建议》读书心得

杏花岭区迎春街小学校

党建丽

最近，利用空闲时间我读了《给教师的一百条新建议》，收获不小。这本书语言朴素却饱含善意、真诚，充满了生命的灵气，非常值得我们细细地去品味，去领悟它的精髓之所在，从而能更好完成我们的使命。读过这本书后，确实意识到自己在很多方面做得还远远不够，书中每一条建议都充满教育智慧，事例生动、分析精辟，启人深思。从中我明白了许多鲜明的教育观点，在此谈谈自己的几点读书感悟。

一、学会赏识

通过学习这本教育名著，我懂得了很多教育理念和教育方法，我更在努力地把他们用在我自己的教育教学工作中，用在班里的每一位学生身上。在学校里，特别是义务教育阶段，学生不仅仅是为了学习知识，更重要的是应该被人尊重、被人理解、被人欣赏。所以，教育工作者要站在服务者的立场上去思考问题，了解学生们的所诉所求，所期所盼，为他们消除成长的烦恼，为他们做好服务，使他们养成良好的学习习惯，获得实实在在的知识，更重要的是形成正确的人生观、世界观，学会做人，学会做事。

《给教师的一百条新建议》中提到了学会赞美，学会赏识。这不禁使我想到：赞美和赏识他人体现的是一种智慧——你在欣赏他人的时候也在不断地提升和完善着自己的人格；赞美他人体现了一种美德。我们的学生年龄虽小，内心却也是丰富、敏感的，他们更需要教师的赞美，需要教师发自肺腑去赞美、赏识，愿学生在教师们的赞美和赏识中长大，愿老师们在赞美之中成熟、优秀。

二、给自身充电

其实学习是一件很快乐的事，所以我们要想办法让学生在快乐中学到知识，在学到知识的同时学会思考。

学生学习的兴趣是潜在的，需要教师的精心呵护与培养。在教学过程中，培养学习兴趣是很重要的，为何刚入学的学生对学习充满了好奇与渴望，但随着年龄的增长，学生对学习的热情却越来越少？可见兴趣是学生学习的动力，是点燃学生智慧的火花。没有兴趣的指引和铺垫，学生会觉得学习是枯燥无味的，从而会产生厌学心理。因此，教师要从细小的方面入手，不可放过任何一个细节，要培养孩子学习兴趣，教给孩子学习方法，使他们顺利获取知识，激发学习的动力；同时教师要钻研教学方法，用科学的教法引领学法。

要掌握这一门艺术，就必须多读书、多思考。你读过的每一本书，都好比是你的教育车间里增添了一件新的精致的工具。这对我来说，是一个很大的触动，平时也想读点书，但有时总以工作累，家庭琐事多为由，没能坚持下去。以后，我要制订一个读书计划，多读好书来提高自己的教育素养。把读书当作发自内心的需要和对知识的渴求。读好书能够净化我们的灵魂，开启我们的教育良知，塑造我们的优秀品质。

虽然现在我们从事的是小学教育，我们面对的是一群天真活泼的小朋友，不会有太大的压力，但是孩子们随着年龄的增长与知识生活经验的不断丰富，不仅智力会提高，而且创造性也会变强，经常会问一些老师很难回答的问题。以前总是说要想给学生一杯水，教师必须有一桶水，可随着社会的发展，一桶水是远远不够用的。一个教师如果不继续学习，不断给自己充电，终将被淘汰。此外，老师向来担任为人师表这一角色，如果教师养成了不断学习的好习惯，自然会给学生正面的影响。

三、正确对待后进生

"后进生"，一般是指那些相对于多数学生的对教材感知很慢、知识在记忆中保持不久而且不牢固的学生，并且这类学生还经常犯错误，很让老师头疼。在《给教师的一百条新建议》中，作者告诉我们："那些特别的孩子正是通过犯各种各样的错误来学习正确的；我们永远都不要绝望，是因为只要我们充满期待，他们或许很有希望""照亮学校的将永远不是升学率或者其他名和利的东西，而是圣洁瑰丽的师道精神，是一种对孩子的不染一丝尘埃的博大的爱，和对每个孩子作为无辜生命的深深的悲悯。怀着爱与悲悯，我们不放弃，绝不放弃。让我们专著的神情告诉所有人，我们没有放弃"。从这些话中我深深地感受到要用爱心去开启学生心灵的窗户，感受到走进学生的心灵世界的重要性。其实后进生同优秀生一样他们都是祖国的希望。对于他们，我们应该倾注更多的耐心，倾注更多的温暖，特别的爱给特别的他们，百花齐放才能迎来满园的春色！

四、要有静气

教师要有静气，就是要静下心来备每一堂课，静下心来批每一本作业，静下心来与每个孩子对话，静下心来研究学问，静下心来读几本书，静下心来总结规律，静下心来反思自己的言行和方式，静下心来细细的品位与学生在一起的分分秒秒……我想郑杰所说的这种静气就是在拒绝了匠气、俗气和烦躁之气之后，能静下心来感悟生活并潜心工作的一种状态。

但是，面对每天繁重的课时，面对不同年级、不同教学内容，要想真正做到平心静气，不仅要从理论上认识，在思想上内化，更重要的是在实践中磨炼。那么，在具体的教育教学工作中，要做到任何时间、任何地点都能淡定、从容，却不是一件容易的事。特别是遇到复习考试、统考、调研时，教师就更易着急、上火，更易情绪不稳定，更易动怒。我想每一位教师都有这样的亲身经历、感受。所以，我们一直修行在路上。

五、爱每一个学生

　　每每翻看这本教师宝典时，从字里行间就能感觉作者对教育满满的爱，这是对学生无限的关怀，是对教育事业无尽的热忱。这种爱是特别的，不是纵容，也不是拘禁，而是一种拿捏到位的教育艺术。

　　教育是爱的艺术，不仅需要老师付出爱心，更要让学生体会到这份爱，要让他们懂得去爱别人。这一点，也是作者在此书中提到的重要一点。例如，有些孩子纪律散漫，影响他人，作者提到的解决方法就是培养学生的观察能力，在不断地观察和思考中体谅他人、爱他人。所以，作者要把孩子们带出教室去观察我们身边的世界。于是他们开始为他人着想，思考着如何为所存在的环境添色，爱的光芒开始照进他们柔软的心。如果班级的每个孩子也都能这样体会老师，那么老师的一个眼神或一个动作，就能让他们明白老师的心情从而乖乖听话，这一响应却再也不同于逼迫，而是孩子们发自内心的爱。

　　教育是爱的艺术，不仅是对学生的爱，我们也要学会爱自己。作者的这一观点总是让我的心中升起一股暖流，是啊，只有我们的心情保持愉悦，我们的双手才能奏出美妙的教育乐曲；只有我们爱惜我们的身体，我们才能在爱的舞台上带领孩子们跳出精彩的舞步。不仅如此，我们要让自己变得更加博学、更加睿智。我们每天要不间断地读书，跟书籍结下终生的友谊。这种爱是责任，是关怀，是包容，是鼓动，是所有美好情感的凝聚。

　　老师的爱是一首深情的歌，点点音符像甘甜的雨滴滋润着你和我；老师的爱是一首奉献的歌，美妙旋律像烛光映照着你和我。

作者简介：

党建丽，任教于杏花岭区迎春街小学，从事教育事业二十余年。前十五年一直担任语文教学及班主任工作，后因学校工作需要转而担任本校科学教学至今。她对文学及朗诵的兴趣始终不变，只要有相关的活动，就会积极参加；平时只要有时间，就会捧起书来阅读，会一直坚持下去，不断提升自己的文学修养。

牵手去看海

——读《让孩子踏上阅读快车道》有感

杏花岭区迎春街小学校

张新宇

《让孩子踏上阅读快车道》是我一直在读，而且坚持实践的一本操作性很强的书籍。作者韩兴娥老师是山东省潍坊市北海学校的语文教师，她的"课内海量阅读"被《中国教育报》等多家报刊报道，引发了"语文课能否从教材中突围"的大讨论，这本《让孩子踏上阅读快车道》就是韩老师"课内海量阅读"的实践"教科书"。她把教女儿认字、读书的做法迁移到了课堂教学中，从而使学生在没有家庭作业的情况下，个个考试成绩优秀，全班没有一个差生。她带领着学生远离繁重枯燥的作业，自由自在地畅游书海，为孩子们的书香人生奠定了基础。

《让孩子踏上阅读快车道》，书写得很朴实，一如她的人。与其说这是一本书，不如说是一本记录翔实的班级日志，班级内发生的事情全被韩老师记录在书中。书中没有华丽辞藻，没有精雕细琢，更没有豪言壮语，有的只是实实在在地记录、真真实实的案例，情真意切的交流，很是琐碎，但很有共鸣。因为许多情节，许多琐事，都是作为一线教师的我所经历过的或者正在经历的，其中有教师工作中的烦恼，有与家长沟通时的点点滴滴，更有教学中的无限感慨。

韩老师课内海量阅读教学的精髓在于不拘泥于一本教材。她提倡课内的教材模糊理解，也就是精读不超过学生们的理解力，不过分解读；课外的读物用于大量积累语言，把课外读物像课内教材一样大量学习，并将语言积累应用。

韩老师书中所描述的课堂完全打破了我对精品课的认知。她的课朴实无华，简单得不能再简单，整个教学环节就只有一个字——读。韩老师在课堂上很少像我们上课时那样滔滔不绝，三言两语完成课堂教学是常事，反观她的学生，个个口齿伶俐、出口成章。书中的情景让我疑惑，韩老师的课真的有这么大的魔力吗？带着疑问，我在网上搜索观看了韩老师的课堂实录，看到学生的表现，我对韩老师的敬佩之情油然而生。学生发言时的争先恐后，回答问题时名言警句信手拈来，课堂效果让我叹为观止。再读这本书时，我脑海中浮现最多的就是"大道至简"四个字，它让我对课内海量阅读有了更加深刻的理解，原来只是简单地读，就能让学生在不知不觉中脱颖而出。这时，我才深切体会到，这是一位大巧若拙、大智若愚的老师，她用最简单的方法带领孩子们走上了海量阅读的康庄大道。

韩老师把小学海量阅读分为三个阶段，称之为"三部曲"：一年级在海量阅读中识字；二、三年级主要在海量阅读中诵读、积累；四、五、六年级海量诵读经典。在具体的阅读内容方面，韩老师也做了精心的安排：低年级阅读各种版本的教材、儿歌、童谣、韵语、诗歌、小故事、绘本；中年级积累诗歌、故事、各种版本的教材、各种儿童文学读本；高年级侧重学习《上下五千年》《世界五千年》《论语》《道德经》及各种书报刊物。每一个阶段，韩老师都把做法、时间安排、评价标准等内容翔实地罗列出来，让跟随她实践的老师拿起书本就能操作。

书中写了许多关于低年级识字的做法，这在韩老师的海量阅读中所占的分量很重。可以想象，如果没有低年级的海量识字，就绝对不会有高年级的海量阅读。新学期伊始，我开始尝试跟随韩老师，开启海量阅读的教学之路。结合班级实际情况，短短一学期的小试牛刀，不仅完成了部编版教材的学习，还共读共学了五本课外读物：

第一本课外读物——定位认读拼音，让学拼音变得有趣。

拼音教学是一年级上学期的重点内容，韩老师海量阅读配套的《学拼音儿歌77首》很好地突破了难点。开学初，每天早读带领孩子们反复拼读儿歌成了我的常态，孩子们不能统一购买书籍，我就把书中的内容拍下来，做成PPT，放在大屏幕上集体学习。按照韩老师的教学方法坚持了三个星期，虽然增加了学习内容，学生的学习积极性反而变高了，每天孩子们都会兴致勃勃地读着儿歌，享受学习带来的快乐。

第二本课外读物——结合学生姓名，把拼读和识字延伸到生活中。

跟着韩老师的脚步，我把全班学生的名字注上拼音，打印出来，每天让学生跟读。还请家长配合制作拼音台签，用以游戏，在加快学生熟悉度的同时再次巩固拼音。

第三本课外读物——利用古诗接龙100首，增加诗词储备量。

从开学起，每月都会给学生打印20首古诗，只要上课有空余时间，哪怕只有一分钟，都要拿出来全班共同诵读，当然，在这个过程中，我对学生的要求很低，学生只要配合节奏反复诵读，不要求理解诗意。渐渐地，学生真的达到了熟读成诵，100首古诗张口就能背诵，让我再次惊叹"读"的力量。

第四本课外读物——利用反义词对子歌，轻松积累词量。

200余组对子反复诵读，大量积累词语，达到了强化识字的目的。学习中，我坚持韩老师的理念，不过多地讲解词语的意思，而是让他们通过课外阅读，在具体的语言环境中逐步掌握。

第五本课外读物——利用笔画儿歌，迅速掌握笔画。

这是从韩老师的另一本书《趣读识写一条龙》节选而来的。一年级学生最主要的任务就是识字与写字，指导学生写好字是难中之难。韩老师把基本笔画编成儿歌有节奏地诵读，让写字教学的效率得以提高。

古语说：少年之记，如石上之刻；青年之记，如木上之刻；老年之记，如沙上之刻。带领着一年级的孩子们蹒跚学步，我没有统计他们一个学期的识字量有多少，但一定远远超过了教学要求的300字。小学阶段是黄金记忆时期，你给孩子多少知识，他就给你多少惊喜。学生读书学习的巨大潜能需要老师去开发、去浇灌，囫囵吞枣未必是坏事，让他们自己去读、去找，随着阅读和思考的深入，总有豁然开朗的那一天。

虽然我的实践还有些浅薄，但我想让我的学生如韩老师的学生那样自觉自愿地喜欢读书，让他们变得阳光、幸福，从书中体验无穷的乐趣，让语文课堂焕发出绚丽的光彩，我想牵着他们的手，迎着朝阳，一起去看"海量阅读"那片海！

作者简介：

张新宇，杏花岭区迎春街小学语文教师。2015年步入教师行列，从事教育事业已经有快十年了，在工作中注重对教学方法的探索，对教育方式的研究。在班级管理中一贯遵循"爱与尊重是教育的出发点"，以爱心感染学生，以真诚感动家长，对待学生如同自己的孩子一般，用爱包围着班上的每一个孩子。

新时代小学劳动教育的价值内涵、困境与路径

杏花岭区化工路小学校

杜　霞

在我国传统的小学教学中，教师往往是以提升学生的学习成绩为目标开展教学的，而忽视了对学生进行劳动技能的培养，在新课改发展背景下，教师需要将劳动教育作为课堂教学的重要内容，以促进学生综合能力的发展。

一、新时代小学劳动教育的价值

新时代劳动教育都有一个整体的结构，其核心就是劳动价值观。小学生的行为往往受到价值观约束引导，所以小学生是否自愿参与劳动教育，主要取决于他们是否认同劳动价值。不管是劳动教育的执行者或者是接受者，只有真正认可劳动价值，才可以在此基础上完成劳动教育。在进行劳动塑造这一点上，教育工作者应当尽最大的努力来帮助小学生们树立科学、合理的劳动观点以及积极向上的劳动思想，脱离那些"好逸恶劳"以及"不劳而获"等错误的、不正确的劳动价值观；另外，教育工作者还应当指导小学生养成尊重劳动成果、热爱劳动过程的态度。在促使小学生认可劳动价值这一方面，教育工作者应当积极发挥榜样的作用。在学校中，教育工作者就是小学生学习的榜样，教育工作者和小学生共同劳动是促使他们热爱劳动的最好方法。在家庭中，父母需要为孩子们做好榜样，共同做家务，这样既拉近了亲子距离，又很好地锻炼了学生的动手能力。在当下社会中，各级政府每年都会颁发"五一劳动奖章"，但是，去了解获奖者事迹的人数少之又少。相信小学生经过对事迹的了解与学习，会更深入地挖掘到劳动的价值。

二、新时代小学劳动教育的困境

（一）缺乏有效的组织实施策略

在小学劳动教育过程中，存在缺乏有效组织实施策略的现象，使小学劳动教育的作用无法得到充分发挥。从我国当前小学劳动教育活动开展的情况来看，大多数教师在开展劳动教育活动中，并没有接受过专业的训练，在对学生的人身安全保护以及活动开展的效果等方面，都缺乏有效的应对策略。因此要求学校加强对教师进行培训，提高他们在活动组织实施中的能力。

（二）家庭教育方式有误，缺乏正确的劳动观念

在家庭教育中，部分学生为家里打扫房间、整理衣物，甚至扔垃圾都需要父母用金钱来利诱，让学生从内心里认为这些劳动不是自己应该做的，而是为了帮助父母。同时，网络的发达也使部分家长为了满足自己的虚荣心，连学生浇花、洗袜子、扫地等都要发朋友圈或者抖音等社交平台来炫耀一下，只为博得关注和点赞。长期这样下去，劳动的意义将会扭曲，劳动观念也会不正确，失去了劳动的本质意义，反而教会了学生虚伪和炫耀的错误观点。

三、提升小学劳动教育的方法策略

（一）寓教于乐，劳动课程的游戏化

作为一种存在于生活中的普遍活动，游戏本身的教育价值一直被人们所重视。胡伊·青加在《人：游戏者》中指出，人是游戏者，人的生活充满了游戏的内在品性，游戏是人类及其文明的存在方式，而教育本身就是"成人之活动"，它指向的是生命意义上的人的生成。劳动教育作为人的生成的一部分，同游戏在特征和意义方面存在着深层次的联系。游戏追求"自由"，是超功利的、无主体的和自成目的的。游戏的这些特质与杜威"教育无目的"的观点相契合，劳动教育与游戏相结合，除了生活之外无其他目的。在这样的劳动教学中，劳动就是学生当下的生活，学生不会陷入"为学习而学习"的困境，不会被动地接受意义的灌输，而是积极主动地借助身体建构属于自己的劳动意义。在劳动教育中，游戏的课程本质可作为劳动教育的课程内容、

学习方式来体现。作为劳动教育的学习方式，游戏有助于课堂焕发出生命活力。学生在游戏中会产生最为真实、具象的劳动体验。小学劳动教师应该以促进学生内在发展性的价值追求为目标，创设科学的游戏环境，提供充足的游戏时间，将学生的身体置于参与度高、专注、合作氛围浓厚的高水平游戏情境中，并及时对游戏进行评估和反馈。

（二）调动小学生的劳动积极性

一些学生抱怨学校开设的劳动课程非常枯燥，没有一点趣味性，只是一味布置劳动任务。甚至有些学校根本就不开展劳动教育课程，造成了学生的劳动意识淡薄。教师在日常的教学工作之中，不能仅仅追求学生的学习成绩，更应当注重对学生的品格教育、劳动教育、思想熏陶，以有利于激起学生的劳动兴趣。学校环境尤为重要，倘若一个学校不重视开设专门的劳动课程，那么这个学校的学生很可能也不会重视劳动。因此，小学应当加强劳动宣传教育，让每个学生树立劳动意识，以积极的心态，带动周围的同学投身于劳动创造。注重劳动意识内外动机的互补，起到相辅相成的作用。教师在教学中应当渗入劳动意识教育，让青少年体会到劳动的重要性。环境往往可以造就一个人，学生在积极的环境之下，会成为健康阳光、积极向上的人。如果学校仅仅在乎学生的学习成绩，这样是不符合时代发展趋势的。如果学校看待每一个学生的能力仅通过"学习成绩"单方面的评价，这样是非常狭隘的，学校不能因为追求升学率而忽略对学生的劳动教育。教育的可持续化发展体现在对学生的全面教育之上，因此在小学教育之中，教师、学校以及家长三方面应当强强联合，携手促进学生的学习成绩、个人素养、劳动能力等的提高，帮助学生以健康积极的心态稳步成长，成为全面发展的人。

（三）丰富校内劳动课程的渠道

学校作为劳动教育课程实施的主体，须承担起以劳育人的责任。首先，根据学校的具体情况、结合学生的身心发展规律安排劳动教育课程的内容，保证劳动教育课程课时。其次，安排学生参与一定的校内劳动，也是劳动教育的途径之一，如清洁教室卫生、校内值日、做眼保健操检查等。可通过设置学生校内劳动岗位，让学生积极参与到学校日常劳动中，使之在不同角色中体验劳动，为维护公共卫生出一份力，并在劳动过程中懂得爱惜他人的劳动成果。最后，整合校内资源，营造良好的劳动教育文化氛围。充分利用学校现有空间，改造现有场所，建设校内劳动实践基地，如教室、学校顶楼平台、校园绿化等区域。学生的劳动作品是装点学校最美的饰物，可利用走廊、楼梯，展示与劳动相关的名言警句，展览学生的劳动作品。除此之外，也可充分利用劳动教育主题的班会、劳动主题活动等形式为学生的校园生活增添色彩，延伸劳动教育触角，形成良好的学校劳动教育文化氛围。

四、结语

总而言之，在我国小学教学中，加强对学生进行劳动教育不仅是培养学生的需要，也是新课改对小学教育的要求，有助于提升学生的劳动技能。因此教师需要重视对学生进行劳动教育，克服当前小学教学中存在的问题，为学生营造出多样化的劳动教育途径，提高小学劳动教育的质量和水平。

作者简介：

杜霞，杏花岭区化工路小学教研负责人，山西省教学能手，山西省骨干教师，山西省综合实践活动学科组专家，研究专长是综合实践及劳动教育。近几年，她主持完成了教育部基础教育课程改革综合实践活动项目组的《综合实践活动与小学作文教学的有效整合》课题，参与了2019年教育部"义务教育综合实践活动教学准备配置标准的研究"课题研究以及《小学生科学探究活动的组织与管理》课题研究。她撰写的论文《〈文明出行快乐随行——中国式过马路〉综合实践系列主题活动的设计与研究》发表于2015年第10期《新课程》期刊，《综合实践特色课程研究与实施》发表于2018年2月刊《文化创新比较研究》期刊，《新时代小学劳动教育的价值内涵、困境与路径》刊登于《教育研究》杂志。

感动蕴于不懈坚持中

——一次课例研讨活动随笔

杏花岭区锦绣苑小学校

刘媛君

师生共育花万朵，"锦绣四益"香满园。12月15日，是个令人感动的日子。感动于领导的全力重视与安排，感动于团队的通力合作与付出，感动于专家的倾情点评与指导，感动于老师的不懈坚持与努力……

为期一天的课例研讨活动，时间紧凑、内容丰富，给了我许多的思考。上午是两节课的展示，荆建平老师的《追寻红色印记——重走长征路线》是一节思政教育课，分为三个板块：游戏导入，切入课题；"装备大集结"和"重走长征路线"两个活动任务；"长征精神"的提炼和"中国精神"的拓展。今年时逢建党100周年华诞，引导学生学习党史是非常不错的时机。荆老师在引导学生了解红军长征背景的基础上，通过亲自动手在钉子板上用红毛线来多次"实践长征"的路线，从而领悟到红军坚持不懈、勇往直前的长征精神，真正落实综合实践活动学科立德树人的根本任务。董琦琦老师的《有趣的绳结》一课教学中，先通过一个小游戏的方式激起学生参与本次活动的兴趣，然后为学生设定了两个任务，由易到难分别是"十字捆扎书本"和"编制西瓜网"，在课堂的最后通过观看一组生活中网兜的图片，把学生的思维和视野从手中的小绳结引向社会生活，并通过拓展作业激发他们进一步学习和探索打绳结的欲望，为后续的学习埋下伏笔。这节课对于四年级的学生来说，真的是太吸引人了。看着孩子们天真烂漫的小脸，看着他们一次又一次坚持不懈地操作，一股深深的感动油然而生。

区教科研中心李主任和任老师在课后，跟讲课老师面对面进行了细腻剖析，从目标定位、活动设计、教学方法、课堂评价、能力培养等方面对课堂教学进行了细致的指导和评价。专家的点评犹如醍醐灌顶，为老师们指明了前行的方向。

下午的"锦绣四益"课程课例研讨活动热烈而又精彩，李主任和任老师加入了我们的研讨，首先，两位授课老师从不同角度和各位领导、老师们分享了本节课前期备课的历程、设计思路以及在听完李主任和任老师的指导后的新思考。说心里话，我内心是感动的，一位是沉稳冷静的荆老师，一位是刚入职一年活泼大方的董老师，两位都给我带来了莫大的欣喜。荆老师在课堂上讲到中国精神时，被中国精神感动到不由自主地落泪，她说："很荣幸有这次机会能得到李主任和任老师面对面的指导，真是收获满满，学到了很多，今后，也会将自己新的感悟运用到实际的教育教学中，努力上好每一节课，力求落实好'双减'政策下的高效课堂。"董老师虽刚入职不久，但自信大方、热情洋溢的教态并不亚于老教师，虽然也有刚接到讲课任务时内心的惶恐害怕，但是在团队伙伴"织女1—10号"的陪伴下，少走了许多弯路。最后她动情表态："希望下一次我也能力所能及地帮助你们。没有完美的个人，只有完美的团队；一个人的力量是微小的，只有聚在一起才是强大的。我们就好似西瓜网兜上的每一个点，彼此依靠，彼此牵挂，相信我们锦绣人之间的绳结网会越来越坚固！"是呀，在团队伙伴的陪伴下，我没有看到她初出茅庐的窘态，没有看到她不能及时应变时的尴尬，更没有看到她为完成任务而讲课的无知，反而是得心应手、自信满满。对于两位老师多日来的坚持，欣慰之余更多的是一份感动！

接着各位老师各抒己见，成娜老师说："董老师设计了两个活动环节，从而将活动目标细化，化整为零，各个击破，这样的设计更加符合学生的年龄特点和学习能力。"任雨婷老师说："荆老师的课堂首先注重学科的整合。综合实践活动这门学科的本质是综合、突破学科的边界，将数学中的表格、数对知识与漫漫长征路这段历史相结合，让学生自己在实践中学会一些应对实际问题的好方法。课堂中不乏新鲜的时政热点，比如说电影《长津湖》、神舟13号飞船、全民抗疫，这些有助于艰苦奋斗价值观的培育。"王晶老师说："长征精神是一个大概念，对于四年级的学生而言可能很难领会精神的真谛。

教学时可以让学生从《长征》这首诗出发，从地点中发现路线，从装备中找到长征途中的装备，感受辛苦、艰辛，从而领会长征精神，不怕苦不怕累、顽强拼搏，这样就水到渠成了。"每个人的发言都句句诚恳，感谢老教师们不辞辛劳的点拨指导和青年教师的相助，我们的收获和感动是弥足珍贵的！

专家的点评和指导总是令人欣喜的，李主任和任老师分别从"三个原则"和"逆向设计"打开老师们的课程视野，帮助我校教师们对综合实践活动课程的教学理念、教学目标、方法指导有了更深刻的认识和更准确的把握，为我校青年教师专业成长打下了坚实的基础。同时肯定了学校20年来的坚持实践发展历程，并鼓励学校加强教师梯队建设，促使"锦绣四益"课程更高发展。专家毕竟是专家，每个评论都一语中的，每个建议都令人心悦诚服。一节课的产生虽然不容易，但正是在这样的氛围下，在这种模式的指导下，教研活动让我们每一个老师在磨课过程中有所得，大家在课程设计和教学技能上有了不同的提高。正如任老师说的："这就是坚持的魅力，传承的魅力，团队的魅力！"

一天下来，在区教科研中心李主任和任老师的专业引领和倾情指导下，我校教师有了更高的视角来反观自己的课堂，并突破固定思维，进而少走弯路错路。梁副校长感受到的"幸运"，也是我心中所想，有了团队的坚持，有了上级领导和专家大力的指导，我校的综合实践活动课程定会迎来新的曙光！

踏着红色的印记，看着织网的聚拢，回味坚持的历程，我心存感激，虽然这次活动已经过去了，但现在细细品味起来，依然令我感动。

作者简介：

刘媛君，杏花岭区锦绣苑小学教师，中小学一级教师，山西省教学能手，大学本科学历。多年来，她坚持对综合实践活动课程的探索，积极参与国家、省、市级课题研究，获得多项荣誉称号：山西省企业教育专业委员会首届教师技能大赛一等奖，教育部基础教育课程改革综合实践活动项目组论文《浅析小学综合实践活动中教师有效指导的策略》一等奖、《纸飞机》《家乡地名调查》案例一等奖，同时《搭建网络平台汇集众人智慧》刊登于《山西教育》，《我当山西小导游》主题活动案例入编省级刊物《优秀课例参考》一书中。

劳动——成长中隐形的翅膀

杏花岭区锦绣苑小学校

成　娜

　　劳动教育是全面贯彻党的教育方针基本要求的体现之一，是实施素质教育的重要内容，是培育和践行社会主义核心价值观的有效途径。2020年3月20日中共中央、国务院发布《关于全面加强新时代大中小学劳动教育的意见》，同年7月教育部印发《大中小学劳动教育指导纲要（试行）》，强调劳动教育是中国特色社会主义教育制度的重要内容，要全面贯彻党的教育方针，坚持立德树人，把劳动教育纳入人才培养全过程，贯通大中小学各学段，贯穿家庭、学校、社会各方面，把推动劳动教育与德育、智育、体育、美育相结合，更好发挥劳动育人功能，促进学生形成正确的世界观、人生观、价值观。同时，今年全国"双减"政策实施过程中，在减轻学生课业压力的同时，积极开展探究劳动教育实践活动成为当下最流行的话题。

　　本学期自开学以来，我就一直在探究："如何在综合实践活动过程中有机融入劳动教育""怎样能够促使学生真正掌握基本劳动的方法和技能，养成自觉劳动的好习惯""让劳动教育成为学生成长中的隐形翅膀，使学生核心素养得以提升"。于是我精心设计了"巧手爱劳动"综合实践主题系列活动并在班中如火如荼地开展了起来。

一、立足学生认知，激发劳动情趣

　　劳动教育作为"五育并举"的重要一环，具有不可替代的作用。劳动教育要根据学生的年龄特点，设计有趣的环节，在劳动中培养学生正确的劳动观念，树立热爱劳动的思想，激发学生的劳动情趣。

一天，我走进教室，黑板上"学会观察"几个大字引入我的眼帘，在了解到语文课刚讲授了"观察"这一内容后，我想：我可以组织学生进行综合实践活动与语文学科的大融合，将种植和观察水培植物无缝衔接，这样既可以进行种植类的劳动教育，又可以培养学生的观察能力。说干就干！我请同学们下次上课的时候带些特殊的教具来学校——一头完整的大蒜、一个盘子、针和线。

第二节综合实践活动课，我带着准备好的教具走进了教室，学生们迫不及待地将桌子上摆得满满的。我在大屏幕上出示了本节课的课题——种植植物。我问学生："你们种过植物吗？"学生们叽叽喳喳地回答种过太阳花、跟着爷爷奶奶种过辣椒等。我接着问："那你们是在什么地方种植的呢？"学生们理所当然："当然是土里啦！""哈哈，今天我们就要来点不一样的，我们在水里种植。""水里？"学生们很好奇。我出示了多幅水培植物的图片，引导学生了解在水中也可以种植植物。然后我引导学生按"剥蒜—穿蒜—摆蒜—浇水"的顺序一步一步地完成水培大蒜的种植过程。学生们都非常感兴趣。结合语文学科中的观察方法，学生们设计了《水培植物观察记录卡》，学生用文字和图画等多种方式记录蒜苗的成长过程。

一个月后，学生们交回了记录表，不难看出学生们观察得非常细致，从刚裂开"小嘴巴"，到长出小"嫩芽"，再到越长越长，颜色由浅到深，每个阶段都用心去记录、用爱在陪伴……

其实在现实生活中，一些学生出现了不会劳动、懒于劳动、不珍惜他人劳动成果的现象，其根源就在于劳动教育在学校教育、家庭教育和社会教育中被淡化、弱化。事实上，只有真实地在劳动中挥洒汗水，才能真正体会感悟到劳动的艰辛，才能在劳动成果中拥有成就感，从而激发学生的劳动情趣。

劳动教育一定要根据学生的年龄特点，从学段特征、学生身心发展规律、家庭条件、能力水平等方面进行内容的设计和实施。劳动内容不能过于简单化，否则会使学生在活动中体会不到劳动的成就感，时间长了对劳动产生不了兴趣，会有惰性思想出现。在设计时可以引导学生学会劳动方法技巧，又要适当地提高一些难度，在活动中增添情趣，让学生有兴趣参与到劳动中来。

二、贴近学生生活，展现创意劳动

劳动绝对不是"打扫打扫卫生，收拾收拾家"这样简单地干活儿。劳动教育也可以是有趣的、有味道的，具有创造色彩斑斓的美感的教育方式。

秋天到了，又是丰收的季节，水果店中琳琅满目的水果特别招人喜欢。各种各样的水果不仅颜色鲜艳，而且富含丰富的营养，是老少皆宜的食品。活动前，我请同学们从家中带来自己喜欢的水果，同时小组成员之间商量，最好带不同种类的水果。学生通过网络搜索、查阅书籍、翻阅报刊、访问家人等多种渠道查找资料，了解自己所带的水果有哪些营养价值。活动中，小组成员围坐在一起，特别兴奋。在出示了多张不同造型的水果拼盘图片后，学生立刻开始动手在事先准备好的案板上用塑料小刀制作水果拼盘。"这里再切几片可以拼成翅膀""这里放两颗葡萄做眼睛""这里摆成对称的好看"……学生们的交流不时传入我的耳中。十分钟后，一盘盘色彩艳丽、造型美观的水果拼盘完成了，大家互相欣赏，对每个作品都赞不绝口。最后大家一起分享了美味的水果拼盘，学生们说："今天的水果真甜！"活动后，学生们在家里为辛劳工作的爸爸妈妈也制作了一份"爱心果缤纷"，家长们也感受到了爱的甜蜜。

人们常说"劳动最光荣"，热爱劳动是中华民族的传统美德。"人世间的美好梦想，只有通过诚实劳动才能实现；发展中的各种难题，只有通过诚实劳动才能破解；生命里的一切辉煌，只有通过诚实劳动才能铸就。"劳动能够创造价值，然而对小学生的劳动教育不能仅停留在嘴上说说而已，而要真正落实在学生的现实生活中，这就要求劳动教育在综合实践活动中一定要体现学生的创造性。在设计劳动教育内容时可以以现实生活中的事例导入，创设真实情境，在真实的劳动需求面前，激发学生的劳动兴趣，促使劳动主体主观意识的能动性，从而带动学生在劳动中积极参与，在劳动中有所发现、有所思考。让学生将学会的劳动技能在现实生活中得以使用，在劳动中展现智慧和美。

三、树立劳动意识，培养劳动习惯

劳动教育在诸多老师们的心中想到的恐怕就是整理衣物了，可是对于四年级的学生来说会觉得"没意思！早就会叠了"。那该怎么办呢？我在网上搜索资料时发现，现在有一种新型的服务行业叫"整理收纳师"，通过视频我了解到他们是上门提供为雇主整理收纳家中物品服务的人。他们收纳的衣服裤子可不是我们平时的普通叠法，而多是根据衣物的材质、厚薄进行"叠"和"套"，既能够整齐美观，又能够节省家庭储物空间。这给我开展关于劳动教育的教学活动指明了方向，于是我将"叠衣物"改为了"巧叠衣物"，重点放在了一个"巧"字上。通过叠卫衣步骤图引导学生学会看图纸，按照图片一步步地来叠带帽的卫衣，在叠好后通过视频播放了解最后一步——"翻套"，学生看后感到这与自己乃至家中父母教的叠衣方法不同，觉得很有意思。在学习叠裤子时，我拿出自己淘到的好物——捆绑带——与大家分享。学生了解到原来裤子叠压后的折痕可以通过一卷一绑的方法化解。同时这也打破了学生叠衣物只是"叠"的固有观念，学生们不禁说道："原来衣物还可以卷着放呀！"

加强劳动教育是家庭、学校和社会的共同责任，而能否尽职尽责，首先取决于认识是否到位。正如《关于全面加强新时代大中小学劳动教育的意见》中所说："劳动教育是中国特色社会主义教育制度的重要内容，直接决定社会主义建设者和接班人的劳动精神面貌、劳动价值取向和劳动技能水平。"大量的调查研究证明，童年养成劳动习惯，长大后更可能具有责任心，也更容易适应家庭生活和职场工作的需要。在综合实践活动中应加强对学生的劳动教育，让学生掌握通用劳动科学知识，培养劳动习惯，弘扬劳动精神，全面推进劳动教育，培养学生热爱劳动的意识和精神，引导学生崇尚劳动、尊重劳动，进而促进其综合素质的养成。

从学生自身的特点来说，由于他们好动，往往都很乐意自己动手干点什么。如果因势利导，让学生参加些力所能及的轻微劳动，看来犹如在进行一场特别有趣的游戏，但久而久之能使学生懂得劳动对人生的重要作用，懂得生活的艰辛，得到意志的磨炼，使他们从小萌发靠自己的劳动自立的思想，并逐步提高独立生活的能力。

"巧手爱劳动"综合实践主题系列活动，带给我很多惊喜和收获，同时带给了我更多关于劳动教育的价值、目标和策略等方面的思考。

为使劳动成为学生的一种生活习惯，以此提高他们独立处理个人生活事务和自立自强的能力，学校以劳动精神、劳动观念的传播和植入、劳动实践的亲历和感悟，培养学生在劳动中发现美，在尊重劳动中体会美，让学生真切领悟到"劳动光荣，创造伟大"的深刻内涵。

劳动教育在一次次综合实践活动中就像一双双隐形的翅膀，带领学生们遨游在广袤的综合实践活动天际，时而顺风远行，时而逆风振翅。一个个日常生活中的劳动技能，让学生们养成从小爱劳动的好习惯，让劳动教育在学生心间落地生根。劳动教育一次次为学生核心素养的内化成长助力，使学生在体验与践行中感受综合实践活动的无限魅力，感知劳动所带来的快乐。

作者简介：

成娜，杏花岭区锦绣苑小学教师，太原市骨干教师、杏花岭区教学能手，在太原市第四届教师"个人课题"中荣获优秀成果奖。她在教学中能够注重学生知识的形成和探究过程中获得方法的积累，使学生学会自主学习；在形式上多采用小组合作交流、共同探究发现等方式来进行学习；注重培养学生从现实情境中发现问题并用所学知识解决问题的能力。

爱的传承

杏花岭区杨家峪街道淖马小学校

武文秀

我是太原市民间艺术家，剪纸协会会员，出生于太原市小店区刘家堡乡西柳林村，姥姥妈妈都是十里八村有名的巧手，剪纸、绣花、编织、缝纫样样精通。妈妈的教育理念是"事艺者，不亏人"，兄弟姐妹五人从小都有自己喜欢的手艺，大姐织地毯，二哥二姐做编织，大哥做铁艺。我从小受母亲耳濡目染，五岁就开始剪纸，谁家办喜事都会送上各种各样的喜字、吉祥图案，七岁时邻居收到剪纸，送了一把精美的折叠剪刀，当时高兴极了，这把剪刀也伴随了我十几年的剪纸之路，小小年纪的我也被大家认可为"巧手"。

1987年，我参加工作，在本村小学任教，这时开始了自画自剪，常剪一些与学生有关的童真童趣图案。1996年婚迁到淖马后，工作也转入淖马小学。当时的淖马小学几乎没有办学经费，教学环境极差，小学只有一至四年级，全校五十几人，一位老师包一个班，早上进入教室，基本上不出来，属坐班制，上下课的铃声也懒得敲，教具、学具更是没有，为了激活课堂，我把剪纸应用于教学中，从此一发不可收拾。

在自然科学课上，我清楚地记得，我问学生"世界上什么物种种类最多"，他们齐声回答——苍蝇，当时我泪目。当时的淖马村村民因贫困，很多家庭靠拉泔水来养猪为生，村里环境极差，每到夏天，苍蝇真是多得可怕，老鼠到处乱窜，我告诉学生们是"昆虫"，只要环境好了，苍蝇、老鼠是极少的，因此事的启发，我设计了《昆虫集》，图文并茂，每剪一种昆虫都介绍它的特点和生活习性。这样，既激活了课堂，提高了学生的学习兴趣，同时也开阔了学生的视野。孩子们的成绩直线上升，所带的自然课也考出了全乡

"过得硬"的好成绩。

作为数学老师的我，更是把剪纸融入数学课堂中，经常会用剪纸来解决一些抽象问题，让知识生活化、艺术化、情趣化。如在二年级课堂教学中，讲乘法口诀时，我用从小常剪的《老鼠偷油》剪纸，结合童谣"小老鼠，上灯台，偷油吃，下不来，叽里咕噜滚下来"。导入讲解教学内容，学生们跟着老师边剪边学，学生们兴趣高涨，课堂氛围顿时活跃起来，学生们自己推导出了口诀，更是记忆牢固，永远难忘。这样的课堂学生喜欢，我也轻松，关键是教学效果出奇的好；为了讲好对称图形，认识对称轴，我运用剪纸《蝴蝶集》以及易上手的剪纸《天鹅》《小动物》剪出了对称图形，触摸对称轴，加深学生们对对称知识的理解和掌握。学生的数学课不再是简单的数字、符号、线条，而是生动有趣的剪纸图；在推导三角形、平行四边形、梯形的面积公式时，都是让学生们通过画、剪、移、拼自己推导出来的。

作为班主任，我把剪纸也渗透在德育、安全等方方面面。记得一次家访中，家长向我哭诉说孩子真难管，孩子玩手机，母亲不让，制止时孩子竟然抓着妈妈的衣领吼："你再管我，我就死在你面前。"我深感痛心，这真是教育的失败呀，因此，我多次阅读二十四孝故事后，设计剪出了《二十四孝》《仁义礼智信》等德育教育方面的剪纸，让学生们边剪边学这些故事，讲到动情之处，师生都泪流满面。学生们也感受到父母的不易，尊重父母是我们中华之美德，潜移默化中学到了孝道文化。

后来很多家长向我反映，孩子们的变化真大，现在都帮父母干力所能及的事，平时和父母说话也谦逊有礼了，孩子们懂得感恩后，我接着和他们剪出了《师生情缘》教育学生要学会感恩、珍惜人与人之间的情谊。学生们通过剪与学的完美融会，为德育教育创设了一堂生动的思想品德课。

为了激发学生们的爱国热情，在十九大召开前一个月，我和学生们共同完成了八米长轴《百鸡图》共同迎接十九大的胜利召开。通过对比家乡翻天覆地的变化，从内心深处感谢党的领导、国家的政策，剪出了《龙腾盛世》《二十四方针》《小学生日常行为规范》《不忘初心　牢记使命》《爱我中华，梦想起航》等一系列剪纸，加强爱国主义教育，引导学生们努力学习，报效祖国，把我们的祖国建设得更加繁荣富强。

在安全教育活动中，师生剪出了《消防安全系列》《交通安全系列》，形象生动的用剪纸与教育、教学相结合，让学生们感受到安全是学习、生活的重中之重，为安全教育增添新亮点。

记得有一次办公室门开着，我听着学生们朗读《翠鸟》这篇文章，我拿出剪刀和手边的红纸，剪出了一只小小的翠鸟，让学生们课后剪出，加深了学生们对这篇文章的印象，他们拿着自己剪出的翠鸟高兴极了。我顺着这只鸟带给我的灵感，剪出了《小小鸟》系列剪纸，教育学生鸟是人类的好朋友，我们要爱护它们。

学生不愿背单词，我就和他们剪动物记单词，设计了生动的"盘子剪子系列"激发了学生记单词的兴趣。

为了了解中华传统文化，我和学生们在假期设计剪出了《戏剧脸谱》，同时也告诉他们"戏曲"是中华民族文化的国粹，具有极强的道德教育意义。

几乎每年正月太原食品街的走秀，我都设计了"最炫民族风"，讲解中国传统服饰文化，通过这些剪纸，了解了中国文化的博大精深，激发了他们的爱国热情。

暑期放假，我向学校申请了一周的学习时间，和学生们静下心来学剪纸，让他们在盛夏通过剪纸体验"心静自然凉"，让他们体会专心做某件自己喜欢的事、有意义的事时的心态，培养他们严谨认真的学习态度，告诉他们学习也一样，静下心来，认真学习，提高学习的效率，减少出错率，他们受益匪浅。

家乡的山水，家乡的牵挂，悠悠天宇旷，浓浓故乡情。谁不说俺家乡好，地肥水美五谷香。为了让学生了解家乡的风土人情、人文历史，精心设计了《山西好风光》系列剪纸，激发学生对家乡的热爱之情。2021年，在庆祝建党百年华诞之际，我历经一年时间，设计了25套剪纸——《礼献百年、剪韵中国》。其中包含《红船精神代代传》《一带一路》《太平盛世》《平安中国》《祖国强大》《锦绣中华》等，用剪刀礼赞我们伟大祖国和人民在中国共产党的引领下，人民从贫困走向富裕安康，祖国从弱小走向强盛，祖国从自给自足到引领世界。百年征程创辉煌，愿祖国传承百年梦，共启新征程。

总之，这么多年，我一心扑在教育教学工作中，认真钻研剪纸与课堂教学的结合，虽然没机会申领到非遗传承人的荣誉，但我在教学工作中实实在在地做着传承人的工作，把优秀的中华非遗文化传承下去。把剪纸与教学有机结合在一起，不仅提高了课堂效率，更重要的是展示了剪纸的魅力，把传统文化在孩子们身上薪火相传。

作者简介：

武文秀，杨家峪街道淖马小学教师。曾获"太原市剪纸艺术家"称号，获2018年"爱国杯"全国剪纸大赛教师组金奖、优秀园丁奖，2019年"关工杯""祝福祖国"优秀辅导教师奖，2020年抗疫剪纸获"华夏杯"一等奖、"抗疫形象大使"称号，2021年获山西省艺术家协会优秀会员奖。"红船精神代代传"入选云展厅主题展。2021年《寓言故事》编入"三皇杯"作品集。

新时代学科价值与育人方式的转变

杏花岭区教育局

盖治国

2022年是"十四五"规划实施的关键之年，站在"两个一百年"奋斗目标历史交汇点上，教育领域的新政策新变革为我们的教育教学指明了新方向。十九届五中全会提出"建设高质量教育体系"；2021年教育部明确指出，要减轻义务教育阶段学生作业负担和校外培训负担（以下简称"双减"）。"双减"政策的出台，是教育改革发展的必然选择，是广大人民群众追求优质教育的热切期盼。对于义务教育学校而言，既要不折不扣落实双减政策精神，又要提高教学质量，确实是一个很大的挑战。这也向我们广大教育工作者提出了一个新的课题，作为一名信息技术的教师，在突出新时代下学科价值和育人方式的转变中，在学生的成长过程中，我们应该做些什么呢。

一、提高教育质量，着力"双减"落实，突出学科核心价值，首先要坚持正确的价值导向

（一）在"五育并举"的育人目标之下，要将学生身心健康放在课程目标的首位

要树立"健康第一"的理念，开展体育锻炼，增强体质，健全人格，锤炼意志。义务教育课程规定了教育目标、教育内容和教学基本要求，体现了国家意志，在立德树人中发挥着关键作用。2001年颁布的《义务教育课程设置实验方案》和2011年颁布的义务教育各科课程标准都坚持了正确的改革方向，体现了先进的教育理念，为基础教育质量提高作出了积极贡献。2022年为落实党中央、国务院"双减"政策要求，在保持义务教育阶段九年9522总

课时数不变的基础上，调整优化课程设置。将劳动、信息科技从综合实践活动课程中独立出来。科学、综合实践活动两门学科起始年级提前至一年级。

（二）课程教学要培养学生终身学习的能力

学校教育应将培养全面的人放在终极培养目标上。学校教育不仅要给予学生必备的知识技能、文化修养，充分挖掘利用各学科的核心价值，更要培养学生终身学习的意识和能力。信息科技是现代科学技术领域的重要部分，主要研究以数字形式表达的信息及其在应用中的科学原理、思维方法、处理过程和工程实现。当代高速发展的信息科技对全球经济、社会和文化的发展起着越来越重要的作用。

（三）课程内容及实施要为学生打下走向社会的基础

学生将来走向社会，要能够和他人沟通，懂得尊重他人、理解他人，能够与同伴共处；要有社会公共意识、法治意识，有自我调节、自我控制、自我管理的能力。义务教育阶段的信息科技课程具有基础性、实践性和综合性，是为高中阶段信息技术课程的学习奠定基础。信息科技课程旨在培养科学精神和科技伦理，提升自主可控意识，培育社会主义核心价值观，树立总体国家安全观，提升数字素养与技能。信息科技课程要培养的核心素养，主要包括信息意识、计算思维、数字化学习与创新、信息社会责任。这四个方面互相支持，互相渗透，共同促进学生数字素养与技能的提升。

二、指向核心素养的学科育人能力提升，转变学生的学习方式，建构高质量的教育体系

实现更高水平、更高质量的发展，必须从打造一支高水平、专业化、创新型教师队伍着手，关注每一个学生的全面发展，聚焦信息技术赋能教育变革，建构高质量的教育体系。高质量教育体系是教育高质量发展的前提，也是解决当前教育"内卷"问题的基础。

（一）课堂教学是教书育人最核心的环节

学校教育的主阵地在课堂，"双减"背景下如何促进课堂教学提质增效，已经成为核心。课堂教学改革的重点是要把课上好，要上好每一节课。

2022年3月29日，教育部举行新闻发布会，介绍国家智慧教育平台建设和应用进展成效。教育部基础教育司司长吕玉刚介绍，教育部在原"国家中小学网络云平台"基础上改版升级了"国家中小学智慧教育平台"，于3月1日试运行，并于3月27日正式上线。平台试运行以来，资源更加丰富，应用更加广泛，运行安全平稳，有效支撑了"双减"工作和疫情期间"停课不停学"，社会反响良好。

疫情期间，杏花岭全区学校开展线上教学，这为学校积累了宝贵的经验和学习数据。学校可以重新整理、分析疫情期间的在线学习数据，结合线上教学经验，建立与本校学情相符的在线学习方式方法，推动教师教学的针对性和学生学习的高效性。借助大数据分析技术，对课前、课中、课后学生的学习数据进行分析，教师可以准确掌握每个学生的学习情况，及时调整教学内容。同时，大数据也可以帮助教师科学布置分层作业、弹性作业和个性化作业，真正做到因材施教，在保证教学效率的同时减轻了学生的作业负担。分层作业和弹性化作业的布置方式，为学有余力的学生拓展了学习空间，为仍需加强学习的学生提供了有针对性的练习内容。在课后服务时段，学生可以高质量地完成作业。

规范校外培训是"双减"政策的重要内容之一。借助信息技术，可以突破传统管理方式的不足。在"双减"政策颁布之前，校外培训占据了学生大量的课后时间，也给家长带来了沉重的经济负担。"双减"政策要求全面规范校外培训机构的备案审批流程、服务行为及常态化运营情况，而区块链为规范和管理校外培训提供了技术支持。区块链技术采用分布式储存方式，具有去中心化的特征，存储于区块链中的共享数据或信息具有不可伪造、全程留痕、可以追溯、公开透明、集体维护等特征。借助区块链技术对校外培训机构进行监管，能够减轻职能部门的工作压力，提升工作效率。

（二）"资源共享"以学区共同体带动薄弱学校提升教育教学质量，促进基础教育优质均衡发展

2020年起杏花岭区教育局采用了"学乐云"平台，有效提升了薄弱学校的教学质量。教育云平台是针对教师的教学、学生的学习搭建的信息化平台。课前，有丰富的备课资源；课中，可以利用拾音设备对学生学习中的重

难点进行录课，然后分享到各成员学校的班级平台上，学生可以反复听讲，解决了知识点的落实问题；课后，可以推送同步练习（作业）；期末时，还可以定制试卷，依据平台试卷分析数据，及时了解学情，调整教学方向及内容。

在2020—2022年新冠疫情防控期间，杏花岭区各学校运用钉钉和腾讯会议全面开展线上教学和教研工作。"班级直播""健康打卡系统"，为广大师生提供服务，助力疫情防控，切实提升疫情防控效率，为学校疫情防控及复工复学发挥了重要作用。在校老师摸索学习了录屏软件、视频剪辑软件、网课教学软件，每日直播上课，录制视频网课，布置作业练习，并进行线上作业指导。

三、学会学习，转变方式，赋能未来，成就更好的学生

当今世界，唯一不变的是"变化"。面对充满不确定性的未来，最重要的是培养学生的核心素养，特别是要关注超越知识和技能的素养，实现育人目标的升级。教师要鼓励和帮助学生成为最好的自己，学生在"学会"的基础上，实现"会学"和"爱学"。"授人以鱼不如授人以渔，授人以渔不如激人以欲"。学习"欲"的激发和引导是今后学生学习方式的重大变革。

首先，在核心素养背景下，以学生为本的深度学习更加强调五育融合，更关注学生、教师、资源、空间等要素以及各要素间的关系。只有在学习中打开学科壁垒，做到学科间的融合，并运用到实践中，将其转化成能力，才能成为提升学生综合素养的关键。

信息技术教师应学习学科新课标，明确信息技术学科的变化，以此指导教学；应学习学科新知识，如算法与程序设计、人工智能、数据处理、大数据、物联网等；应学习学科教学知识，即学习如何将自己拥有的学科知识转化为易于学生理解的表征形式。

其次，学习空间的升级。通过升级传统的教室空间、创设新颖的虚拟空间、营造和谐的人文空间、参与真实的社会生活空间，帮助学生实现沉浸其中的学习成长。在真实的情境中解决真实的问题，从而得到真实的体验与发展。

信息技术会促使传统的学习环境进行重构。通过技术赋能，传统的学习

环境将会智能化。智能互联的学习空间在看得见的感知层面，表现为智慧教室、智慧图书馆、创新实验室、智能穿戴设备、智能门禁等，所有这些智能设备都与后台网络相连接，生成相关的大数据。在此基础上，学校可以实现对校园各类设备设施的运行状态、师生工作学习生活的活动轨迹、师生与校园环境的互动情况等进行全面感知。通过对采集到的数据进行汇总、融合、分析、处理，能够实时掌握相关感知对象的详细情况，及时应对，为其作出正确决策提供支撑。

再次，学习内容的单元组织。要关注学科内的大概念统整下的问题解决式教学以及跨学科的内容整合。目前的大单元教学的研究，解决了教学中的这一问题。

另外，学习过程的任务化：学生是主体，要完成基于项目探究和问题解决的学习；教师是主导，要精心地设计出具有挑战性的任务，能够激发学生的学习动机。

总之，"学科核心价值""学生学习方式转变"的实质是要实现学生的知识学习方式和路径的翻转，让学生真正像学科专家一样在学科真实的问题情境之中实践、探索和思考。

作者简介：

盖治国，生于1977年8月，1998年参加工作，中共党员，大学本科学历，现为杏花岭区教育局电教管科员、信息技术教研员、山西省教育学会创客教育专业委员会秘书长、太原市基础教育技术装备人才库专家。他获得"太原市青年教学育人岗位能手""新长征突击手"称号，参与太原市教育局科学学科的"十三五"一般规划课题《项目学习在小学信息技术学科中的应用研究》。

你愿意改变吗？

——《终身成长》读后感

杏花岭杨家峪街道伞儿树小学校

高　茜

　　莎士比亚曾说过：书籍是全世界的营养品。生活里没有书籍，就好像没有阳光；智慧里没有书籍，就好像鸟儿没有翅膀。对于一名教师，读书就像在与一位大师交谈。他可以提高我们的创新能力，可以帮助我们更深刻地钻研教材，更可以提升我们的气质，伸展个性。利用假期的闲暇时间，我拜读了《终身学习》这本书，它让我感触颇多，受益匪浅。

　　这本书把人的思维模式分成两种，一种是固定型思维，抱有这种思维模式的人，相信自身的才能是不变的，不屑于努力，并且在乎别人的评判和结果导向，总是掩饰自己的不足，往往更易焦虑和抑郁，遇挫时容易放弃，拒绝自省，一旦失败，一蹶不振。另外一种是成长型思维，认为能力是可以通过努力来培养的，信任团队和人才的力量，会把挫折、失败当作一种体验和学习经历，善于总结经验，不会因为失败而气馁。成长型思维非常重要，它可以让人看待问题有不同的视角，进而有不同的行动，获得成功。我们每个人其实都是固定思维和成长思维的矛盾体，我们要能勇于发现、承认自己的固定思维，剖析自身原因，勇敢面对和接受，用成长思维去帮助自己拥有正确的成长心态，训练积极强大的内心，通过自己的努力，克服脆弱、克服恐惧，消除自我设限，进而终身成长。

　　对于思维模式，我们需要辩证地看待，虽然思维模式可以分为成长型和固定型两种，但是不能简单地就把人分为成长型和固定型两种。这两种思维模式可以看成是人体内的两种不同特征，有的人成长型特征占主导，有的人固定型特征占主导。有了这种认识，我们就知道，可以通过练习来增强成长型特征，减少固定型特征。当然，认为可以通过练习来培养成长型特征的，其本身在思考这个问题的时候也是成长型思维占主导的。所以，成长型模式本身是有良性循环效果的。

对自身的评价，成长型很客观，而固定型容易自大或者自卑。为什么会这样呢？成长型的人往往更容易关注解决问题的过程，在过程中他们认识到自己能力的界限在哪，哪些方面还有不足，哪些方面还可以提高。只有认为能力是动态可变的，才更加容易校准对自我能力的认知和评价。固定型的人更加重视问题的结果，他们总是想证明自己能做这个也能做那个，但是又不是所有的事情都能做，那就必然会担心自己不能做这个或不能做那个，这个过程容易产生自大或者自卑的情绪。

现在，似乎很流行说"丧""躺平"之类的词。究竟这是什么样的状态？它大概就是失去目标和希望，是颓废和绝望，是自暴自弃地自我否定，是明白前路曲折，努力奋斗后，仍然无法改变，受困于自己的无能，深感无力的状态。除了现实的残酷，我们是否想过，这可能是自己身上的固定型思维在作祟呢？

你可能会说，我是成长型思维的人，相信人的能力是可以提高的，我努力过。但我们在经历失败后，就可能会认为自己的能力已经到达极限，认为自己就是个失败者；我们在努力之后，还是失败，就会认为努力无用，最终放弃努力。如果这样，那可能真的是误会什么是真正的成长型思维了。

真正的成长型思维的确更强调努力，但努力不代表使用"蛮力"，也不是失败时的一针"安慰剂"。成长型思维中"努力"的含义包括单纯的勤奋、努力的意思，也包括通过各种途径，寻找提升能力、达成目标的策略、办法。这中间可能需要听取他人建议，向他们学习技能等。

在我刚成为一名教师的时候，我更多的是学习模仿，在网上下载了国内几所名校名师的现场教学视频，学习她们的讲课风格，内容比例安排，对课堂的引导和管理。在我逐渐成为一名"老"教师的过程中，我努力的方向是思考和实践，针对自己的性格特点和教学风格以及班级里学生的实际情况，不断琢磨每一个知识点的授课方法，思考最有效的使学生们获得知识和技能的方法，思考始终对学科保有兴趣的方法，思考使学生的素养在快乐的学习中得到提升的方法。我让自己的思想成果在课堂中实践，在实践中发现问题继续改正。在螺旋上升的过程中，我的教学能力得到了极大的提升。现在我仍然在努力提升自己，多听取他人的建议和意见，利用好每一次学习的机会，让其他优秀教师面对面取经，对于向自己请教的新教师毫无保留地传授自己的教学经验，对于网络时代成长起来的眼界更加开阔、思维更加活跃的学生的教学方法也在不断思索探究，总之，我坚信：活到老，学到老。教学这条道路没有终点，我们永远在路上。

没有什么东西是永远属于你的。在人生的这趟旅途中，去享受努力带来的乐趣吧！如果你有幸集齐所有的条件给世界留下一种精神可以激励后辈不断前进，这会是你给世界最大的一份礼物。如果你的努力或者其他某一方面的条件使你还不足以成为一个伟大的人，平凡的一生也同样蕴藏着丰富的宝藏，你就是你人生的冒险家。你发现的东西虽不为世人啧啧称奇，但也不赖。在这平凡的一生中，去做一件事情，学习一些知识，解决掉遇到的一点麻烦，虽不是奥特曼打怪兽的难度级别，但这旅途的风景也很美。

有人说《终身成长》就是一大锅鸡汤，其实不然。书中的内容让我明白，学习成长型思维，不只是为了所谓的"成功"。它其实可以帮助人们应对生活的日常琐碎，从而学会持续成长，获得提升自我，成为冲破"丧"的强大能力和能量。

当今世界，知识信息快速更新，学习稍有懈怠，就会落伍。有人说，每个人的世界都是一个圆，学习是半径，半径越大，拥有的世界就越广阔。所以，我们一定要掌握好自己世界的半径，终身学习，终身成长。

作者简介：

　　高茜，中小学二级教师，学士学位。2012年至今执教于杏花岭区杨家峪街道伞儿树小学。2022年被评为杏花岭区骨干教师，并连续多年被评为杨家峪街道联校优秀教师。在教学中，她一贯遵循"爱与尊重是教育的出发点"，以爱心感染学生，用真诚感动家长。年轻的她工作积极，为人谦虚进取，赢得了领导和同事的赞扬。

回归教育的本真

——读《什么是教育》有感

杏花岭区五一路小学校

张仕文

什么是教育？

这是卡尔·雅斯贝尔斯写的一本书。这位生于19世纪承前启后的哲学家，将什么是教育用哲学阐释，意义非凡。

这也是千百年来无数教育学家倾尽一生都在沉吟思考的问题。夸美纽斯认为教育要培养具有"学问、德行和虔信"的人；苏霍姆林斯基认为"教育者的关注和爱护在学生的心灵上会留下不可磨灭的印象"；陶行知认为，教育是依据生活，主张"生活教育"，教育就是为了培养有行动力和创造力的人。在我看来，教育其实就是自身不断地充实和发展的过程。只有回归教育的本真，我们在教育的道路上行走，才能不断遇到"更好的自己"。

教育的本真是一棵树摇动另一棵树，一朵云推动另一朵云，一个灵魂唤醒另一个灵魂。那么所谓的唤醒是什么呢？卢梭说，最好的教育就是无所作为的教育！学生看不到教育的发生，却实实在在地影响人的心灵，帮助人发挥了潜能，这才是天底下最好的教育。这个答案在我心中无懈可击。所谓"润物细无声"，就是在日常点点滴滴、实实在在的小事中身体力行，潜移默化的教育。不仅仅拘泥于知识的传授，更注重对灵魂的唤醒，唤醒无数种美丽人生，才是教育的本真。

所以，先从灵魂的平等开始。卡尔·雅斯贝尔斯认为："教育者不能无视学生的现实环境和精神状况，而认为自己比学生优越，对学生耳提面命，不能与学生平等相待，更不能向学生敞开自己的心扉，这样的教育者注定会失败的。"他摒弃照本宣科的经院式教育和服从权威的师徒式教育，相比之下，他更欣赏苏格拉底式的教育。在这种教育中，教师和学生的地位是平等的。双方都追求自由的思考、平等的对话。这和孔子"教学相长"的理念有异曲同工之处。师生都是独立的个体，教师爱护学生，学生尊敬教师。在教学过程中，师生都可以适机提出自己的意见，进行灵魂与灵魂的碰撞，发挥自己在课堂上的积极作用，使教学获得良好的效果。在此过程中，应当是和谐融洽并有所裨益的。

"唯有人的回归才能实现真正的教育革新。""演讲中的具体情境也会在教师心中唤起一些东西，此时，他的思想，他的严肃，他的震动，他的困惑，一切都发乎自然。他让听众真正参与了他的精神生活。但，一旦刻意为之，演讲的巨大价值就会烟消云散，剩下的只是装饰、辩才、狂热、做作的语词、煽动和无耻。因此，一场好的演讲并没有一定之规，唯有将演讲视为自己职业道德和职业生涯的制高点并且杜绝一切矫揉造作才是正道。"读了卡尔·雅斯贝尔斯的这段话，我有一种回归本真的清澈。的确，花枝招展的各种路数不是我们真正所求的，静下心来，着眼于人的培养才是当下应该思考的关键。

我曾经担任过一段时间的综合实践活动课教师。综合实践活动课程的实践性、开放性以及自主性，改变了学生的学习方式，让学生走出课堂，走向社会，锻炼自己，给学生提供了真正参与实践的机会。我和孩子们不拘泥于课本上的知识，开展过"煤海探秘"研学活动，玩转过KEVA积木，培育过许多鲜花和蔬菜。在实践活动中，我们亦师亦友，孩子们回归本真，具有很强的好奇心、丰富的想象力，愿意和伙伴进行合作交流，把学到的理论知识通过实践实现，在活动中得到了锻炼，迅速成长，极具成就感。综合实践活动的合理实施，不仅可以向学生说明自主学习的重要性，而且对引导学生树立正确的道德观念起到积极的作用。学生在综合实践的过程中，在相关情景的真实接触中，更容易感受真善美的可贵，有效提升道德水平，规范行为习惯。

"莫春者，春服既成，冠者五六人，童子六七人，浴乎沂，风乎舞雩，咏而归。"孔子在与弟子畅谈理想时，曾皙舍瑟而作此句令其赞赏不已。作为一名教育工作者，我所希望看到的也是学生不困于课本，而是发现自我，提升各项能力，最终能在这个社会中守住心中的那一份高雅宁静。

什么是教育？读完整本书，我依旧有些许困惑。这本哲学思维浓厚的教育书籍值得我们精读细思。在教育理念与教育方式不断求新求变的今天，我们依然需要保持清醒，不忘初心、牢记使命，溯回而至教育的本真。"路曼曼其修远兮，吾将上下而求索。"只要牢记教育的本真，无论前路如何坎坷变幻，我们都有信心勇往直前，用一个灵魂唤醒另一个灵魂。

作者简介：

张仕文，山西大学教育管理硕士，中小学二级教师，国家二级心理咨询师。2010年获得"杏花岭区优秀辅导员"称号。现任五一路小学语文教师兼班主任。她从教十多年以来，注重自身师德修养，时刻牢记"学高为师，身正为范"，工作勤奋，严于律己；注重学生学习习惯，创新精神和实践能力的培养，欣赏每一个孩子，使学生获得智与行的滋养，构成良好的学习习惯并掌握有效的学习方法。"仰之弥高，钻之弥坚"，教师事业任重道远，让欣赏充满教育心智，熠熠生辉！

图书在版编目（ＣＩＰ）数据

绽放：立足名师工作室 引领教师专业成长 / 苏秀
荣主编. — 太原：山西教育出版社，2024.9
ISBN 978-7-5703-3432-2

Ⅰ. 绽… Ⅱ. ①苏… Ⅲ. ①政治课—教学研究—小
学 Ⅳ. ①623.102

中国国家版本馆 CIP 数据核字（2023）第 134445 号

绽放：立足名师工作室 引领教师专业成长
ZHANFANG：LIZU MINGSHI GONGZUOSHI YINLING JIAOSHI ZHUANYE CHENGZHANG

责任编辑 康红刚
复　审 王介功
终　审 康　健
装帧设计 张　瑜
印装监制 蔡　洁

出版发行 山西出版传媒集团·山西教育出版社
（太原市水西门街馒头巷7号 电话：0351-4729801 邮编：030002）
印　装 山西聚德汇印务有限公司
开　本 720×1020 1/16
印　张 24
字　数 368 千字
版　次 2024 年 9 月第 1 版 2024 年 9 月第 1 次印刷
书　号 ISBN 978-7-5703-3432-2
定　价 68.00 元

如发现印装质量问题，影响阅读，请与出版社联系调换。电话：0351-4729718